数智时代
文化管理学实务
理 论 与 应 用

杨 扬 主 编

张肖阳　孙锦露　付鹏飞　副主编

北京航空航天大学出版社
BEIHANG UNIVERSITY PRESS

图书在版编目（CIP）数据

数智时代文化管理学实务：理论与应用／杨扬主编；
张肖阳，孙锦露，付鹏飞副主编． -- 北京：北京航空航
天大学出版社，2024.9
　　ISBN 978-7-5124-4241-2

　　Ⅰ．①数… 　Ⅱ．①杨… ②张… ③孙… ④付… 　Ⅲ．
①文化管理 -研究生 -教材 　Ⅳ．①G0

中国国家版本馆 CIP 数据核字（2023）第 225075 号

数智时代文化管理学实务：理论与应用

责任编辑：李　帆
责任印制：秦　赟
出版发行：北京航空航天大学出版社
地　　址：北京市海淀区学院路 37 号（100191）
电　　话：010 - 82317023（编辑部）　　　　010 - 82317024（发行部）
　　　　　　010 - 82316936（邮购部）
网　　址：http：//www. buaapress. com. cn
读者信箱：bhxszx@ 163. com
印　　刷：北京建宏印刷有限公司
开　　本：710mm×1000mm　1/16
印　　张：18.5
字　　数：292 千字
版　　次：2024 年 9 月第 1 版
印　　次：2024 年 9 月第 1 次印刷
定　　价：88.00 元

前言：直面前沿议题　守护文化安全

　　文化管理学是从公共管理视角切入来探究文化事业的发展过程、思考文化管理的主要问题，同时对文化体制改革中的趋势和症结进行深入研究。面对百年未有之大变局，文化发展的语境也在不断变化，目前正在进入文化治理现代化的关键时期，特别是要解决文化新业态中"政府失灵"和"市场失灵"的困境，为此需要推动政府适时地制定适应新业态特点的监管模式和治理方案，推动我国加快形成统一开放、竞争有序、诚信守法、监管有力的现代文化市场体系，而这一切对于社会和谐、经济增长和文化进步都是至关重要的。

　　随着大数据、人工智能等前沿技术的发展与更迭、各类新型消费的快速增长、"Z世代"娱乐生活方式日益变迁等，文化产业在不断调整与创新。近年来，文化新业态、新消费、新空间层出不穷，数字文娱、直播电商、沉浸体验、文创消费等新元素，都已经成为我国文化产业发展中最富活跃度和成长性的力量之一。实践证明，创意创新能够有效推动文化产业进行结构优化与迭代升级，大大提高了文化产业的专业化、集约化、精细化水平，但在文化创新的背后也存在隐忧，特别是文化市场中出现一系列"冒犯的艺术"，挑战了社会的基本道德底线，损害了社会主流价值观，甚至一些内容触犯了法律红线。但由于全社会对文化新业态、文化新领域存在不熟悉、不了解的状况，加之文化治理工作涉及的行政主体极为多元，各个管理机构之间在信息共享、部门联动和协同执法等领域存在不畅通的问题，为此文化领域并没有形成良性的协同治理生态。

文化管理学学科的建设发展任重道远，需要综合利用公共管理学、传播学、社会学、文化研究等各领域的学科前沿，探索新兴文化现象的形成规律与传播特征。进而结合我国国情，形成有价值、有新意、便于操作的对策措施和政策建议。本教材主要包括11个文化管理学领域的新兴案例，所涉及的问题包括宠物短视频的治理、AIGC和算法等新兴技术在文娱行业的应用以及网红打卡地等新式文化空间的运营等，均是当前我国文化管理学领域的热点问题，切实体现了时代性、创新性、前瞻性，具有很强的实践性、典型性、针对性，是文化传播学课程教学的重要参考教材。

本书包括文化新技术治理、文化新内容治理、文化新消费治理和文化新空间治理四方面内容。杨扬负责组织成立教材编写组，在充分征求参编者意见的基础上，拟定教材编写提纲与计划，并确定参编人选的分工；张肖阳参与并负责"文化新技术治理"板块的选题策划与组织编写工作；孙锦露参与并负责"文化新内容治理"板块的选题策划与组织编写工作；付鹏飞负责"文化新消费治理"和"文化新空间治理"两个板块的选题策划与组织编写工作；李帅负责教材的封面设计。

在撰写过程中，具体分工如下：

张肖阳完成"AIGC驱动下文娱行业的治理策略"的编写工作；

付鹏飞、殷晓秋完成"算法驱动下文娱行业的治理策略"的编写工作；

朱琳、杨扬完成"智慧阅读行业的治理策略"的编写工作；

刘少帆、杨扬、姚远完成"文娱机器人行业的治理策略"的编写工作；

孙锦露、冯楚瑶完成"宠物短视频内容的治理策略"的编写工作；

耿若竹、殷晓秋完成"播客内容的治理策略"的编写工作；

陈俣含、王田露、李虹宇完成"脱口秀演出的治理策略"的编写工作；

张楚珩、张誉文、李帅完成"电商直播的治理策略"的编写工作；

吉绘颖、庞胜楠完成"时尚古着店的治理策略"的编写工作；

蔡青岑、杨扬完成"网红打卡地的治理策略"的编写工作；

殷晓秋完成"密室逃脱游戏的治理策略"的编写工作。

在编写本教材的过程中，团队参考了大量文化管理学文献资料，以及相关的国家法律法规及政策，在此谨对原作者深表感谢。本教材直面最前沿、最新潮的流行文化现象，勇于解决最有争议和富有挑战性的文化治理难题，力争在维护国家文化安全、助力文化强国建设中贡献智慧和力量。本书专业性强、覆盖面广，鉴于编者水平有限，书中不足之处敬请读者谅解和不吝指正。

在此，衷心感谢关心和支持北京航空航天大学文化传播与管理专业发展的各界人士，感谢北京航空航天大学出版社领导和编辑们的辛勤工作。

编者

2024 年 9 月

目 录

c o n t e n t s

第一章　文化新技术治理

第一节　AIGC 驱动下文娱行业的治理策略

一、"大语言模型＋文化"的概念及发展现状

在人工智能（Artificial Intelligence，简称为 AI）浪潮汹涌的当下，人工智能生成内容（Artificial Intelligence Generated Content，简称为 AIGC）如潮水般涌入文化平台，成为引领变革的新生力量。与此前 Web1.0、Web2.0 时代的 UGC（用户生产内容）和 PGC（专业生产内容）相比，代表人工智能构思内容的 AIGC 是新一轮内容生产方式的核心力量。如表 1 所列，AIGC 以人工智能和机器学习为基础，呈现多种形式如文字、图像、音频等，由此诞生出一系列文化平台，包括社交媒体、内容创作与分享网站、在线学习平台等。

表 1　AIGC 功能分类列表

分类	具体含义	实际应用名称
文本生成	结构化写作：按照固定格式或模式生成文本，如新闻报道、天气预报 非结构化写作：生成需要创意或个性化的文本，如故事创作、诗歌 辅助性写作：提供写作建议、语法检查、内容推荐	GPT-3，Grammarly，ChatGPT

分类	具体含义	实际应用名称
图像生成	风格迁移：将一种艺术风格应用于图像 对抗生成网络（GANs）：通过 AI 算法创造新的图像 人脸生成：生成人脸图像	DALL-E, Artbreeder, DeepArt
图像、视频、文本间跨模态生成	图像标注：根据图像生成描述性文本 文本到图像：根据文本描述生成图像 视频摘要：从视频中提取关键信息生成文本	DALL-E 2, OpenAI's CLIP, Lumen5
视频生成	深度伪造（Deepfake）：替换视频中的人脸或操作人物 动画生成：创建动画视频 视频剪辑：自动剪辑和编辑视频	DeepArt, RunwayML, Lumen5
音频生成	语音合成：将文本转换为语音 音乐生成：创建新的音乐作品 声音效果生成：模拟环境音效或其他声音	OpenAI's Jukebox, Descript, Google Text-to-Speech
虚拟人生成	角色创建：生成虚拟角色的外观和行为 语音合成：给虚拟人配音 动作模拟：模拟虚拟人的动作	MetaHuman Creator, Soul Machines
数据增强	图像增强：通过变换和添加噪声增强图像数据 文本增强：通过添加或更改词语来增强文本数据 音频增强：改变音频特性以增强音频数据	imgaug, Albumentations, SpecAugment
三维模型生成	三维物体建模：创建三维空间中的物体模型 环境建模：模拟三维空间的环境 动画生成：在三维空间中创建动画	NVIDIA GauGAN, Google Poly

在探讨"大语言模型 + 文化"的概念时，首先必须明确"大语言模型"和"文化"两个词汇的内涵。大语言模型是一种先进的人工智能语言模型，由 OpenAI 开发，具备生成文本、回答问题、与人类互动等能力。"文化"则是一个涵盖广泛的术语，包括语言、艺术、信仰、习俗、制度、技术等人类在社会历史过程中创造的所有非生物性财富。

总体上看，"大语言模型 + 文化"这一概念可视为大语言模型在文化领域的应用与实践。通过人工智能的文本生成能力，大语言模型能够参与文化内容的创作，包括但不限于文学创作、学术撰写、媒体内容生产及广告与市场营销等领域。

　　具体而言，在文学创作中，大语言模型能够生成小说、故事、诗歌等；在学术撰写方面，可辅助生成学术文章、报告或论文；在媒体内容及广告与市场营销方面，可创作新闻文章、博客帖子、广告文案等。此外，大语言模型在语言翻译与学习领域也具有重要应用。它不仅可以进行多种语言之间的翻译，还可以作为一种工具，帮助人们学习和练习新语言，从而促进文化的传播和交流。值得一提的是，大语言模型还可以作为跨文化交流的桥梁，帮助来自不同国家、地区的用户消除文化障碍，从而增进不同文化背景用户之间的理解和尊重。此外，它还可以用于文化教育，通过生成体现不同文化的信息，帮助人们学习和了解世界的多样性。在娱乐与休闲领域，大语言模型的应用也日益显现，它可以用于文字游戏或角色扮演游戏之中，或者与用户进行轻松的对话和娱乐。

　　综合来看，如表 2 所列，"大语言模型 + 文化"是一个概念集合，涉及大语言模型在文化内容创作、语言翻译与学习、跨文化交流、文化教育以及娱乐与休闲等多个领域的应用。这一概念的提出和发展，反映了人工智能技术与人类文化的深度融合，以及人工智能在推动文化发展和传播中的潜力。

表 2　"大语言模型 + 文化"的功能分类列表

分类	具体含义	实际应用名称
内容创作	文学创作：使用大语言模型生成小说、故事、诗歌等 学术撰写：生成学术文章、报告或论文 媒体内容：创建新闻文章、博客帖子等 广告和市场营销：生成广告文案、市场营销材料等	OpenAI's ChatGPT 文心一言 通义千问 小冰
语言翻译与学习	语言翻译：使用大语言模型进行不同语言之间的翻译 语言学习：通过与大语言模型交流来学习和练习新语言	OpenAI's ChatGPT, Duolingo 文心一言 通义千问
文化交流与了解	跨文化交流：使用大语言模型与来自不同文化背景的人进行交流 文化教育：通过大语言模型学习和了解不同的文化	OpenAI's ChatGPT 文心一言 通义千问
娱乐与休闲	游戏：使用大语言模型参与文字游戏或角色扮演游戏 休闲娱乐：与大语言模型进行对话和娱乐	OpenAI's ChatGPT 文心一言 通义千问

大语言模型的出现对于文字模态的 AIGC 应用具有重要意义，作为一种新的文化现象，"大语言模型＋文化"的内容丰富多样、高度个性化、自动化，并作为一种强大的文化力量影响着用户的行为和偏好，形成内容、平台和用户三者紧密相连的动态互动。值得注意的是，随着技术的不断发展，人工智能在处理文化内容时可能带来偏见和误解等问题。人类需要在实践中积极寻找解决方案，以确保"大语言模型＋文化"在尊重和推广人类文化多样性的基础上，发挥其最大的潜力。

（一）"大语言模型＋文化"概述

1."大语言模型＋文化"的演变

随着新千年的来临，人工智能（AI）和自然语言处理（Natural Language Processing，简称 NLP）的领域在全球范围内掀起波澜。21 世纪初，科技巨头和研究机构纷纷将目光聚焦在 AI 和 NLP 的研究上。2006 年，深度学习的概念被重新引入，标志着 AI 进入一个新时代。在接下来的几年里，例如 Word2Vec 这样的算法被开发出来，极大地推动了 NLP 的发展。而在此期间，机器学习和大数据技术的结合使得计算机能够更有效地理解和处理自然语言。这种能力的增强推动着搜索引擎、语音助手等应用软件变得更加智能和高效。2011 年，IBM 的超级计算机沃森在一档电视节目中击败人类选手，向世界展示了 AI 在语言理解和信息检索方面的强大能力。随后，谷歌、微软等公司也纷纷在 NLP 领域加大投入，推动相关技术的快速发展。

近年来，随着深度学习技术在自然语言处理领域的广泛应用，基于数据驱动的智能对话系统取得了显著的进步。特别是基于神经网络的生成式对话系统（Neural Generative Dialogue System）成为当前学术研究的热点话题和互联网行业的前沿领域。生成式对话系统是指使用神经网络模型来直接生成回复，而不是从预先定义好的候选回复中选择一个，可以克服基于规则的对话系统的局限性，也可以克服基于检索的对话系统（Retrieval-based Dialogue System）的缺陷，例如缺乏多样性、创造性和一致性。然而，它也面临着一些挑战和问题，例如语法错误、语义不清、逻辑不连贯、信息不足、重复冗余、缺乏个性和情感等。为了解决这些问题，研究者们提出了许多方法和技术，例如引入注意力机制（Attention Mechanism）、记忆网络（Memory Network）、知识图谱（Knowledge Graph）、强化学习（Reinforcement Learning）、对抗学习（Adversarial Learning）、元学习（Meta Learning）等来增强生成式对话系统的表现。其中，最具代表性和影响力的是基于预训练语言模型（Pre-trained Language Model）的生成式对话系统。预训练语言模型是指利用大规模的无标注文本数据来训练一个通用的语言模型，然后在特定的下游任务上进行微调或直接使用。预训练语言模型可以有效地提高语言理解和生成能力，并且可以基于海量的文本数据来增强知识和信息。2015 年，一个名为"生成预训练变换器"（Generative Pre-trained Transformer，简称 GPT）的模型引起了人们的广泛关注。OpenAI 作为 GPT 的开发者，开始利用大规模数据和高性能计算，为自然语言处理设置新的标准。初次亮相的 GPT 展示了在处理语言任务时生成连贯文本的能力。在 2018 年 OpenAI 发布 GPT-2 时，主要用于文本生成任务，但人们已经开始意识到语言生成模型的潜力。2020 年 GPT-3 发布，通过微调和多模态整合，AI 技术开始广泛应用于对话生成、翻译、摘要等任务，其强大功能和准确度使其在社交媒体、内容创作、在线教育等领域得到广泛应用。ChatGPT于 2022 年 11 月推出，从技术上看，它是基于 GPT-3.5 微调得来的，引入基于人类反馈的强化学习（RLHF）技术，因此是生成式人工智能（Generative AI）的代表产品，也是人工智能生成内容的重要形式之一。基于 GPT 的文本生成能力，ChatGPT 优化了基于上下文的对话能力，以期在对话系统和聊天机器人等应用中提供更加自然和人性化的交互，因此不仅在技术上具有创新性，而且由于其在全球化和文化交流中的应用，ChatGPT 开始展现出与文化的深刻联系。

作为语言模型，ChatGPT 的出现成为自然语言处理技术和文化领域相互"交叉"的里程碑，为"大语言模型 + 文化"的形成奠定了基础，在产业和用户两个层面均可提供创新式的服务。在产业层面，文化产业可以利用大语言模型实现四方面的升级。一是利用数字技术和平台提高文化产业的效率。比如利用大语言模型等人工智能技术可以自动化一些重复性工作，如合同审核、新闻稿撰写等，可以节省人力成本，提高工作效率。二是改善文化产品和服务质量。大语言模型可以帮助创意工作者生成更为丰富的创意或故事点子，也可以帮助检验和改进文化产品的质量，如对电影剧本、游戏设计等进行审阅和修订，这有助于高效又精确地产制出高质量的文化作品。三是扩大文化产业的市场规模。通过大语言模型，文化企业可以更精准地推测受众喜好，设计更加个性化的产品，有助于企业扩大海外市场，如自动翻译宣传内容等。四是增强文化产业的竞争力和国际影响力。大语言模型可以帮助企业将优质的文化内容翻译成各国语言，方便内容输出。人工智能也可以分析不同国家和地区的文化偏好，帮助企业精准定位海外受众，设计出符合当地文化特征的产品。

在个人层面，大语言模型拥有三大应用前景：首先，它可以作为一种创意工具，帮助用户生成诗歌、故事、歌词等文本内容，例如技术可以根据用户提供的主题、风格、情感等参数进行定制化的创作，也可以与用户进行协作式的创作，为用户提供灵感和建议；其次，它还可以作为一种教育工具，帮助用户学习语言、知识、技能等，例如它可以根据用户的水平和兴趣提供适合的教材和练习，也可以与用户进行互动式的教学，为用户解答疑问和纠正错误；最后，它可以作为一种娱乐工具，帮助用户消遣、放松、社交等，比如它可以基于用户的喜好和情绪提供有趣的话题和游戏，也可以与用户进行友好幽默的聊天，为用户增添生活乐趣和满意度。

借助大语言模型，用户能够以前所未有的方式创建和消费内容，推动了一种以自动生成内容为中心的文化潮流。然而值得注意的是，大语言模型在文化领域的应用不仅促进了艺术创作和跨文化交流，还引发了关于机器与人类创造力关系的深刻思辨。一些专家指出，过度依赖机器可能会削弱人类的创造力；也有声音认为，这些工具可以释放人类的潜能，使我们能够以前所未有的方式进行创作和交流。

2. "大语言模型＋文化"的内涵

"大语言模型＋文化"是一种基于人工智能技术的全新文化现象，ChatGPT是代表，其名称来源于"Chat"（聊天）和"GPT"（Generative Pre-trained Transformer，生成预训练变换器）的结合，寓意着这种文化旨在通过人工智能的力量，为人们提供更加智能化、个性化的交流体验。"聊天"代表了人类在社交互动、信息传播和共同体建构等方面的基本需求。"Chat"强调了人际沟通与互动的核心地位。人类社会是一个复杂的网络，而沟通作为社会网络中最基本的纽带，不仅促进了信息的传播，也为人们提供了一个共享情感、认知和价值观的空间。在"大语言模型＋文化"中，"Chat"的含义凸显了人机互动的功能。通过聊天，人们可以在大语言模型技术支持下实现人与 AI 的直接交互。同时，"Chat"体现了信息传播的多样性与多向性。在数字化网络时代，传统的传播方式已经无法满足人民日益增长的信息需求。"大语言模型＋文化"通过人工智能技术实现了信息传播的个性化、定制化和智能化。同时，"Chat"的多向性使得信息传播不再单一地由中心向外扩散，而是在网络中自由流动，形成了一种去中心化、民主化的传播格局。最后，"Chat"交互的便捷性，让大语言模型作为一种创新的数字内容生产方式降低了文化创作的成本和门槛，提高了文化传播的效率和范围，丰富了文化消费的形式和内容，扩大了用户群体和文化交流，为文化产业带来了更大的市场需求。此外，大语言模型还可以与其他产业相互融合，推动文化产业加速升级，为整个社会带来了经济和文化的双重红利。

3. "大语言模型＋文化"的传播特征

"大语言模型＋文化"的第一个特征是文化多元性。大语言模型的复杂神经网络结构，包括数十亿个参数，使其能够生成高质量的文本，但其操作的便利性极大地降低了内容生成的成本并消除了技术门槛。大语言模型基于互联网网页的交互模式以及提供的 API 接口，允许用户无须本地安装即可通过简单的浏览器接口或编程方式访问模型，而且 API 接口允许开发者在自己的应用程序中直接集成大语言模型，这为个性化内容创作和自动化工作流提供了极大的灵活性。同时，文化多元性受创作者的多元文化背景所驱动而成。大语言模型的大量训练数据包含来自世界各地的信息，如 ChatGPT 目前支持 67 种语言，包括中文、英文、法文、日文等。这意味着它可以理解和生成各种文化主题的内容，创作者可以根据自己的经验和文化价值观来塑造内容。例如日本的"AI 翻译咖啡厅"项目，使用了类似大语言模型的语言模型来促进日本和外国顾客的沟通。①

---

① Alex K. T. Martin. 日本咖啡馆使用 AI 翻译服务吸引外国游客［EB/OL］.（2021 - 03 - 23）［2021 - 07 - 28］. https：//www. japantimes. co. jp/news/2021/03/23/business/tech/ai-translation-cafes/.

　　"大语言模型＋文化"的第二个特征是创作者自由度，这得益于模型的多个可调节参数。用户可以通过它们根据自身的偏好和需求来调整对话的长度、格式、风格、细节程度和语言用法。ChatGPT 常见的参数如下：temperature 参数控制输出的随机性，较高的值导致更多的创造性和随机的输出，而较低的值则产生更加一致和确定的结果；max tokens 参数限制输出的长度，通过设置一个最大令牌数来确保输出信息不会过长；top-k 参数在生成每个词时，模型只考虑 k 个最可能的词，较低的 k 值使输出更具可预测性，而较高的 k 值则允许更多的多样性；top-p 参数是一种截断采样方式，使模型仅考虑累积概率大于 p 的最小单词集。上述设置可以平衡输出的多样性和可预测性。频率惩罚参数控制模型在生成文本时对特定单词的使用频率，通过对重复词汇的惩罚而减少模型对于重复单词的使用，有助于提高输出的多样性，减少对已有信息的重复。prompt 参数则作为输入的文本，可以引导模型沿着特定的主题或风格生成文本。

　　"大语言模型＋文化"的第三个特征是内容多样性。在教育领域，通过自然语言处理能力，大语言模型能够为学生提供丰富的学习资源和个性化的学习建议。举例来说，中国的"学而思网校"在其在线教育平台上整合了类似 ChatGPT 的语言模型，以提升学生的学习体验。在文化创作领域，它的文本生成能力可以为作家、剧作家和音乐家提供创作灵感。以 OpenAI 的作曲项目"MuseNet"为例，该项目使用类似 ChatGPT 的技术来创作音乐，允许用户通过 AI 生成原创作品。此外，美国一家公司出品的电影《阳春》（Sunspring）剧本是由 AI 语言模型撰写的。虽然该剧本的连贯性和情感深度受到质疑，但它标志着 AI 在影视创作领域的一次重要尝试。[1] 在艺术创作方面，ChatGPT 类的模型也发挥着积极作用。Promethean AI 是一种可以协助艺术家创建复杂场景和纹理的工具，广泛应用于视频游戏和动画制作，通过使用类似 ChatGPT 的技术，Promethean AI 能够根据艺术家的描述生成高质量的图像。[2]

[1] Annalee Newitz. 一个 AI 写了这部电影，它很奇妙［EB/OL］.（2016 – 06 – 09）［2021 – 07 – 28］. https：//arstechnica.com/gaming/2016/06/an-ai-wrote-this-movie-and-its-strangely-moving/.

[2] Dean Takahashi. TAKAHASHI D. Promethean AI uses artificial intelligence to help artists make game art ［EB/OL］.（2019 – 07 – 23）［2021 – 07 – 28］. https：//venturebeat.com/2019/07/23/promethean-ai-uses-artificial-intelligence-to-help-artists-make-game-art/.

"大语言模型＋文化"第四个特征是人机互动性。大语言模型的自然语言处理能力使之成为与用户进行高效沟通的有效工具，基于 web 端口的 ChatGPT 不仅可以回答用户的问题，还可以提出问题、引导对话，让人机交流充满互动性和趣味性。ChatGPT 也可以记住与用户之前的对话和内容并给出相应提示，从而保持对话的连贯性和一致性。ChatGPT 还可以根据用户的反馈，改进自己回复的质量和逻辑性，用户也可以对回答进行打分并输入意见和建议。这种互动性极大提升了 ChatGPT 的实用性，便于用户在文化传播和教育领域开展互动式学习。博物馆和图书馆通过整合 ChatGPT 类的语言模型，构建虚拟导游和问答系统，强化了参观者和读者的互动体验。如美国圣何塞图书馆的 "Ask Sophie" 服务，采用聊天机器人为读者提供信息查询和推荐服务，提高了图书馆的信息检索效率。同时，学生可以通过与 AI 模型的实时互动，获得定制化的学习建议和资源。Duolingo 平台运用类似 ChatGPT 的技术为语言学习者提供交互式教学，以增强语言学习的实践性和参与性。当这种互动性功能进一步增强时，它就能够成为用户的生活助理，让用户时刻感受到陪伴感。ChatGPT 在社交和心理健康方面的应用日益凸显，孤独的或有社交需求的人群能够借助机器获得情感支持和陪伴。例如，Replika 是一款 AI 聊天机器人，旨在通过模拟人类对话与用户建立深层次的友谊，为用户提供情感陪伴。老年人群体由于身体条件的限制和社交圈的缩小，他们往往更容易感到孤独。聊天机器人作为陪伴工具，能够与老年人进行日常对话，并为他们提供信息查询以及社交互动功能。例如 ElliQ 是一款专门为老年人设计的聊天机器人，能够通过对话、音乐和提醒等功能与老年人互动，缓解其孤独感。对于那些面临心理压力、抑郁和自杀倾向的人群，ChatGPT 类的技术也展示出了其在心理健康方面的应用潜力。例如 Woebot 是一款 AI 聊天机器人，它利用认知行为疗法原则与用户对话，旨在帮助用户管理情绪和减少焦虑。在伙伴感上，ChatGPT 类的模型也能够充当艺术家的合作伙伴，提供灵感和建议。这不仅增强了艺术创作的互动性，还在一定程度上缓解了艺术家在创作过程中的孤独感，如智能音乐生成项目 Jukebox，它可以与音乐家一起创作音乐，成为音乐家的 AI 合作伙伴。

（二）"大语言模型 + 文化"的发展现状

截至 2023 年，大语言模型的应用在文化教育、语言学、艺术创作等方面呈现显著的增长趋势，带动了 AI 技术在多个文化领域的繁荣。2019 年，美国的 OpenAI 发布了 GPT-2，这是一种基于大规模数据训练而形成的语言生成模型。GPT-2 的发布标志着自然语言处理技术的重大进步。在其发布初期，OpenAI 甚至选择不公开模型的完整版本，而只是发布了一个参数规模较小的版本。这是因为 GPT-2 的生成能力强大，存在生成虚假信息或用于不道德用途的风险，在经过深入评估和社区讨论后，OpenAI 逐步释放了功能更强的 GPT-2 模型。GPT-2 可以通过生成连贯的句子和段落，协助作家构建故事的情节和人物，能够被用于创作诗歌、故事和剧本。一些作家将 GPT-2 生成的文本作为初稿，然后再对其进行修改和完善。美国喜剧编剧社区 Botnik Studios 利用类似技术创作了模拟英国著名作家 J. K. 罗琳的写作风格，撰写了哈利·波特系列的新一章。然而，GPT-2 在应用中也暴露出一些问题，如生成的文本可能包含错误或偏见信息。此外，GPT-2 缺乏深入解读上下文的能力，可能会在文本生成过程中产生逻辑不一致的问题。

2020 年，GPT-3 作为 GPT-2 的进阶版本问世。与 GPT-2 相比，GPT-3 的参数数量增加到了 1750 亿，远超 GPT-2 的 15 亿参数。这使 GPT-3 在理解和生成文本方面表现出了更高的精度和效率。此外，GPT-3 在"少量学习"（few-shot learning）方面表现更出色，能够在仅看到少量示例的情况下执行各种任务，如翻译、问答和摘要生成。GPT-3 在自然语言处理方面具有显著优势，但其应用也面临一系列挑战和问题，如模型的巨大规模带来了高昂的计算成本。此外，由于 GPT-3 是通过大量互联网文本进行训练而成的，它可能会无意中生成具有偏见或差错的文本信息。

2021 年初，Open AI 推出 DALL-E。这是 OpenAI 开发的一款生成对抗网络（GAN），旨在根据文本描述生成高质量图像。该模型的名称是对艺术家萨尔瓦多·达利（Salvador Dalí）和动画角色 WALL-E 的致敬，象征着其是艺术和技术的交汇产品。它能够根据具体或抽象的文本描述创作出精细的图像，无论图像中的元素在现实中是否存在。DALL-E 的模型结构是基于 GPT-3 的变种，采用了类似的 Transformer 架构。然而不同于 GPT-3 主要处理文本，DALL-E 被训练为一个图像生成模型，其基于大量的图像和文本数据训练而成，学会将文本描述与图像特征关联起来。DALL-E 在发布后受到了工业界和学术界的广泛关注，这项技术被认为具有广泛的潜在应用，包括数字艺术、游戏开发、广告和产品设计等。在 DALL-E 的基础上，OpenAI 进一步研发了名为 DALL-E 2 的后续版本，旨在解决原始模型的一些局限性，并优化图像生成的质量和效率。

2022 年至今，Open AI 发布 GPT-3.5/GPT-4 版本是一种基于自注意力机制（Self-Attention Mechanism）的变换器（Transformer）模型。它使用了 1750 亿/5000 亿个参数，并且在 45TB/100TB 的文本数据上进行了预训练，具有惊人的语言生成能力，并且可以在多种自然语言处理任务上达到或超越人类水平。ChatGPT 是基于 GPT-3.5/GPT-4 模型的生成式对话系统，它是由 OpenAI 公司于 2022 年 11 月推出的一种交互式对话系统，可以根据用户输入的提示和指令来生成不同类型和风格的内容，并且可以与用户进行自然、流畅、有趣和有用的对话。ChatGPT 的发布引起业界关注，被认为是未来重要的 AI 技术趋势，其在理解能力、结果准确性、识别非法与偏见信息的能力上均能取得更优效果，不仅在日常对话、专业问题回答、信息检索、内容续写、文学创作、音乐创作等方面展现出了强大的能力，还具有生成代码、调试代码、为代码生成注释的能力。ChatGPT 在发布后 5 天用户已超百万，而 OpenAI 之前发布的 GPT-3 用了将近两年的时间才突破 100 万用户。相较于之前发布的 GPT-3，ChatGPT 具有支持多轮对话、易于修正、人机交互效果更好、更快、更高效等优势，更适合应用于人工智能客服、搜索引擎、智能客服、虚拟人、代码编程、文学创作等领域。ChatGPT 的发布带动 AIGC 的革新，截至 2022 年年底，海外生成式 AI 产品数量达到 190 余个，包括视频、音频、游戏、数据、搜索等多种类型应用。2022 年年底发布的图片生成应用 Midjourney，其官方讨论论坛（即 Discord）中的关注人数已经超过百万。2023 年 1 月，微软宣布与 OpenAI 的合作关系，并进行新一轮持续多年并聚成高达 100 亿美元的投资，用于继续研究和

"开发越来越安全、有用和强大的人工智能"①。

中国的人工智能生成内容（AIGC）的发展历程可追溯至 20 世纪 90 年代，初期以基于专家系统和规则引擎的自然语言处理系统为主，其功能局限于生成简单的文本和语音内容。然而，由于技术水平和应用环境的局限性，中国的 AIGC 发展在 20 世纪末至 21 世纪初处于相对滞后的状态。进入 21 世纪，互联网的迅猛发展为 AIGC 技术的进步提供了肥沃的土壤。值得注意的是，自 2010 年起，大规模语言模型的兴起标志着中国 AIGC 技术步入快速发展阶段。BAT（百度，阿里巴巴，腾讯）等互联网巨头开始专注于推出各自的 AI 大模型。其中，百度推出了"文心一言"，阿里巴巴推出了"通义千问"等产品，这些大模型的推出，代表着中国在 AIGC 领域的重大发展。

"文心一言"作为百度推出的知识增强大语言模型系列产品的代表性产品，具有与人对话、回答问题、协助创作等功能，能够高效便捷地帮助用户获取信息、知识和灵感。该模型基于飞桨深度学习平台和文心知识增强大模型构建而成，并于 2023 年 3 月 16 日首次发布，在多模态内容生成方面展现了优势，能够根据用户的输入生成图像、音频、视频等多种形式的内容。典型的案例是华策影视创立的 AIGC 影视行业应用研究院。它通过接入百度的人工智能大语言模型"文心一言"，推动影视制作的效率与品质获得大幅提升。在《刺杀小说家》《流浪地球 2》等多部影片项目中，华策影视运用"文心一言"技术实现了诗歌、广告语等文本内容的自动生成；同时，通过图示元素创作音乐、视频等多模态内容，为影视作品注入新风格与新价值。如此一来，不仅减少了人力与时间成本，还提升了作品的创意水平与观众口碑，帮助企业拓展了新的用户市场。

通义千问则是阿里巴巴达摩院研发的一款大规模预训练模型，其训练数据包含丰富的语言和文本数据，涵盖中文、英文、日文、法文、西班牙文、德文等多种语言，以及文学、历史、科学、艺术等各类话题的文本数据，以及各类专业知识和技术文档。通义千问于 2023 年 4 月 7 日开始向受邀企业用户进行

---

① 远洋．微软宣布与 OpenAI 扩大合作关系，将在多年内向其投资数十亿美元［EB/OL］．（2023 - 01 - 23）［2023 - 07 - 28］．https：//www.ithome.com/0/669/316.htm.

内测，并于 2023 年 4 月 11 日在阿里云峰会上正式发布。阿里巴巴董事局主席张勇宣布，该模型将被整合到阿里巴巴集团的所有业务中，旨在实现对多语言文本的高质量理解和生成。

此外，除了 BAT 等大公司之外，还有一些其他公司也在 AIGC 领域取得了进展。例如，万兴科技近期推出了全新的 AIGC 产品"真老外"短视频出海营销工具"万兴播爆"，主打 AI 视频生成。这标志着在 AIGC 领域不仅有文字生成，还有尝试进行视频生成的公司。

虽然 AIGC 技术的迅速发展为公司提供了一个全新的"蓝海"市场。然而，大语言模型的训练过程需要算力、数据和算法的三重支持，以 BAT 为首的互联网大厂在这个领域中占据主导地位。然而与国际先进水平相比，中国仍存有差距，尤其在数据质量、技术标准和管理规范的建设上。同时，AIGC 在社会、经济和文化等多个领域所产生的复杂影响也是当前和未来的重要课题。

二、"大语言模型＋文化"的治理现状

对"大语言模型＋文化"进行监管的责任部门主要可以分为两大类：一是负责监管 AI 服务的责任部门，这主要包括科技和工业管理部门；二是负责监管 AIGC 内容的责任部门，通常涉及文化、出版和网络内容管理部门。

（一）人工智能服务的治理现状

随着 AI 技术的迅猛发展，全球各国对 AI 的治理立法进程明显提速，以应对 AI 技术带来的众多挑战和问题。各国在 AI 监管上普遍倡导准确性、安全性和透明度等原则，但不同国家在具体的监管思路和方式上存在差异。

欧洲在人工智能监管方面走在前列。欧洲议会已通过《人工智能法案》（AI Act）谈判授权草案，并开始"三方谈判"以确定法案的最终条款。该法案旨在全面监管人工智能，并对 AI 应用的风险进行分级管理。其中，对人类安全产生"不可接受"风险的 AI 系统将被完全禁止使用；对人类安全或基本权利产生负面影响的 AI 系统将被视为"高风险"并受到严格监管；而风险较小或没有风险的 AI 系统则受到较少限制。此外，欧洲议会还加强了对通用人

工智能的透明度要求，并提高了违法处罚数额。

美国在人工智能监管方面的政策环境较为宽松。尽管美国政府发布了《人工智能应用监管指南》和《2020年国家人工智能倡议法案》，但这些措施更多是政策布局，而非强制性监管。然而，近期美国国会出现了立法加速的迹象。美国总统拜登举行了AI会议，讨论如何管理AI的风险。同时，民主党与共和党的议员提交了《国家人工智能委员会法案》提案，旨在审查美国当前的人工智能监管方法，并共同制定全面的监管框架。

中国在人工智能监管上强调技术的安全性和准确性，同时也关注AI技术的发展进程与潜力。当前，中国有多个责任部门参与到人工智能的监管框架中，这些部门各有不同的职责和侧重点。其中，国务院是最高决策机构，于2017年发布了《新一代人工智能发展规划》，明确提出要推动人工智能的发展，争取到2030年达到世界领先水平。网络安全和信息化委员会作为国务院直属的重要协调机构，制定网络安全和信息化的战略、规划、政策，并协调解决网络安全和信息化的重大问题。其下属的国家互联网信息办公室是人工智能和数据领域的主要监管机构，负责网络安全、数据出境、深度合成、算法等核心议题的规范性文件。国家发展和改革委员会作为国务院的综合经济管理部门，负责制定和实施宏观经济政策，协调经济社会发展的重大问题，推动科技创新和高质量发展。科学技术部则负责制定科技发展规划、政策、法规，组织实施国家科技计划，推动科技成果转化和产业化，支持人工智能等战略性新兴产业的发展。工业和信息化部作为工业和信息化管理部门，制定工业和信息化发展规划、政策、标准，监管电信、互联网、软件等行业的发展，并促进人工智能与实体经济的深度融合。公安部门在人工智能监管中扮演着重要角色。依据《中华人民共和国数据安全法》和其他相关法律、行政法规，公安部门在其职责范围内承担数据安全监管职责，并负责深度合成服务的监督管理工作，主要关注AI技术在公共安全领域的应用，如视频监控、面部识别等，并负责制定相关的安全标准和规范，以及监督和管理AI技术在公共安全领域的应用。此外，公安部门还参与人工智能技术的研究和应用，以及相关技术标准的制定。教育部也在人工智能领域扮演着重要角色，负责制定教育发展规划、政策、法规，推动教育信息化和智能化建设，为人工智能等新兴领域培养高素质人才。这些部门通过各自的职责和协同合作，构建了一个综合性的监管框架，以确保大语言模型等人工智能技术的安全可靠和符合国家战略目标。

（二）AIGC 服务的治理现状

AIGC 作为一种新兴的内容创作方式，包含文本、图像、声音、视频等多种形式的内容，其内容的真实性、版权归属、隐私保护和数据安全等问题引发了伦理和安全维度的广泛担忧，对 AIGC 服务的有效监管成了一项紧迫的任务。在全球范围内，欧洲和美国作为人工智能的领先者，分别采取了不同的监管路径，不同的方法反映了各自的价值观和监管重点：欧洲着重于从伦理和人权角度制定指导原则，而美国更加侧重市场和竞争。

欧盟于 2021 年发布的《人工智能法案》草案，是欧盟首次提出对人工智能进行全面规范的法律框架，将人工智能分为四类风险等级，并针对不同风险等级提出了不同的监管要求。对于高风险的 AIGC 服务，如深度伪造（Deep-Fake）技术，欧盟设置了一系列严格的规则，包括质量管理、数据管理、透明度、可追溯性和人类监督，并要求企业接受欧盟机构的审查和认证。此外，欧盟还发布了关于人工智能的《白皮书》和《伦理指导方针》，分别强调建立一个基于价值观和基本权利的监管框架，以及设立人工智能的伦理原则和评估要求。

美国在 AIGC 服务的监管上，更加注重市场和竞争。2021 年，美国商务部发布了针对人工智能大模型出口管制的征求意见稿，主要针对 GPT-3 等大语言模型，探讨是否应该对这类模型进行出口管制，并评估了这类模型的风险和影响。美国国家安全委员会于 2020 年发布的《美国人工智能战略》强调维护美国在人工智能领域的领先地位，并制定了一系列政策和措施，如增加研发投入、促进创新、建立人才生态系统等。此外，美国总统于 2019 年签署的《维持美国在人工智能领域领先地位行政令》确定了五个重点领域，并要求各联邦机构采取一系列行动以适应人工智能技术发展。

在中国，监管 AIGC 的部门包括国家互联网信息办公室、国务院新闻办公室、文化和旅游部、国家广播电视总局、公安部等。这些部门各自依据其职责制定相关措施，但在各级政府和监管部门之间仍然面临信息沟通和部门协调的挑战。国家互联网信息办公室（简称网信办）是中国 AIGC 监管的核心部门，主要是制定网络信息发展战略，并推动网络信息法治建设。根据《生成式人工智能服务管理暂行办法》，网信办监管 AIGC 的重点是确保其符合国家网络信息安全法和数据安全法的规定。网信办还负责评估、审查与 AIGC 相关的产品和服务，以确保它们不会危害国家安全或公共利益。国务院新闻办公室负责监督和管理生成式人工智能在新闻发布和传播方面的应用。该部门的重点是确保 AIGC 在新闻领域的应用符合相关法律法规，并且不会传播虚假或误导性信息。此外，国务院新闻办公室还负责审查和批准 AIGC 在新闻发布中的使用，以确保其符合职业道德和行业标准。文化和旅游部则负责监管生成式人工智能在文化和娱乐产业中的应用，包括确保 AIGC 在内容创作和分发方面遵守文化政策和标准，以及保护文化遗产和促进文化多样性。文化和旅游部还负责批准和监管使用 AIGC 技术的文化产品和服务。国家广播电视总局监管 AIGC 在出版和广播电视行业的应用，其主要职责是确保 AIGC 遵守相关法律和政策，并维护出版和广播电视行业的秩序。这包括审查和批准使用 AIGC 技术的出版物和广播内容，以及监督其运营。公安部负责处理与生成式人工智能相关的网络安全和犯罪问题，监管并防止 AIGC 被用于非法活动，如网络攻击、欺诈和侵犯个人隐私。公安部还负责调查和打击利用 AIGC 技术从事的违法活动。总的来说，中国的 AIGC 监管涉及多个政府部门，各部门根据自己的职责和法律规定行使监管权。然而，由于 AIGC 是一项跨领域的技术，因此在各个部门之间建立有效的信息沟通和协调机制是一项关键挑战。

（三）"大语言模型＋文化"治理的法律环境

随着应用的深入，AIGC 在中国的监管面临着一个复杂的法律环境，涉及网络安全、数据保护、个人隐私和内容管理等多个方面的法律问题。涉及 AIGC 监管的关键法律可以通过一个综合性的法律框架（见表 3）来探讨，这个框架分为三个主要部分：基础法律，服务管理，以及内容和技术管理。基础法律为 AIGC 提供了基本的法律原则和框架；服务管理则聚焦于互联网信息服务的提供和管理；而内容和技术管理则涉及信息内容和技术应用的具体规范。

表3 我国"大语言模型＋文化"监管的法律框架

法律类别	名称（简称）	颁布时间	责任部门
基础法律	《网络安全法》	2016 年 11 月 7 日	国家互联网信息办公室
基础法律	《数据安全法》	2021 年 6 月 10 日	国家互联网信息办公室
基础法律	《个人信息保护法》	2021 年 8 月 20 日	国家互联网信息办公室
服务管理	《互联网信息服务管理办法》	2020 年 12 月 26 日	国家互联网信息办公室
服务管理	《生成式人工智能服务管理办法》	2023 年 8 月 15 日	国家互联网信息办公室
内容和技术管理	《互联网信息服务深度合成管理规定》	2022 年 12 月 12 日	国家互联网信息办公室
内容和技术管理	《网络信息内容生态治理规定》	2020 年 3 月 1 日	国家互联网信息办公室
内容和技术管理	《互联网信息服务算法推荐管理规定》	2022 年 1 月 4 日	国家互联网信息办公室
内容和技术管理	《网络音视频信息服务管理规定》	2020 年 1 月 1 日	国家互联网信息办公室

1. 基础法律

基础法律在 AIGC 的监管中起着至关重要的作用，它们为 AIGC 的管理工作提供了一个基本的法律原则和框架，确保其在符合国家安全和公众利益的前提下发展。这一部分包含《中华人民共和国网络安全法》《中华人民共和国数据安全法》《中华人民共和国个人信息保护法》。这些法律共同构成了 AIGC 领域的基础法律体系，规范其在网络安全、数据处理和个人信息保护等方面的行为。通过这些法律，AIGC 的开发和应用必须符合国家对网络安全和数据保护的标准，同时也要尊重和保护个人的隐私权。

《中华人民共和国网络安全法》于 2016 年 11 月 7 日发布，并于 2017 年 6 月 1 日开始实施。它在基础法律中占据核心地位，是中国网络安全的基石。该法律明确了网络安全的基本要求和原则，对网络运营者的安全保护义务做出规定，并强调保护个人信息。具体而言，该法律要求网络运营者采取技术措施和其他必要措施保护网络安全，防止网络攻击、网络侵入等网络犯罪行为的发生。它还规定网络运营者应当对其收集的个人信息保密，并且禁止泄露、篡改或者销毁，不得非法出售或者非法向他人提供这类隐私数据。此外，网络运营者还需建立网络安全保护制度和应急响应计划，以应对可能的网络安全事件。

《中华人民共和国数据安全法》于 2021 年 6 月 10 日发布，并于同年 9 月 1 日开始实施。它在基础法律中主要聚焦于数据的处理和保护，为数据安全提供了法律保障。该法律规定了数据处理的标准和要求，包括数据的收集、存储、使用和传输。为了更好地监管 AIGC，企业必须确保在处理数据时遵守法律规定，保护数据安全，防止数据泄露，并对外部数据传输进行安全评估。此外，数据安全法还规定了数据处理者的责任，以及对违反数据安全法的行为的法律责任。

《中华人民共和国个人信息保护法》于 2021 年 8 月 20 日发布，并于 2021 年 11 月 1 日开始实施。它在基础法律中专注于保护个人信息的合法权益，是中国个人信息保护的基本法律。该法律明确了个人信息的定义，并规定了个人信息处理中的合法性、正当性和必要性原则。AIGC 在处理个人信息时必须遵守这些原则，不得非法收集和使用个人信息。此外，该法律还规定了个人敏感信息的处理，要求数据处理者在收集和使用敏感信息时，应当明示敏感信息的类型和处理目的，并征得个人同意。同时，数据处理者应当采取措施保护个人信息的安全，防止信息泄露、损坏或者丢失。在 AIGC 的应用中，这意味着企业必须在收集和处理个人信息时，充分告知用户，并征得其同意。同时，企业也必须采取有效措施，确保个人信息的安全和保密。

2. 服务管理

服务管理在 AIGC 监管中起着至关重要的作用，主要通过《互联网信息服务管理办法》和《生成式人工智能服务管理暂行办法》对 AIGC 服务的管理进行规范。这一部分的管理办法确保了互联网信息服务的合规性和安全性，为 AIGC 提供了清晰的运营框架。它规定了服务的分类、许可和备案制度，并制定了与信息内容相关的安全管理、信息发布审核和应急处置机制，涉及内容的质量、准确性和合规性。同时，它详细定义了生成式人工智能的概念，明确指出生成式人工智能是指基于算法、模型、规则生成文本、图片、声音、视频、代码等内容的技术，并在此基础上提出一系列用于指导生成式人工智能产品研发与服务提供者的原则及规定。

《互联网信息服务管理办法》于2020年12月26日发布，是国家在基础法律的基础上，专门针对互联网信息服务提供和管理所制定的专门法律。该法律明确了互联网信息服务的定义，包括通过互联网向用户提供信息、内容和其他服务。此外，该法律将互联网信息服务分为经营性和非经营性两类，并对其许可和备案制度做出规定。AIGC技术作为支撑互联网信息服务的底层技术，应根据其性质（经营性或非经营性）遵守相应的许可和备案要求。更重要的是，服务提供者应承担信息内容安全管理的主体责任。在AIGC的应用中，这包括确保生成的内容符合法律法规的要求，不包含违法或有害信息，并加强信息发布的审核标准与流程。为了应对可能的信息安全事件，服务提供者应建立应急处置机制，还需遵守信息内容的管制规定，以及采取必要的安全保障措施，以确保服务的可靠性和安全性。此外，该法律还对服务提供者在处理用户数据和个人信息时的责任作出规定，要求服务提供者在收集和使用用户数据时，遵守透明度和合法性的原则。

《生成式人工智能服务管理办法》是由国家互联网信息办公室于2023年8月15日发布的一项法规，旨在规范生成式人工智能的开发、应用和服务。该管理办法基于《中华人民共和国网络安全法》《中华人民共和国数据安全法》《中华人民共和国个人信息保护法》等基础法律，主要用于指导和监管使用AIGC产品的企业及个人。首先，该办法强调AIGC产品的内容应遵循社会主义核心价值观，不能包含颠覆国家政权、推翻社会主义制度，煽动分裂国家、破坏国家统一，宣扬恐怖主义、极端主义，宣扬民族仇恨、民族歧视，暴力、淫秽色情信息，虚假信息，以及可能扰乱经济秩序和社会秩序的内容。其次，该办法明确了AIGC服务提供者在数据安全和个人信息保护领域的法律责任，包括遵守个人信息保护法的规定，不得非法获取、披露、利用个人信息和隐私、商业秘密，应当尊重他人合法利益，防止技术伤害他人身心健康，损害用户的肖像权、名誉权和个人隐私，侵犯他人的知识产权。此外，该办法还明确了对 AIGC 产品的监管措施，包括但不限于要求在提供服务前进行安全评估和算法备案，对预训练数据、优化训练数据来源的合法性负责，按照《互联网信息服务深度合成管理规定》对生成的图片、视频等内容进行标识，以及在必要时提供可以影响用户信任、选择的信息等。

3. 内容和技术管理

在 AIGC 的监管中，内容和技术管理是至关重要的一个环节，它涉及信息内容的准确性、可靠性和合规性，以及技术应用的安全性和责任性。此部分的法律规定包括《互联网信息服务深度合成管理规定》《网络信息内容生态治理规定》《互联网信息服务算法推荐管理规定》《网络音视频信息服务管理规定》。它们为 AIGC 在内容生成和技术应用方面提供了明确的规范和要求，以防止滥用技术、保护用户权益，并维护网络信息内容的健康生态。

《互联网信息服务深度合成管理规定》于 2022 年 12 月 12 日颁布，它对深度合成技术在互联网信息服务中的应用设定了一系列标准和要求，以保证技术的责任和合规性。在基础法律体系中，该规定强化了对 AIGC 使用深度合成技术的监管。根据该规定，AIGC 必须落实信息安全主体责任，在使用深度合成技术生成内容时加强内容管理，确保不制作、复制、发布或传播违法信息。该规定还要求为生成的内容添加"深度合成"标识，并对真实身份信息进行认证。对于未经授权制作的"以他人为对象"的深度合成信息，服务提供者应当及时采取删除、屏蔽、断开链接等处置措施。

《网络信息内容生态治理规定》于 2020 年 3 月 1 日颁布，目的是促使网络空间中内容呈现出积极健康的生态。在 AIGC 领域，这一规定对企业在生成和发布网络信息内容时提出了限制性要求，以确保其遵守法律法规。AIGC 要不制作、不复制、不发布含有违法信息的内容，并应积极参与网络信息内容生态治理。此外，它还强调了个性化算法推荐技术的责任和规范，要求 AIGC 在使用算法推荐时，遵守相应的信息服务规范，以保护用户权益。

《互联网信息服务算法推荐管理规定》于 2022 年 1 月 4 日颁布，对企业算法推荐服务的责任和规范进行了详细规定。它强调 AIGC 在使用算法进行内容推荐时，应保护用户权益，特别是保护未成年人和老年人的权益，并落实算法安全主体的相关责任。在基础法律体系中，此规定强化了算法的透明度和可解释性。根据此规定，AIGC 需提供算法推荐逻辑和原理的必要说明，以及个性化推荐服务的开关选项。它还强调，AIGC 必须遵守信息服务规范，不得利用算法推荐技术从事不正当竞争或侵害用户合法权益的行为。同时，企业还需积极配合相关部门的监督和管理，并接受算法安全评估和监督检查。

《网络音视频信息服务管理规定》专注于网络音视频信息服务的管理，发布于 2020 年 1 月 1 日。它要求服务提供者在使用新技术（如深度学习和虚拟现实）生成内容时对音视频负责。对于 AIGC 来说，这意味着在生成音视频内容时，必须进行安全评估，并对非真实的音视频信息进行明确标识。服务提供者还需要建立投诉举报机制，并对提供技术支持的主体负责。此外，服务提供者应对用户的真实身份信息进行认证，从而落实信息内容安全管理的主体责任。

三、"大语言模型 + 文化" 的治理困境

（一）"大语言模型 + 文化" 治理的立法困境

中国在制定 AIGC 相关的法律法规时面临一系列立法困境。在基础法律、服务管理、内容及技术管理三个方面，政府需要协调技术创新和社会责任、保护用户隐私和促进产业发展以及平衡言论自由和维护社会秩序等多重利益，特别是在 AIGC 的快速发展的当下，这些问题变得更加复杂和紧迫。

在基础法律方面，《中华人民共和国网络安全法》《中华人民共和国数据安全法》《中华人民共和国个人信息保护法》等法律对网络安全和数据保护提出了一般性要求，但生成式人工智能的特殊性使得这些法律在应用上存有盲区。不法分子可以利用生成式 AI 模型的用户数据创建逼真的假冒个人身份。由于基础法律对此类行为缺乏具体规定，目前导致执法工作面临困境。

在服务管理方面，如《生成式人工智能服务管理暂行办法》主要管理生成式 AI 的研发、应用和服务。然而，实际操作中，由于生成式 AI 的模型和算

法的持续迭代升级，监管部门在评估合规性和安全性方面可能面临专业知识和资源的不足。以真实案例为例，某 AI 生成的文章涉嫌抄袭，然而由于其算法生成的内容无法追溯具体来源，如何界定内容的相关责任成为一个难题。

在内容和技术管理方面，AI 的内容生成能力为言论自由提供了更多可能性，但同时也可能被用于制作和传播有害信息。《互联网信息服务算法推荐管理规定》尝试解决这个问题，但是它在限制有害内容和保护言论自由之间的平衡上仍然存在挑战。假如一款 AI 工具被用户用于制作虚假新闻，尽管服务提供商并未直接参与制作，但技术提供方在责任上的定位仍然不清晰。

(二) "大语言模型 + 文化" 治理的执法困境

在监管 "大语言模型 + 文化" 方面，基础法律、服务管理以及内容和技术管理三类法律法规面临着立法上的困境。基础法律在明确人工智能的法律地位和责任归属上较为模糊；服务管理法规在跟随快速发展的 AI 技术上步履维艰；而内容和技术管理法规在平衡创新与保障的实践中经常处于两难之间。这些问题共同构成了监管的执法困境。

在基础法律方面，以《中华人民共和国网络安全法》为例，该法规在网络安全问题上提供了宏观指导，但在大语言模型这类人工智能产品中，很难明确责任归属。例如，当大语言模型因其算法推荐的内容导致文化价值冲突时，是应由算法开发者、使用者还是其他相关方负责？此外，作为基础法律，《中华人民共和国数据安全法》和《中华人民共和国个人信息保护法》对数据的保护和应用也存有模糊地带。基础法律应加强与 AI 服务相适应的法律条款制定，明确责任划分。

在服务管理方面，在《生成式人工智能服务管理暂行办法》中，虽然为生成式人工智能提供了框架，并对数据管理、用户管理等方面做出规定，但 AI 服务的跨文化应用仍然具有挑战性。以 ChatGPT 为例，其在服务国际用户时，如何有效遵守不同国家的法律和文化习俗？比如 ChatGPT 在为中文用户提供诗歌创作建议时，若引用了国外的诗作，是否涉及版权问题？在此背景下，政策评估专家建议，服务管理法规应更加细化，特别是要包含涉及人工智能在不同文化和法律环境下的应用。

在内容和技术管理方面，《网络信息内容生态治理规定》要求网络信息内容服务提供者遵守法律、尊重社会公德。然而，在实际操作中，政府对大语言模型等人工智能工具生成的内容难以实现全面监管。例如，用户可以使用大语言模型创作小说，但当内容涉及敏感话题时，监管的有效性就会受到质疑。在此背景下，政府可以采用更先进的技术手段对 AI 生成的内容进行实时监测，并加强与全球监管机构的合作，共同制定国际标准。

（三）"大语言模型＋文化"治理的处罚困境

基础法律、服务管理以及内容和技术管理法规在处罚方面面临显著困境。其中，基础法律（如《中华人民共和国网络安全法》）往往具有宽泛性，对具体问题则缺乏针对性；服务管理制度（如《生成式人工智能服务管理暂行办法》）在规定上较为明确，但执行极为困难；而内容和技术管理法规（如《信息网络传播权保护条例》）面临技术不断更新迭代的挑战，使得惩处措施往往滞后于技术进步。

在基础法律方面，《中华人民共和国网络安全法》对网络信息安全进行宏观管理，但在应对大语言模型等聊天机器人的内容生成问题时，其笼统的规定难以适用。以"大语言模型误导青少年事件"为例，前者因算法问题生成了不当内容，而《中华人民共和国网络安全法》并未对此类行为作出具体规定，处罚力度和效果也较为模糊。

在服务管理方面，《生成式人工智能服务管理暂行办法》对生成式 AI 产品的数据、内容和用户管理做出了具体规定。但由于 ChatGPT 等聊天机器人的高度复杂性，很难对其生成的每一段内容进行监控。例如，当一位文学爱好者使用大语言模型生成古诗时，机器人无意中生成了与古代历史事件相关的敏感内容，由于算法的不可预测性，监管机构难以及时介入这一情境并进行处理。

对于内容和技术管理，《信息网络传播权保护条例》主要保护版权及其相关的权益，但当大语言模型等聊天机器人在生成内容时，可能在不知情的情况下引用受版权保护的相关作品。例如，大语言模型在为用户生成音乐作品时，不经意间引用了一段受版权保护的旋律。这类问题的处理通常依赖于事后投诉和人工干预，而非实时监管。

四、"大语言模型＋文化"的治理对策建议

（一）政府层面

在政府层面，生成式人工智能技术的监管应该从完善 AI 法律法规、建立跨部门监管协作和积极参与国际合作三个方面入手。首先，要进一步完善 AI 法律法规、明确监管责任划分，为 AI 技术及服务的应用提供明确的权益保障和法律依据，为各方提供清晰指导原则。其次，跨部门监管协作有助于整合各部门间的资源，共同应对 AI 技术带来的复杂挑战，以实现更为有效的监管。最后，积极参与国际合作，制定跨国 AI 监管方案，有助于在全球范围内促进 AI 技术的健康发展。政府在这三个方面的独特优势和功能表现在实现立法权力、跨部门协调能力和国际合作影响力，可助力其构建健康、可持续发展的 AI 产业生态。

1. 完善 AI 法律法规，明确责任划分

AI 技术及服务的法律地位是指其在法律体系中的地位和权益保障程度，而责任划分是指在 AI 技术及服务涉及的纠纷中，各方应承担的法律责任。政府需要不断完善相关法律法规，明确 AI 技术及服务的法律地位和责任划分，为各方提供明确的指导。例如近年来人工智能的快速发展使得 AI 能通过程序学习大量剧本，并提出可行的故事架构或素材，从而取代部分编剧工作。这一现象在好莱坞引起了广泛的关注和讨论。在一次罢工事件中，编剧工会提出，希望能规范 ChatGPT 等人工智能聊天机器人的使用，禁止利用其撰写或改写剧本，以保护编剧的权益。然而，这一诉求制片方被驳回。这引发了关于 AI 生成内容的责任归属问题，暴露了现行法律法规在该领域的不足。因此，政府需要将此类问题纳入考量范围，并及时修订法律，明确责任划分。同时，演员也担心工作不保，因为根据目前合约，制片通常会要求演员放弃对角色的肖像权，而人工智能技术也让制片方用其取代真人演员成为可能。这些问题都需要

政府在未来的法规修订中做出明确的规定和限制①。

2. 跨部门监管协作，强化 AI 技术监督

跨部门监管协作是指不同政府部门之间共同参与对某一领域的监管，通过各部门的协同合作形成合力。针对涉及多个领域的生成式人工智能技术，政府需要建立跨部门监管协作机制，共同加强对该技术的监督管理。2019 年，一款名为 DeepNude 的应用程序在美国引发广泛关注，针对类似应用软件需各部门共同协作出台相应监管措施，保护公共利益。

3. 国际合作，制定跨国 AI 监管方案

跨国监管方案是指各国政府针对某一领域或问题，通过国际合作制定出共同遵循的监管规则和标准。在 AI 技术全球化发展的大趋势下，各国政府需要积极参与国际合作，共同制定跨国监管方案和技术标准。2018 年，欧洲联盟发布了一份关于人工智能伦理准则的草案，旨在为 AI 技术的发展提供指导。这一举措表明，各国政府可以通过国际合作，共同制定跨国监管方案和技术标准，以解决 AI 技术带来的全球性挑战。

（二）社会层面

在社会层面，针对生成式人工智能技术的监管可以从加强公共宣传和教育、鼓励社会监督以及倡导建立良好网络文明三个方面入手。政府要提高公众对 AI 技术的认识和理解，发挥媒体和公众的监督作用，引导公众积极参与网络文化建设，为构建健康、可持续发展的 AI 产业生态提供有力支持。

1. 加强公共宣传和教育，提高 AI 技术认识

公共宣传和教育是指通过各种渠道和方式普及 AI 技术相关知识，提高公众对这一领域的认识和理解。公共宣传和教育可以帮助公众更好地理解 AI 技术的发展趋势、应用场景以及可能存在的风险，从而提高公众的科技素养。

---

① 党超峰. 60 多年来首次！演员、编剧双罢工，好莱坞面临严重停摆 [EB/OL]. (2023 - 07 - 08) [2023 - 07 - 28]. https：//www.ctdsb.net/c1679_202307/1829380.html.

2019 年，一项名为"AI 悟空"的公益项目启动，旨在通过公众讲座、线上课程等方式普及 AI 知识，提高公众对 AI 技术的认识，这一项目的开展有效提高了公众对 AI 技术的理解和关注，并帮助公众更好地应对 AI 带来的风险及挑战。

2. 鼓励社会监督，发挥媒体和公众作用

社会监督是指媒体、公众等对 AI 技术及其应用进行关注和监督，从而发现和制止违法违规行为。政府要鼓励社会各界进行监督，切实发挥媒体和公众的监督作用，有助于及时发现潜在的问题，促进 AI 产业的健康发展。2018年，美国媒体曝光了一款名为 Replika 的聊天机器人在与用户交流过程中传播不良信息的问题。这一事件引起了社会各界的广泛关注，促使该公司对产品进行了优化和升级，从而减少了 AI 技术对公众的负面影响。

3. 倡导建立良好网络文明，引导公众参与网络文化建设

良好网络文明是指网络空间呈现出秩序井然、文明健康的良性状态，网络公约是指网络行为的规范和道德准则。政府倡导建立良好的网络文明和网络公约，引导公众积极参与网络文化建设，有助于营造一个健康、和谐的网络环境，为 AI 技术的发展提供良好的社会氛围。2019 年，一款名为"小冰"的人工智能助手因其生成的内容涉嫌违规而被暂停服务。小冰是微软亚洲互联网工程院于 2014 年 5 月 30 日在中国推出的人工智能聊天机器人。根据微信方面的信息，小冰的公众号"接相关投诉，因违反《互联网用户公众账号信息服务管理规定》已被屏蔽所有内容，账号已被停用"。此事引发了社会对网络文明的关注和讨论。一系列类似案例的出现，促使相关部门出台了一系列与网络文明建设有关的措施，从而引导公众积极参与网络文化建设，共同维护网络空间的文明秩序。

（三）平台层面

在平台层面，针对生成式人工智能技术的监管可以从强化企业社会责任、深入开展算法安全审查以及实施实时内容监控和管理三个方面入手。平台企业要通过确保技术研发和应用符合法律法规与道德规范、防范算法引发的风险和

问题，并及时发现和处置违法违规信息，平台企业要能够充分发挥独有的优势和功能，为构建健康、可持续发展的 AI 产业生态提供有力支持。

1. 强化企业社会责任，确保技术研发和应用合规

企业社会责任是指企业在追求经济效益的同时，也会主动承担起与之相关的社会、环境等责任。强化企业社会责任意味着企业要确保其技术研发和应用符合法律法规和道德规范，以实现技术的可持续发展。Clearview AI 是一家美国的人脸识别公司，成立于 2017 年。该公司在未经用户同意的情况下，从公开网络及社交媒体平台上收集了超过 200 亿张人脸图像和相关数据，并用于创建其面部识别的全球在线数据库。然而，这种行为引发了全球范围内的关注和指控。2021 年 5 月，法国数据监管机构国家信息与自由委员会（CNIL）收到了针对 Clearview AI 面部识别数据库和数据处理的投诉，并对此展开了调查。CNIL 最终揭示了 Clearview AI 违反《欧盟通用数据保护条例》（GDPR）的具体行为，例如非法处理生物识别信息数据，且在收集这些数据时未征求用户同意等。最终，CNIL 决定对 Clearview AI 开出 2000 万欧元的罚单。此外，英国、美国、澳大利亚、意大利等国的监管机构也都曾对 Clearview AI 的违规行为提出指控。这些指控包括企业违反了收集人脸信息的规定，未经同意就收集和使用个人数据，以及未遵守个人数据删除请求等。这个案例表明，企业在追求技术进步和商业利益的同时，必须遵守法律法规和道德规范，切实尊重和保护用户的隐私权和数据权利。否则，不仅会面临重大的经济损失，也会严重损害企业的社会形象和信誉①。

2. 深入开展算法安全审查，防范算法风险

算法安全审查是指对生成式人工智能技术的算法进行审查，以确保其安全可靠。深入开展算法安全审查有助于防范由算法引发的风险和问题，为用户提供安全、可靠的服务。2020 年，一家名为 DeepMind 的 AI 公司在开发一款名为 AlphaGo 的围棋人工智能时，对其算法进行了多轮安全审查。通过这一过

①　李润泽子. 2000 万欧元罚单！美国面部识别公司 Clearview AI 因违规收集人脸信息在欧盟又被指控［EB/OL］.（2022－10－23）［2023－07－28］. https：//finance. sina. cn/tech/2022－10－23/detail-imqmmthc1800550. d. html

程，DeepMind 确保了 AlphaGo 在与人类对弈的过程中不会出现不安全或不道德的行为，提高了用户的信任度。

3. 实施实时内容监控和管理，及时发现和处置违规信息

实时内容监控和管理是指对生成式人工智能技术产生的内容进行实时监控，以发现和处置违法违规信息。实施实时内容监控和管理有助于维护平台的秩序，保障用户的权益。例如，短视频平台上的侵权行为问题严重，有的视频博主通过二次剪辑发布热播影视作品，盗取他人劳动成果，从中获利。数据显示，2019 年 1 月至 2020 年 10 月，累计监测到 3009.52 万条疑似侵权短视频，点击量高达 2.72 万亿次。这表明，实施实时内容监控和管理，有助于发现和处置这种侵权行为，以维护平台秩序和保护用户权益。目前，一些平台已经意识到了问题的严重性，开始采取行动。例如抖音在 2021 年 3 月就永久封禁了 19 万个违规账号，其中包括大量"剪刀手"账号。然而，面对这个庞大的侵权行为问题，单靠平台自身的力量还是不足以解决的。政府部门的介入和有效的监管政策，以及各方的共同努力，才能真正地解决这个问题[1]。

（四）个人层面

在个人层面，生成式人工智能技术的监管工作可以从增强用户的自我保护意识、引导用户积极参与网络文化建设、鼓励用户及时向有关部门举报违法违规行为三个方面入手。通过引导用户正确使用 AI 技术、遵守网络法律法规、自觉抵制不良信息以及共同维护网络安全和秩序，网民群体能够充分发挥自身独特的优势和功能，为构建健康、可持续发展的 AI 产业生态提供有力支持。

1. 增强自我保护意识，正确使用 AI 技术，遵守网络法律法规

自我保护意识是指个人在使用 AI 技术时，对自身信息安全和隐私权益

---

[1] 冯松龄，林碧锋，朱文哲."二次搬运"太疯狂——短视频平台乱象调查［EB/OL］.（2021－04－26）［2023－07－28］. http://www.xinhuanet.com/politics/2021－04/26/c_1127379092.htm

的维护意识。增强自我保护意识有助于个人在正确使用 AI 技术时，避免不必要的风险。2019 年，许多用户在使用一款名为 FaceApp 的 AI 换脸应用时，未仔细阅读其隐私政策，忽视了其中的"霸王条款"：如果您把用户内容中的人脸换成您或其他人的脸，您同意或确保肖像权利人同意授予"ZAO"及其关联公司全球范围内完全免费、不可撤销、永久、可转授权和可再许可的权利。这导致一系列个人信息被滥用的风险。① 此事件引起公众对自我保护意识问题的关注，促使更多人在使用 AI 技术时注意保护个人信息安全和隐私权益。

2. 积极参与网络文化建设，自觉抵制不良信息

网络文化建设是指个人在网络空间中参与文化传播、创作和交流的过程。网友们积极参与网络文化建设、自觉抵制不良信息有助于营造一个健康、和谐的网络环境。2022 年，一些用户在发现一款直播平台存在不良内容后，积极向有关部门举报并在社交媒体上发起了抵制行动。相关行动在社会上引发了广泛讨论，促使该平台加强了对不良信息的治理和追加处罚②。

3. 及时向有关部门举报违法违规行为，共同维护网络安全和秩序

用户如果发现网络中存在违法违规行为时，可及时向相关部门进行举报。这有助于共同维护网络安全和秩序，促进网络空间的健康发展。2020 年，澳大利亚一名网民在发现一款名为"AI 写作助手"的应用存在抄袭现象后，及时向有关部门举报。经过调查，该应用被发现确实存在侵犯他人知识产权的行为，相关部门立刻采取措施制止了该行为。这一事件再次提醒人们，在发现违法违规行为时，要积极向有关部门举报，共同维护网络安全和秩序。

---

① 贾敬华. AI 换脸不只是"丢脸"风险 隐私问题"ZAO"治早安全 [EB/OL]. (2019 - 09 - 10) [2023 - 07 - 28]. http：//health. people. com. cn/n1/2019/0910/c14739 - 31345969. html

② 章玲. 直播低俗表演！200 万粉丝主播被举报 平台：追加处罚，账号封禁 5 天 [EB/OL]. (2022 - 04 - 28）［2023 - 07 - 28]. https：//finance. sina. com. cn/tech/2022 - 04 - 29/doc-imcwi-pii7034824. shtml

第二节　算法驱动下文娱行业的治理策略

一、算法技术与文化

社会学家曼纽尔·卡斯特（Manuel Castells）在"信息时代三部曲"之一的《网络社会的崛起》中论证了网络时代的到来。他基于结构主义和政治经济学逻辑框架对网络化社会进行了全景式的考察，将网络视为一种重新组织社会权力关系和形塑社会结构的资源或能量，认为信息社会的基本逻辑就是网络化，信息技术的支配性功能和过程需要通过网络获得连接与组织。网络化运作机制嵌入社会极大地改变了文化的生产、传播和消费过程，并挑战了传统的文化体制和文化治理机制，在卡斯特笔下，网络化社会结构是一种以网络为基础，具有高度活力的开放性系统。[①]

近些年，随着人工智能、算法、大数据等数字信息技术的快速发展，以生活要素数据化和自动化决策为核心的算法经济应运而生，再次从诸多方面对人类文化和社会生产关系产生重要的影响。企业或平台利用用户生产的数据，如社交网络资料、实名认证信息、网页搜索浏览数据、地理位置信息、消费记录等，对用户群体做出归类、评估，基于此对用户行为和偏好进行预测、影响、干预，并经由算法系统被广泛运用在个性化推送、数字营销、人工客服等众多领域。算法经济与算法文化推动着卡斯特所阐述的网络化社会呈现出新的特点，算法技术/系统在不同领域的延伸为人们提出了技术与文化的新命题。

尼尔·波兹曼（Neil Postman）的技术与文化批判理论认为，技术以极快的速度逐渐征服文化，并建立起一套技术/机器的意识形态，从而使得技术垄断成为可能。在波兹曼眼中，技术（如电视）是一种社会与文化的生产机制，通过不断迭代逐渐改变整体社会的文化氛围。如表4所列，波兹曼将人类的技

---

① 曼纽尔·卡斯特. 网络社会的崛起 [M]. 夏铸九，译. 北京：社会科学文献出版社，2003.

术发展分为三个阶段：技术使用、技术统治和技术垄断①；相应地，文化也可以归类为三个发展阶段：技术使用文化、技术统治文化和技术垄断文化。三个阶段中技术与文化的关系也在不断变化：第一阶段，技术从属于文化；第二阶段，技术开始逐渐统治文化；第三阶段，技术则彻底征服文化。

表4　波兹曼技术与文化发展三阶段

发展阶段	技术发展	文化发展	技术与文化的关系
第一阶段	技术使用	技术使用文化	技术从属于文化
第二阶段	技术统治	技术统治文化	技术统治文化
第三阶段	技术垄断	技术垄断文化	技术彻底征服文化

　　波兹曼的思考呈现出两个重要特征：一方面，技术可以代替人们思考问题，人类逐渐放弃思考，思想逐渐"死亡"；另一方面，一切形式的文化都臣服于技术的统治，用波兹曼的话来说，文化最终将向技术投降。唯科学主义是技术征服文化的重要意识形态，指的是一种相信自然科学可以解决一切问题的价值观，认为只有通过自然科学的方法和范式才能获得科学的知识，主张科学知识是人类知识的典范，将科学变成人类的新信仰。通过对"技术—文化—发展"三阶段的描述，波兹曼批判了唯科学主义意识形态，认为这种意识形态极大地忽略和侵害了人类文化的丰富性和多样性。波兹曼认为，人类应对技术对文化垄断的方案就是要反对技术的"标准化"，鼓励"人之为人"的个体丰富性与多样性。在他看来，技术正是以一种标准化的文化生产模式导致"符号大流失"，侵害了人类社会的文化氛围，将丰富的个体逐渐转化为统一的人类。

　　如同彼时的互联网技术，算法对社会关系、社会结构和文化生产都产生了重要的影响。算法技术与文化的互动关系是否如同波兹曼所描绘的那样？算法技术是否最终将会统治文化？人们应当如何应对"算法意识形态"等一系列问题，这些无疑都需要学界进行更为细致的考察。那么当我们研究算法（algorithms）时，我们应当如何理解算法？对于数学和计算机科学领域的研究者或

---

① 尼尔·波斯曼.技术垄断：文化向技术投降 [M].何道宽，译.北京：北京大学出版社，2007.

从业人员来说，算法通常指的是为了解决特定问题的一系列明确指令或是一种完整的解决方案的描述；而在人文社会科学领域，学界通常将算法视为一种数字经济的底层技术，是数字产业重要的基础设施。因此作为数字文化产业重要的基础设施，算法系统正越来越多地参与到文化生产、传播与消费等各个环节的决策之中，对个人、组织或社会整体都产生了重要影响。

从文化生产的角度来看，算法为专业生产者和大众都提供了丰富多样的技术性和自动化工具，例如一键式的模板、自动化的生成都极大地提高了文化生产的效率，变革了文化生产的模式；从文化传播的角度来看，算法系统改变了传统文化产品的流通和分配渠道，能够根据不同的场景、用户画像和传播目的提供更为精准的文化传播服务。其中最为典型的就是社交平台上的广告投放，平台通过算法抓取、归类并生产用户画像，并将之售卖给广告主，以便广告主可以为用户提供更为精准的传播服务。从文化消费环节来看，用户观看视频、收听音乐、阅读文本等许多线上文化消费活动都是由算法推荐系统所中介和影响的，表面上是用户自主选择文化内容，实质是被算法系统精准推荐所裹挟，被流量和热搜所影响。越来越多的研究表明，算法技术的广泛运用并非乌托邦式的，相关概念例如算法茧房、回声室效应、算法污染、算法偏见、算法合谋等都提醒着我们要警惕一面倒的算法"赋能论"和极端技术乐观主义，关注算法技术的负面危害，尤其是对弱势群体和"不可见"群体与算法技术间的关系应该有更多的关照。

可以说，算法系统已经全方位地干预和影响了人类文化生活的方方面面，无论是现阶段的弱人工智能算法系统，还是面向未来的完全人工智能时代，当基于算法的 AIGC 已经不再是畅想，我们应当如何思考算法与文化生产的关系？当用户不再通过搜索和选择观看短视频，而是依赖于算法推荐，我们应当如何看待算法茧房？又如何处理回声室效应？当基于算法的文化平台逐渐成为我们当下文化活动的主要场域，我们应当如何面对算法驱动下的文化平台治理问题？针对上述问题，让我们一起回到起点，重新思考文化与算法的关系。

（一）算法的祛魅：打开算法黑箱

算法系统的复杂性和不断迭代发展的特征所构建的门槛，阻碍了许多缺乏一定技术背景的人文社会科学研究者对算法社会价值和人文意义的研究；同样，算法技术性构建的门槛对于人文社会科学研究者从事相关研究的合法性也提出了一定的挑战。因此，人文社会学科研究者首先要破除算法技术和知识的神秘性或神圣性，达成对算法世界和算法社会性研究的"祛魅"。美国人类学学者尼克·西弗（Nick Seaver）① 通过"文化中的算法"（Algorithm in Culture）和"算法即文化"（Algorithm as Culture）两种研究算法的路径，论证了人文社会科学研究学者要对算法进行祛魅，将传统社会科学研究方法大胆地运用于算法文化研究领域。

西弗以人类学民族志式的研究方法为例，指出当我们研究算法时，应将其视为充满异质性且分散的社会技术系统（heterogeneous and diffuse sociotechnical systems），并建议学界不要将算法视为"在"（in）文化中的事物，而应该将其视为"作为"（as）文化的一部分——作为一种可以通过实证方法来参与的广泛意义和实践模式。为此，一种以文化研究的视角研讨技术、文化与社会的关系在学界有其脉络可循。

詹姆斯·凯瑞（James Carey）从以杜威为代表的芝加哥学派和加拿大学者伊尼斯的学术土壤中汲取灵感，在他《作为文化的传播》（*Communication as Culture*）一书中以文化研究的路径分析了作为文化的技术，提出了著名的媒介技术"仪式观"，他认为技术作为物质产品，是文化的产物。② 事实上，以文化的视角研究技术是一种研究有意义的符号如何通过技术被创造、理解、使用与分享的社会过程，以及这一过程是如何建构现实的。凯瑞将学界对媒介技术的研究分为两类：一类是关注媒介技术的"传递、传输功能"，侧重于传播的技术性研究，其最终目的是实现技术对人和空间的控制；另一类则关注媒介技术的"仪式"层面，将媒介技术使用实践看作共享、共同参与的文化仪式，这类研究的最终目的是通过意义的共享、构建以维系人类共同的文化世界。凯瑞的研究将技术、文化、传播与社会结构有机联系在一起，探讨了技术是如何

① Seaver, Nick. Algorithms as culture：Some tactics for the ethnography of algorithmic systems ［J］. Big Data & Society, 2017, 4 （2）, 1 – 12.
② 詹姆斯. W. 凯瑞. 作为文化的传播 ［M］. 丁未，译. 北京：华夏出版社, 2005.

塑造人们的互动模式，进而改变社会关系和社会结构。因此，对于算法技术的文化研究就是要关注算法技术实践背后的意义，将算法技术置于历史和文化的语境中进行考察，进而分析算法技术的文化意义。

保罗·杜里什（Paul Dourish）长期从事计算机科学和社会科学领域的交叉研究，他认为算法事实上成了当下人们审视数字文化的重要视角。作为一名有计算机科学背景的科学家，保罗认为人们对于算法的认知是情境式的，即不同的人在不同的历史时刻和社会环境下，对算法会有不同的定义与理解，用他的话说，"即使是那些软件工程师、数据科学家、计算机科学家、机器学习研究者等看似很了解算法的从业人员聚在一起，他们也会对什么是算法，算法与社会的关系等问题各执一词"①。因此，算法的边界通常是社会性塑造的而非完全技术性的。

对于算法的研究，孙萍总结出了技术人类学研究和自然科技史研究两个切入视角。② 与自然科技史研究重"技术"本身不同，技术人类学视角下的算法研究承袭福柯、麦克卢汉、基特勒等人的技术社会化构建路径，通常更关注算法与人、社会、组织、文化中的角色和影响，将算法视为一种文化实践或者技术机制。

总之，无论是批判性的数据研究还是算法文化研究，都强调了社会塑造和社会建构的重要性。算法的社会塑造论是对算法技术决定论的排斥，主张将算法技术的理解置于经验世界中，算法技术对社会的影响取决于使用它的人/组织/群体，而非技术本身。因此，即使是"不懂"技术的社会科学研究者，依然可以在社会理论和社会科学研究范式下挖掘出技术的社会面和社会性；而那些"很懂"技术的技术人员可能对技术的社会性所知甚少。算法社会塑造论或算法社会建构论为人文社会科学研究算法开辟了广阔的道路和更多的可能，也为算法技术研究提供了更多跨学科研究和知识生产的肥沃土壤。

---

① Dourish P. Algorithms and their others：Algorithmic culture in context［J］. Big Data & Society, 2016, 3 (2).
② 孙萍．如何理解算法的物质属性——基于平台经济和数字劳动的物质性研究［J］. 科学与社会, 2019, 9 (3)：17.

（二）日常文化中的算法逻辑：数据化与自动化

在智能时代，算法技术逐渐影响和改变了人们日常文化生活的许多方面，最典型的就是算法推荐系统成为影响大众文化消费选择的重要因素。例如，用户在观看短视频时，通常会使用主页上的推荐功能，通过"上滑"，算法推荐系统会不断推送用户"可能喜欢"的短视频内容，用户表面上拥有自主决定是否观看特定内容的权力，即用户只需往上一滑就可以跳过他们不喜欢的内容，对于喜欢的短视频则可以选择多停留或多次观看。而算法推荐的逻辑则是通过收集大量用户的数字足迹，不断地重复向用户推送其感兴趣的内容。算法推荐在短时间内可以给用户带来刺激与满足，但由于算法推荐的重复性，易导致用户深陷"算法茧房"抑或"回声室效应"。文化批判学派认为算法技术导致当代人人都生活在自己的过滤泡之中，进一步加深了社会分层，阻碍了不同群体间的直接沟通和协同，且极大破坏了数字时代公共领域的形成和持续发展的可能性。这一过程涉及算法经济与文化的基本逻辑：数据化和自动化。

首先，数据化（datafication）是算法经济与文化的基本逻辑。数据化（datafication）最早由维克托·迈尔－舍恩伯格（Viktor Mayer-Schönberger）和肯尼斯·库克耶（Kenneth Cukier）提出，是指伴随着技术发展，人类生活的方方面面被逐渐转化为数据或信息的过程，其强调了以大数据和算法为代表的数据技术是如何将生活中看似没有联系的事物连接起来，并如何对人类生活、工作和思维方式产生潜移默化的影响与转变[①]。因此数据化代表了一种过程，一种逐渐用数据来表征世界和人类的过程[②]。例如，我们的阅读介质经历了从印刷本转变为电子书，日常办公方式逐渐转变为无纸化、数字化办公，这一由比特代替原子、由数据代替纸张的过程，就是办公数据化的过程。在媒介和传

---

① Mayer-Schonberger, Viktor, Cukier, et al. Big Data: A Revolution That Will Transform How We Live, Work, and Think. [J]. Smart Business Cincinnati/Northern Kentucky, 2013.

② Lycett M. Datafication: making sense of (big) data in a complex world [J]. European Journal of Information Systems, 2013, 22 (4): 381 –386. Ruckenstein M, Schüll N D. The datafication of health [J]. Annual Review of Anthropology, 2017, 46: 261 –278.

播学研究领域，数据化主要被运用于媒介受众研究①、数据化赋能媒体产业发展研究②、数字平台与数字劳工研究③等领域。算法的数据化逻辑在文化产业中影响最显著的例子就是文化数字化，尤其是将传统文化资源进行数据化保存、转译，从而作为数字文化产业发展的重要的动力。

其次，算法时代文化产品的筛选、审查、供给、分配和推广活动通常并非由传统文化事业或产业中的职能部门担任，而是依赖数字平台算法系统的"自动化决策"（automated decision-making）。例如在传统文化产业生态系统中，一个电视节目从立项到正式排播的全部流程都会受到相关文化职能部门的监管和审查，电视台、电视栏目的有限性与合规监管审查系统共同决定了电视节目产量的有限性。然而，在数字平台时代，文化产业生态逐渐从专业生产（PGC）转向了专业生产与用户生产（PUGC）和人工智能生产（AIGC）融合的复杂共生系统，这样一个全新的、由数字技术赋能的文化产业生态对传统的文化内容审查和监管提出了新的挑战：面对海量文化内容，如何能保证内容合规的同时又不阻碍各端的生产力？在大众获取文化产品的渠道日益丰富且多元的背景下，如何重新审视和平衡文化事业与文化产业之间的关系，即文化的政治性与商业性之间的关系？与此相关，我们又应当如何处理文化的艺术性与商业性之间的关系？

由此可见，基于数据化、自动化逻辑的算法系统在文化产业生态中的运用已经成了一种新的文化机制——主要基于数字平台，以平台化、自动化、数据化为特征，以大众商品化和货币化为目的的文化机制。在这样一套文化机制中，平台承担了文化监管和审查的主要职责，因此，学界对于算法时代文化监管问题的讨论自然而然地转向了对于平台的治理、监管和规制研究，这方面以欧陆的学者为代表，关注全球范围内以美国 GAMAM（谷歌、亚马逊、微软、

① Mathieu D, Jorge A. Datafication of audiences: Reaching for a more sustainable Approach to media innovation [J]. Media and Communication, 2020, 8 (2): 4 – 14.

② Arsenault A. Datafication and the media industries: A political economy perspective [J]. Media and Communication, 2017, 5 (4): 1 – 3.

③ Chen J, Qiu J L. Digital labour in China: The political economy of digital media platforms [J]. Global Media and China, 2019, 4 (3): 265 – 282.

苹果和 Meta）和我国的 BAT（百度或字节跳动、阿里巴巴、腾讯）为代表的文化垄断平台是如何通过算法等技术影响公众的文化生活、政府对这些平台的规制与监管，以及基于上述问题而展开的算法治理研究。

二、"算法+文化"的治理现状

算法技术的快速发展使算法越来越多地参与到民众数字生活的方方面面，相应地，算法双刃剑的正负效应也在各个层面或明或隐地影响着我们。由于算法在本质上建立于数据收集和分析的基础之上，算法污染的产生同样源自数据化的过程。企业通过搜集用户的海量数据，分析用户习惯、偏好，总结出规律和模式，从而作为对未来进行判断和决策的根据，但由于算法的学习和提升需要大量的用户数据，在商业利益的驱动下，企业亦可能通过不正当的渠道窃取用户的数据或隐私。例如 2018 年 3 月 17 日，美国《纽约时报》曝光了全球社交巨头 Facebook 脸书将超过 5000 万用户的数据泄露给一家名为"剑桥分析"（Cambridge Analytica）的咨询公司，而该公司曾在特朗普竞选美国总统和英国脱离欧洲联盟公民投票时期通过脸书提供的数据建立分析模型，用以预测并干预社交媒体上的公众政治选择。在全球拥有超过 20 亿用户的脸书平台出于商业利益牺牲和贩卖用户隐私数据的行为，在全球范围内引起了关于用户数据权保护和平台监管治理的讨论。这一事件表明在今天人们面对算法时，开始担忧人、技术、平台之间权力不平衡的现象。近几年，算法技术普遍运用于文化生活的方方面面，西方发达国家纷纷采取了多样化的治理与监管手段，进一步明确算法技术运用的边界，努力打造可信、透明的算法文化生态系统。

数字治理（digital governance）理论将数字技术与治理理论相结合，一方面强调将数字技术运用到公共治理实践中来；另一方面也注重对于技术本身的规制，从而有效应对数字技术对于治理的挑战。今天，算法技术同样为公共治理带来了诸多挑战。首先，算法为一般意义上的数字治理，包括电子政务、电子政府、电子治理等业务板块提供了一种新型的管理工具，公共权力部门也在思考如何能够将算法技术运用到政府运行、决策过程中，从而提高政府运行和决策效率；从广义上来看，数字治理指的是数字技术对于公共空间（包含虚拟空间）的影响，算法也带来了诸多机会与挑战。例如，算法技术造成了个体权利与算法权力之间的失衡，并诱发一系列伦理问题，而掌握着算法的平台实际上凌驾于用户之上，享受着权力倾斜所带来的诸多利益。因此，算法技术给数字治理带来的挑战是如何通过建立有效的机制来平衡算法所带来的权力失衡现象。

当前对于"算法＋文化"的治理，国内外都采取了丰富多样的实践。从制度层面来看，国外主要从算法的数据端出发，明确了个人数据使用规范和数据隐私保护的细则，例如 2016 年美国奥巴马政府颁布了《国家人工智能研究与发展计划》（National Artificial Intelligence Research and Development Strategic Plan）用于研究算法和人工智能的潜在风险和危害，并出台了相应的解决策略。该计划指出，算法和人工智能的设计应当遵循透明且可追溯的原则，让算法能够被及时有效地监督和管理。2018 年，纽约市成立了美国第一个专门用于检查和治理算法的行政机构，用于审查和检测自动化算法决策对纽约市公众所产生的危害。美国对算法文化的监管则更加强调风险控制，监管权分散在联邦各职能机构中，能够对具体的算法技术应用领域采用更为直接和有针对地治理办法，例如，2019 年 2 月的发布的行政命令《保持美国在人工智能领域的领先地位》（Maintaining American Leadership in Artificial Intelligence，EO 13859）首次提出了联邦政府对人工智能和算法的监督办法，尽管该行政命令呼吁美国各职能机构尽快制定适宜的算法与人工智能监管机制，但收效甚微。2022 年 12 月，斯坦福大学发布了有关人工智能监管治理的相关报告，报告显示美国的 41 个主要机构中只有 5 个按要求制定了人工智能监管计划。此外，由于联邦制的政治体制，美国各联邦对于算法的治理也呈现出不均衡的状态。例如 2023 年 4 月，美国加利福尼亚州引入新的算法隐私治理法案，以打击企业在使用自动化算法做出重要决定时（如医疗、住房和招聘）的算法歧视现象，但这些法案仅仅针对地方的算法系统实践进行规制，并没有全国性的效力。综上所述，尽管美国的算法监管政策体系有垂直型、专门化的优势，但其总体的离散性和缺乏统一指导性纲领的问题，导致其算法监管在不同领域和美国不同地区的发展与应用非常不平衡。

当今世界的主流数字平台几乎都由美国实际控制，因此欧盟的相关条例也被视为一场数字主权的战争，以推动数据权和隐私权从美国手中移交回欧洲。欧盟于2018年正式颁布和实施了《通用数据保护条例》（General Data Protection Regulatio, GDPR），限制平台企业对公民数据的控制，将公民个人数据的所有权从平台手中取回，加强了对欧盟成员国公民数据和隐私的保护。值得注意的是，该条例明确禁止企业或组织开展未经用户允许的自动化算法决策。通过该条例，欧盟也更方便地掌握了数据所有权，从而减少或降低算法污染的潜在危害。2019年，针对算法技术系统大规模使用带来的社会危害，欧盟出台了《算法问责制和透明度的治理框架》，欧盟对于算法技术监管的前提是肯定算法技术所带来的高效决策，并认为算法系统优化后应当更好地服务所有人类。因此，算法治理的重点是保护人类的权益不受到肆意侵害。该治理框架主要从算法系统的公开透明度（transparency）和算法技术的问责机制（accountability）着手，包含以下四个重点。

第一，通过教育、监督和举报机制增强算法意识。首先要培养欧盟公民的算法意识，通过普及算法知识相关的教育，以提高公民的算法素养，例如开发公共的算法文化科普手册；其次是建立算法危害行为的监督和举报机制，当公民意识到自身权益受到算法系统侵害时，他们可以通过适当的渠道及时举报，从而监督算法文化。

第二，建立公共部门使用算法决策的问责机制。对欧盟的公共部门，尤其是与日常生活密切相关的公共服务部门，要使用算法系统技术实施严格的问责机制，例如对银行等金融机构，政府要对使用算法决策系统影响公民金融财务活动采取严格问责机制。

第三，明晰法律层面的监管监督和相关法律责任的界定。在欧盟内制定严格的法律法规，并在法律层面明晰边界，划清责任，从而更好地利用法律对不当算法技术使用行为进行监管与打击。

第四，构建算法治理的全球协同行动。欧盟的算法治理框架不仅要汇集欧盟内部的力量，更要呼吁全球协同。从而更好地对全球算法系统进行有效监管，让算法向善、造福人类。

2018 年，加拿大多伦多政府颁布了《多伦多宣言》。该宣言关注人工智能发展和使用中产生的算法偏见和算法歧视现象，倡导负责任的机器学习和数据隐私保护。2019 年，澳大利亚人权委员会在最新的报告中对公民的隐私保护和数据安全做了进一步的规定，人权委员会将设立专门机构，对侵害公民数据安全和隐私的案件进行独立审查，并将级别严重的案件移交司法部门做进一步调查。印度于 2018 年颁布了全国《个人数据保护条例》（Personal Data Bill），明确规定了企业在公民数据储存、处理和流通中的各项细则，并对个人数据的不正当使用或造成的负面影响提出了具体的应对和处罚措施。2020 年 9 月，我国发布了《全球数据安全倡议》，为全球数字治理的规则制定贡献了中国方案。

企业或平台通过技术路径设计出"更好的"算法，从而保护用户权益。搜索引擎巨头谷歌公司针对用户隐私泄露问题推出了个人广告画像功能，用户在个人账号的广告画像功能下，一方面可以看到谷歌根据其掌握的数据所演算出的用户广告画像，包括性别、年龄、工作、教育背景、个人兴趣爱好等；另一方面，用户可以选择关闭此项功能或限制谷歌对于某些数据的收集。除了数据端口的保护外，企业也开发出了各种针对算法文化危害的相关治理措施，如数字平台的审查制度，通过这一设计，建立起了数字平台内部的自我审查制度，能及时甄别和纠正平台内的算法文化危害行为。从行业角度来看，国外许多算法、人工智能技术行业自发从技术同盟/协议角度着手解决算法危害问题，例如，可解释人工智能运动（Explainable AI movement）就旨在建立人与算法之间的信任，通过建立保护机制便于专家能够理解人工智能，从而消除代理人之间由于不理解和无法沟通所带来的负面危害。针对算法黑箱（black box）的问题，可解释人工智能的项目努力创建算法和人工智能技术的"透明箱"（glass box），将公众监测内嵌于算法回路之中（human-in-the-loop），让所有人都能够更好地参与算法治理。在透明箱机制下，公众能够及时了解到算法的相关信息，并在算法决策前能够判定是否给予算法信任。此外，个人行动之于算法治理也至关重要。因为算法治理的核心问题不仅仅是算法技术本身，而是使用算法的相关行动者。国内外许多个人或团体积极倡导主动的算法实践和参与算法治理行动，反对平台算法文化危害的扩散。

三、"算法 + 文化" 的治理挑战与困境

算法等数字技术的发展在许多方面重新塑造和构建了人们的工作与生活方式，是数字经济与社会中不可缺失的一环。算法技术的不透明、不可见和日益嵌入生活方方面面的特点，为算法的社会治理提出了一系列重大挑战：数据的管理、算法的透明度、自动化算法决策的法律和道德框架以及算法自动化本身的社会影响等。例如数字平台依靠海量的用户数据不断地抓取、学习、训练和提升算法，并将提升后的算法用于吸引和引导用户，为平台持续创造流量和收益，并将上述环节无限循环，在无形中侵害了用户的诸多利益。此外，数字平台以盈利为导向的本质决定了其必将牺牲用户群体的利益，并且这些算法所带来的负面影响往往更加隐蔽、难以察觉。而掌握着算法的平台实际上凌驾于用户之上，享受着权力倾斜所带来的诸多利益。同时，由于算法技术的不可见性以及人们对于算法技术乌托邦式的想象，掩盖了其背后的危害。综合国内外的研究，以下列举了"算法 + 文化"治理的以下七大困境。

(一) 算法黑箱

"算法 + 文化"治理的首要困境就是所谓的算法黑箱，即一般公众对于算法技术知之甚少，算法如同一个黑箱，让公众难以掌握和洞察的状态。导致算法黑箱的原因有两方面：一方面是由于算法技术本身的复杂性和较高的认知门槛，具有一定数字素养的人才能较好了解其运作逻辑；另一方面则是由于掌握算法技术的商业公司具有排他性，企业为了保护商业利益无法将算法技术完全公开。算法黑箱不仅让一般用户无法正确认识算法技术，信息的不对称性更是让公众和有关部门对算法技术的主体（以商业公司为主）难以形成有效的监督和规制。

（二）算法监控：超越全景敞视

算法监控（algorithmic surveillance）又称数据监控（dataveillance），是一种利用算法技术所达成的超越全景敞视主义的自动化监控。算法技术在监控领域的运用极大挑战了传统意义上的被观看/监视，以及被观看者如何理解与内化监视。在算法时代，被监控的不再是我们的身体，而是我们的数据；当我们的数据被算法抓取、分析、归类甚至是描绘（profile）时，算法监控就超越了福柯式的全景敞视监控，不再依赖于主体对于监视的内化，而是依托于用户不经意的日常数字生活所产生的数据。从这个角度而言，算法监控时代，如美国学者切尼·利波尔德（Cheney-Lippold）所言："我们每个人都是数据，我们无时无刻不被算法监视。"更重要的是，算法监控如同一面单向玻璃，躲在背后的算法可以轻而易举地监听我们的生活，而大众对于算法收集了哪些数据、数据被如何使用则一无所知，即我们有可能感知到被监控，却无法看到算法世界里的监控塔台。

（三）算法操纵：诱导与操控

算法操纵（algorithmic manipulation）是指个人或组织通过使用算法来诱导或操控用户，从而达到经济效益或政治利益等特殊目的。常见的算法操纵出现在社交媒体上，公司通过使用算法推荐技术诱导用户进行消费从而获利；或是国外政客运用社交媒体的算法宣扬自己的政见，攻击对手，从而赢得选举或操纵投票结果。算法技术派的观点通常认为算法是客观的、科学的、中立的：首先，算法技术作为一种客观中立的技术，被视为能够提高决策的效率、正确率和公平性并节省开支的"好的"技术，然而，越来越多的研究表明，算法是主观的、非中立的、非公正，不仅伴随着很多伦理道德瑕疵，并具有明显的意识形态属性；其次，算法操纵的另一个表现是使用成瘾，例如短视频平台在近些年的爆发式增长就与算法学习与推荐技术的运用相关，即通过算法推荐不断地给用户提供他们"喜爱"的内容，导致用户对产品产生依赖，呈现"上瘾"表现。

（四）算法歧视：社会公平妨害

算法歧视（algorithmic bias/discrimination）指的是一种由算法设计或数据处理引起的系统性和结构性偏差所带来的不公平、不公正现象。最常见的算法歧视表现在社交媒体或搜索引擎使用中对于性别、种族、民族等身份偏见的强化。导致算法歧视的原因有很多，例如算法设计者固有的文化、社会、政治偏见、算法设计本身存在的技术漏洞、算法学习所仰赖的问题数据或是不正当的算法使用行为等。例如，研究表明谷歌的人脸识别系统是基于白人的脸部特征设计的，这使得其他族裔的用户在使用谷歌人脸识别技术时存在困难，其算法设计体现了谷歌算法背后的"白人至上主义"，服务对象优先是白人的意识形态与价值观念。

（五）算法茧房：意识形态屏障

"算法茧房"又称过滤泡（Filter Bubble）或回音室（Echo Chamber）效应。尽管不同学者使用上述三个概念时有着不同的侧重点，但总体都是用来形容算法技术所引发的社会效应，即算法技术的普遍使用导致个人或群体的视野变窄、逐渐并处于同质化、单一性的意识形态或认同环境中。这一概念最早由美国作家帕理泽（Eli Pariser）提出，是一种通过算法技术收集用户网络使用痕迹和历史数据，并提供给用户个人化的、经过筛选的内容，让用户长期接受其想要看到的内容，造成认知过于单一的现象①，由算法所造成的同质化、单一性的文化和意识形态气泡就被称作为"信息茧房"。例如，谷歌的算法技术通过追踪记录用户浏览器搜索记录、网页浏览记录、视频观看记录（You-Tube）、位置和地理信息等，生产用户广告画像，并根据用户广告画像提供"个性化定制"的广告推送，从而让广告可以"准确"地传送给目标客群，也让用户经常看到自己"想看到的"广告。谷歌通过账号信息可以获取用户的

---

① Pariser E. The Filter Bubble ［M］. London：Penguin Books Ltd（UK），2012.

广告画像，包括用户的性别、年龄、兴趣爱好、购物偏好、教育背景、喜欢的音乐、影片类型等信息，由算法生产用户画像，并投其所好的推送广告，从而为用户打造一个专属的信息茧房。

（六）算法合谋：数字市场垄断

算法合谋（Algorithmic collusion）指在算法时代企业之间通过算法而达成某种合谋，包括显性合谋和隐性合谋两种类型，从而增强企业在特定行业的竞争力，甚至帮助企业达成市场垄断。[①] 数字平台企业借助算法的运算能力和自动化决策能力能够使得显性合谋更加稳定，或是在没有达成明确协议的情况下开展隐性合谋。例如，数字平台通过抓取价格和市场数据，帮助企业快速掌握价格偏差，瞬时完成自动化适应定价，从而超越竞争者。虽然数字平台采取不同的算法定价系统，但因为算法内核设计相似，尽管企业没有达成任何实质上的协议，但仍可以形成隐性合谋。

（七）算法霸权：数字主权之争

算法霸权（algorithmic hegemony）指的是数字平台或政治实体通过算法的影响力所得到的数字权力优势，从而保有和巩固其在某领域的领导地位和优势。与之相关的研究主要集中在数字产业的平台化（platformisation）现象，即数字平台通过算法的力量在多个领域或产业上获得竞争优势。从国家角度而言，算法霸权与数字主权研究、数据霸权、人工智能霸权等研究息息相关，指的是国家通过算法等数字技术获得竞争优势，从而获得综合国力上的绝对领导力，发展中国家，尤其是在数字经济领域发展相对滞后的国家，如何提升本国的算法能力以抵御外来技术对于本国的破坏，是数字主权之争的重要议题。以上七种算法污染主要类型概述见表5。

---

① Calvano E, Calzolari G, Denicol V, et al. Artificial Intelligence, Algorithmic Pricing, and Collusion [J]. American Economic Review, 2020, 110.

表5 算法污染的七种主要类型

算法污染常见类型	内涵与定义	例子
算法黑箱	由于算法技术复杂性和商业公司排他性所导致的公众对算法不可知的状态	在使用 App 很多时候并不清楚平台为何会给我们推送特定的内容
算法监控	又称数据监控（dataveillance），是一种利用算法技术所达成的超越全景敞视主义的自动化监控	智能手机中的部分软件利用麦克风权限，窃听用户语音数据
算法操纵	个人或组织通过使用算法来诱导或操控用户，从而实现某种特殊目的，如经济效益或政治利益	2016 年，美国前总统特朗普选举时通过操纵社交媒体脸书和推特赢得大选
算法歧视	一种由算法设计或数据处理引起的系统性和结构性的偏差，以及其所带来的不公平、不公正的结果	谷歌的人脸识别系统是依照白人的脸为技术基础，而非其他族裔，这种算法设计本身存在一定的歧视
算法茧房	基于用户网络使用痕迹和历史数据，企业得以提供给用户个人化的、经过筛选的内容，让用户长期接受他们想要看到的内容，造成认知过于单一的现象	YouTube 首页基于用户收看习惯而推荐相似内容，从而导致用户长期处于同质性的文化内容消费屏障中
算法合谋	企业之间通过算法达成合谋，通常体现在企业通过算法使显性合谋更加稳定，或是在没有达成明确协议的情况下开展隐性合谋，从而形成行业竞争优势、壁垒和垄断	2020 年，美国开展了针对谷歌、苹果、Facebook 和亚马逊等科技巨头的算法合谋反垄断调查，旨在调查科技巨头通过算法技术建立的隐性或显性合谋行为，以及相关现象造成的危害
算法霸权	数字平台或政治实体通过算法影响力所得到的数字权力优势，从而保有和巩固其在特定领域的领导地位和优势	2021 年，美国对我国海外短视频平台 TikTok 恶意打压的行径，体现了算法能力作为综合国力竞争的重要意义

四、"算法＋文化"的监管提升策略：多元协同治理框架

作为内嵌于数字经济中的重要一环，算法技术越来越深入大众的生活，算法污染对于个人和社会的影响也越发凸显。在发展数字经济的同时，我们应该着力推进算法治理向更加公平公正的方向发展，为此需从政府、平台、行业和社会公众这四个关键行动者出发，构建四位一体的算法文化监管体系。

（一）个人数字素养提升路径

用户个人对于算法文化危害的识别与感知能力是个人参与"算法＋文化"监管治理的第一道防线。为了加强这道防线，个人应树立防范算法污染的意识，并及时举报算法污染的行为。作为数字时代的公民，我们每个人都应当警惕算法的潜在危害。首先，要意识到个人数据的重要性，认识到个人数据对现实生活的重大影响，以及数据泄露所带来的潜在风险，从源头上减少算法污染对个人的危害；其次，在日常数字实践中要注意保护自己的网络隐私，及时清理不必要的网络使用痕迹，关闭平台上不必要的数据获取权限，对于经常使用的数字平台，要关注平台的隐私协议，知晓个人数据是如何被平台抓取和使用的，必要时可以禁止平台对个人数据的自动抓取；再次，当发现网站、平台有不正当的数据使用行为，或是在进行算法操纵时，我们每个人都有责任和义务对于这些行为进行监督和举报；最后，积极主动学习算法安全与污染以及个人数据保护的相关信息和知识，充分了解算法污染影响的方式，从而更好地享受算法技术为生活所带来的便利。

（二）平台的中介路径

平台具有中介性质，是"算法＋文化"监管治理的第二道防线。对企业而言，首先要明确价值本位，传递主流价值。数字平台治理如何平衡经济效益和社会效益是文化企业治理的永恒难题，数字平台作为新兴且拥有海量用户的文化生产、传播和消费渠道，既承担着发展数字经济的责任，同时也应当成为主流价值的传声筒，弘扬社会主义核心价值观。数字平台如果只关注经济效益，肆意操纵算法以及诱导和控制用户，必将使网络文化陷入媚俗和黑。由此，算法平台应主动承担社会责任，让算法技术真正为社会和国家服务，实现优质内容的精准传播，减少和消除算法所带来的社会污染；要杜绝为攫取用户喜好而不择手段地获取隐私信息的做法，防止企业为吸睛而传播低俗内容和"标题党"等诱导性内容。此外，企业应当完善算法技术，打破"信息茧房"。由于目前算法推介技术的形成主要依赖用户的基本信息和网络使用足迹，易造成推送内容的同质化，造成"信息茧房"或回声室效应，这也是当前算法污染的主要争议所在。未来，企业要努力突破同质化、单一化的推荐，满足用户多样化的文化消费需求诉求，不断优化算法技术，采用更为丰富多样的数据采集指标和内容推介模式。

（三）算法技术性路径

"算法＋文化"监管治理第三条路径是构建与完善算法伦理道德规范，约束和引导从业人员不断优化平台算法的设计。由于算法污染的产生很大程度上源于最初的算法设计方案，为此企业应当从源头上引导算法设计者和数字平台树立应有的算法道德伦理意识。具体来看，其一，应加大对算法从业人员的培训与教育，让其认识到算法污染的潜在社会风险与危害，确保算法从业人员接受过良好的伦理道德培训；其二，应积极倡导健康的可持续发展的算法技术，通过对正反两面实践案例的传播和教育，弘扬有责任、更包容、更中立、更透明的算法技术伦理；鼓励企业和从业人员使用更为透明的算法技术；其三，鼓励行业内企业建立共享、开放的算法污染侦测和鉴别技术，实现从算法设计到使用的全流程监督与规制；其四，构建行业内算法污染的自我审查与规章制度，通过行业内的相互监督、相互促进，协同构建健康向上的算法行业。对于扰乱行业秩序、违背行业规范的算法污染行为，企业要予以及时制止与惩戒。

（四）算法生态：顶层设计与监督管理路径

从制度设计层面来看，目前国外主要从算法的数据端出发，着重个人数据使用规范和数据隐私的保护，并匹配相应的应对政策，强调算法和人工智能的设计应当遵循透明且可追溯的原则，让算法被及时专业有效地监督和管理。总体而言，国外政府聚焦用户隐私保护和数据安全维护，并通过立法和行政手段严格限制平台对用户隐私的获取与使用，及时打击违法侵害用户隐私或数据安全的行为。未来，政府部门应加快建立和完善算法审查机制，对算法加强监督与监管，从源头上把控算法污染的制造和传播。首先，政府亟须建立专门的算法审核机构，对算法的设计与使用进行全程监督，打造公开透明的算法审查机制。其次，政府部门应强化对算法污染的监测行为，即要能够及时有效对全社会范围内、跨平台的算法活动进行监测和报告，基于此，政府应消除算法污染背后所蕴藏的数据主义，提倡数据共享与数据使用的规范性，打破信息茧房，防止数据滥用，消除自动化决策算法的不良影响，重建人在大数据时代的主体地位，建构人与技术、人与数据的自由关系。再次，政府应加强算法霸权治理，警惕数字平台的无限制扩张，限制数字平台的权力。综上，面对数字治理的全球合作与竞争，不同国家应当发展自己的算法技术和数字治理模式，既要防范外来有害意识形态的入侵，也要在全球范围内主动输出本土的文化和价值。最后，政府部门要开展多方联动、协同治理。同时，需要注意避免落入宣扬算法无罪、技术中立、为算法污染辩护的技术激进派的陷阱，要认识到算法技术中立并不意味着"价值中立"。当算法不断地从各个维度与我们的生活工作相交互时，无论是算法的设计者还是使用者都不能因为所谓的技术中立而回避算法的价值主位问题，而是必须承担起相应的伦理责任，积极倡导正确的价值观念，让算法更好地为国家和社会服务。

第三节　智慧阅读行业的治理策略

一、智慧阅读的内容特点、传播特征与行业现状

（一）智慧阅读的定义与内涵

阅读是人类最重要的认知行为。《阅读的历史》中开篇即陈述阅读的意义，认为阅读是世界上最神奇的事情，"自古以来，不论年龄或大或小，我们都不能不承认它的价值……对大多数人而言，它永远是文明的声音……"[①]"媒介技术和设备的发展一直在影响和改变着人类的阅读方式。"[②] 人类早期采

---

① 史蒂文·罗杰·费希尔. 阅读的历史 [M]. 李瑞林，等，译. 北京：商务印书馆，2009.
② 张浩. 电子阅读方式分类研究 [J]. 中国电化教育，2011 (9)：23-26.

用结绳记事、碑碣石刻等原始方式来记载内容，并进行能动性识别，出版与阅读呈现一体化的初始形态。后来，造纸术、印刷术广为传播，阅读与出版开始分离，标准化的出版需要经过市场流通环节，才能实现向阅读个体的传播。数字时代，传播介质向更高的目标延伸，需要具备更大的承载力和更强的传播力，数字化阅读成为人们短时间获取大量信息的全新渠道。

当前，依托于大数据和人工智能技术的支持，通过对海量信息进行搜索、提取、整合与定向分发，能够基于用户行为特征和偏好开展智能化、定制化推送，由此衍生出新的阅读方式——智慧阅读①，并受到越来越多人的青睐。2023 年中国互联网络信息中心（CNNIC）发布的第 51 次《中国互联网发展状况统计报告》显示，截至 2022 年 12 月，我国网络文学用户总规模达 4.92 亿，占网民总数的 46.1%。②

严格来说，学界尚无对"智慧阅读"的专门定义，大多围绕"算法推荐""个性化推荐""智能阅读"展开。司佳奇（2011）认为智慧阅读本质上是特殊的信息过滤技术，推荐引擎能够针对不同的用户推荐其可能感兴趣的不同的信息服务。③ 赖青（2021）将智慧阅读定义为依靠数据统计分析，实现用户画像与标签体系化的内容相关联，以此对目标用户进行个性化推荐。④ 方卿等（2021）认为智慧阅读是以智能算法为支撑，基于用户画像和内容资源数据库，满足用户个性化阅读需求的阅读方式。⑤ 学者们充分肯定了智慧阅读在未来的价值，认为算法推荐的意义在于促进信息传播，有效扩大用户接触内容的范围，智慧阅读有望成为阅读的新突破点⑥，比如周开拓（2020）探讨了算法如何洞察用户特征，全方位精准化传达内容价值⑦。

---

① 方卿，王欣月，王嘉昀．智能阅读：新时代阅读的新趋势 [J]．科技与出版，2021（5）：12 - 18.
② 中国互联网络信息中心（CNNIC）．第 51 次中国互联网络发展状况统计报告 [R]．2023 - 03 - 23：55.
③ 司佳奇．智能推荐算法研究 [J]．科技传播，2011（21）：196.
④ 赖青．短视频智能算法推荐的特性与新旧媒体的再融合 [J]．中国编辑，2021（9）：17 - 22 + 33.
⑤ 方卿，王欣月，王嘉昀．智能阅读：新时代阅读的新趋势 [J]．科技与出版，2021（5）：12 - 18.
⑥ 汤代禄，刘水清．智能推荐：传媒大数据应用的突破点 [J]．青年记者，2017（6）：80 - 81.
⑦ 周开拓，罗梅，苏璐．智能推荐在新媒体内容分发中的应用 [J]．人工智能，2020（2）：105 - 115.

结合学者的观点，在综合考量借鉴相关概念研究的基础上，笔者将"智慧阅读"定义为"资讯、新闻等平台通过数据挖掘和机器分析用户的搜索、浏览、交互等行为，结合用户地理位置、社交情况、阅读习惯和阅读兴趣，实现内容的精准推送，为用户量身打造信息的阅读方式"。

（二）智慧阅读的内容特点分析

智慧阅读以用户画像数据库及内容资源数据库为支撑，通过智能算法系统进行海量的信息采集、深度的数据挖掘和用户行为分析，为用户智能推荐和"定制"个性化信息。智慧阅读在带来全新的阅读模式的同时，也会带来一些新的内容特点。

1. 导向与服务的个性化

智慧阅读平台推出了"关注收藏""订阅栏目"等定制化功能。用户通过关注某一专门主题（如政治、军事、娱乐等）、资讯提供方（如人民网、财经网、央视网）、关键词（如北斗卫星、冬奥会、韧性城市）或者某一细分频道（盲盒、宠物、跑酷）等方式来实现个人的定制化需求，而阅读平台则在"我的关注"类似栏目中向用户推送关联内容。

2. 关键信息的精准推荐

智慧阅读平台常设置"推荐""猜你喜欢""可能感兴趣"等板块，如微信读书的"为你推荐"、番茄小说的"猜你喜欢"。在使用阅读软件时，用户会自觉或不自觉地留下行为信息，包括主动添加书籍到书架、对书籍差评等直接表现喜好的显性行为，对阅读书籍的停留时间、点击娱乐新闻等间接表现喜好的隐性行为[1]，阅读平台对这些或隐性或显性的行为进行预测，用户操作越频繁深入，阅读推荐服务就越能符合用户偏好，同时它还会抓取热门内容分享给用户，精准地推荐一系列符合用户兴趣、偏好的文章和书籍。如 QQ 阅读的"书找人"功能通过抓取用户的阅读偏好、浏览记录、身份信息等大数据，进而针对性地向读者推荐图书；"千人千面"推荐机制是掌阅 App 的运营特色，

---

[1] 郑炯彬. 面向用户行为数据建模的推荐算法研究 [D]. 深圳：深圳大学，2018.

能够大大优化读者接收信息的效率。

3. 响应的实时性和及时性

智慧阅读能够实时处理和生成推荐内容。机器可以即时获取最新阅读资讯，并通过用户的实时操作和及时反馈行为，如点击、收藏、喜欢、不喜欢、推荐等，达到快速响应和生成推荐内容的目的，这使得用户能够在需要时立即获得相关的阅读推荐，以便随时随地开展阅读活动。[①]

4. 内容的多样性和丰富性

智慧阅读能够提供多样化和丰富的内容。机器基于用户的兴趣推荐不同类型、不同主题的文章、书籍、新闻等内容，从而满足用户的多样化阅读需求。另外，智慧阅读可以结合多种媒体形式，如文本、图片、音频和视频等，为读者提供层次更为丰富的阅读体验。读者可以根据自己的喜好选择不同的媒体形式来获取信息，并从多个维度对文本进行理解和分析。且通过学习大量的文本数据，算法能够发现文本之间的关联、趋势和潜在的信息，这使得智慧阅读能够生成具有多样性和创新性的内容，为用户提供独特的视角和见解。

5. 阅读的社交性和互动性

智慧阅读平台可以与读者进行实时的交互和反馈，读者通过平台提供的工具和功能与文本展开互动，例如标注、评论、提问等。平台基于读者的反馈和需求提供相应的指导与解释，推动用户对文本进行更深入的理解。智慧阅读还能够与社交网络和社交媒体平台相结合，促进用户之间的交流与互动。用户通过智慧阅读应用与其他用户分享阅读内容、评论、评级和推荐等。这种社交功能能能够增强用户之间的互动和共享，便于用户发现新的内容和观点。另外，通过分析用户的社交网络，了解用户之间的关系和连接，对用户的好友圈、关注列表和互动行为等进行分析，智慧阅读会推荐朋友间共同喜欢的内容，增强用户之间的社交连接。比如在微信读书的"圈子"中，用户可生成和分享自己的内容，如文章、博客、书评等，甚至有些用户通过展示自己的专业知识、观

---

① 王海燕. 移动阅读类 Apps 现状、问题与对策研究 [J]. 图书馆学研究，2015 (1)：84 – 87.

点和见解①，形成开放的内容创作和分享社群，促进用户之间形成更具针对性的交流和更有深度思想的碰撞，促使阅读体验不断优化。

（三）智慧阅读的传播特征与影响因素

智慧阅读以基于内容的算法推荐、基于协同过滤的算法推荐、基于社交图谱的算法推荐和混合推荐四种模式为主，在技术的加速迭代与优化下，这四种推荐方法日益成熟且完善②。

基于内容的推荐是在模型算法的基础上，机器不断学习用户在 App 使用过程中产生的各类数据，包括对一段时间内转发、评论、点赞等指标进行综合评估，最后机器在完成自我判断和优化后将"合适"的内容推荐给合适的目标群体。如果算法机制检测到该用户最近很喜欢人物传记类书籍，那么便会增加相关作品在首页的出现概率。

协同过滤是基于假设"用户可能喜欢与他相似用户喜欢的内容"，机器通过用户历史反馈记录来计算用户间的相似度，利用其相似的用户对内容的反馈，来预测对应用户的反馈情况，并进行内容推荐。用户个人信息和历史使用数据是平台研判"相似性"的关键属性，用户特别感兴趣的和特别不感兴趣的内容占据同等重要的地位，如此一来，便可实现平台推荐内容与用户阅读需求的精准匹配，大大提高个性化阅读的精度与效率。

社交图谱按照社会关系的强弱，将关系连接分为强关系推荐和弱关系推荐两种③。机器以原始的社交好友关系图谱为基础进行强关系推荐；基于转发、评论、关注陌生用户内容分析进行弱关系推荐。以"微信读书"为例，当用户授权 App 允许匹配微信好友或者手机通讯录好友时，好友关系会延续到该阅读模式中，微信读书算法机制会提高好友正在阅读书籍出现在首页的概率，此为强关系；如果用户经常点赞和阅读同一陌生用户的文章，算法会自动学习将之纳入用户的"喜好标签"，那么该用户之后刷到该陌生作者文章的概率便

① 毕秋敏，曾志勇，李明. 移动阅读新模式：基于兴趣与社交的社会化阅读［J］. 出版发行研究，2013（4）：49－52.
② 任磊. 推荐系统关键技术研究［D］. 上海：华东师范大学，2012.
③ 丁合蓉. 抖音短视频智能算法机制及问题研究［J］. 新媒体研究，2021（10）：10－12.

会增加，此为弱关系推荐。

混合推荐是指将多种推荐技术混合，从而互相弥补缺点。

但无论是哪种类型的推荐模式，都具有如下三种传播特征。

1. 生产方式：用户画像＋数据化精准制作

用户画像是指机器对用户的详细描述和分析，包括他们的兴趣、偏好、行为习惯等信息；智慧阅读平台通过收集和分析用户的阅读历史、点击行为、评论和评分等数据，会建立用户画像，深入了解用户的喜好和需求。[①] 基于用户画像，智慧阅读平台会向用户推荐个性化的阅读内容，提供符合其兴趣的图书、文章和新闻等。数据化精准制作是指基于大数据和分析技术，以更精准的方式生产阅读内容。智慧阅读平台通过分析大规模的阅读数据、社交媒体数据和用户行为数据，可以了解用户的阅读趋势、热门话题和消费需求，这些数据可用来指导出版商、内容创作者和编辑以制订更精准的内容策略和生产计划。如机器可根据用户的兴趣和需求，选择合适的主题及题材，为此企业就能制作出大量吸引和满足用户需求的阅读材料。通过用户画像和数据化的精准制作，智慧阅读平台可提供更加个性化的且符合用户需求的阅读内容。这种生产方式不仅能够提高用户的阅读满意度，也有助于内容创作者和出版商更好地了解用户需求，提供更有价值的作品。同时，基于大数据分析和用户反馈，智慧阅读平台还可以不断优化和改进内容生产模式，进一步优化用户的阅读体验。

2. 传播方式：由“点对面”向“智能化精准分发”

传统的“点对面”传播方式是指通过有限的渠道和媒体将内容传达给广大的受众。[②] 例如，出版商通过印刷媒体、书店和图书馆等渠道发行图书，新闻机构通过报纸、电视和广播等媒体发布新闻。这种传播方式通常以一对多的形式进行分发，内容生产者将内容推送给广大受众，但很难围绕每个受众的个性化需求进行精准的传播。随着智慧阅读技术的发展，传播方式逐渐向“智能化精准分发”的方向转变。这种传播方式利用数据分析、人工智能和个性

---

① 韩红星，何浏. 推荐与匹配：移动阅读中算法逻辑及运用 [J]. 中国出版，2023（5）：53-58.
② 马俊. 移动阅读场景下传统内容生产媒体与移动社交平台的聚合与博弈 [J]. 编辑之友，2018（4）：34-38.

化推荐等技术，根据用户的兴趣、偏好和行为，将适合其需求的内容精准地传达给用户。智慧阅读平台可以根据用户的历史阅读记录、搜索行为和社交媒体数据等，为用户推荐符合其兴趣的图书、文章和新闻等内容。例如，微信读书基于微信社交链为用户进行阅读推荐，阅读平台在推荐书籍时会在书目下标注"5 位好友也在阅读此处""10 位好友已读完，全网共 3.2 万人阅读此书"等字样，无形中能够帮助用户更快速地找到适合自己的内容，从而节省搜索和筛选的时间，提高阅读效率。

3. 消费方式："订阅服务"与付费模式

在智慧阅读领域，许多内容提供商、新闻机构和媒体公司均提供订阅服务，以帮助用户迅速找到他们感兴趣的内容，如新闻、杂志、音乐、电影等。通过订阅服务，用户可以享受到持续更新的内容，并通常以月度或年度订阅的形式进行付费。付费模式是指用户需要支付一定费用，才能获得特定内容或服务的访问权限，这种模式适用于一次性的购买或按需访问的情况。在智慧阅读中，一些内容能够以付费的方式进行供给，如电子书、专业报告、研究文章等。用户可以根据自己的需求选择购买特定的内容，一次性支付相应的费用来获取访问权限。订阅服务和付费模式对企业价值体现在更稳定持续的客户关系，创造稳定可预测经常性收入，有助于连续产出高质量内容和提供更优质的服务，提高用户阅读体验[1]；对于用户来说，基于兴趣和需求进行个性化选择，仅仅为感兴趣的内容进行付费，避免了传统传播方式下大量无关信息的干扰，使得阅读方式更为轻量化、精准化。

（四）智慧阅读行业的现状与发展趋势

海量的数据带来信息过载、信息过滤和搜索引擎的功能不足，再加上人工智能、大数据、5G 等新兴技术的外源推动力及读者需求的内生动力的共同作用，智慧阅读产生了阶段性演变和发展，具体可划分为智慧阅读 1.0、2.0、3.0 三个阶段。

---

[1] 程晓宇，刘坤锋. 移动阅读用户付费阅读意愿影响因素研究 [J]. 图书馆学研究，2017 （16）：87－96.

　　智慧阅读 1.0 阶段主要关注数字化内容的推广和个性化推荐功能的初步实现。2007 年，亚马逊的 Kindle 电子阅读器成为智慧阅读的开创者和领导者。①2010 年苹果推出 iBooks 应用为用户提供电子书和有声书的阅读体验，同时基于生态系统优势将智慧阅读整合到 iOS 和 macOS 平台中，为智慧阅读提供了更多多媒体交互的可能性。

　　智慧阅读 2.0 阶段注重社交化阅读和深度个性化推荐。用户通过社交媒体分享阅读内容、评论、开展互动，与其他读者进行交流和分享。2015 年，Instant Articles 允许媒体机构将其内容直接发布到 Facebook 平台上，使用户无需离开应用程序就可以直接在 Facebook 上快速加载和阅读新闻文章，既为用户带来了更快速、更流畅的阅读体验，同时也为媒体机构提供了更广泛的受众以及更多的曝光机会。此外，Twitter 的推荐系统、字节跳动（ByteDance）的今日头条等平台在智慧阅读 2.0 阶段起到了重要的推动作用。

　　智慧阅读 3.0 阶段强调人工智能和大数据技术的应用。智能芯片支撑强算力，可更卓越地服务移动设备，为数字阅读提供强大的硬件基础；语音识别、图像扫描、推荐算法等人工智能技术，丰富了阅读在视听等多方面的交互体验。同时，智能设备的发展推动阅读行业的发展不断提速，如亲子阅读与文娱消费的界限日益模糊，迎来内容创新的契机，阅读特征也逐渐呈现多样化、个性化和社群化。②阅读介质超越时空和媒介形式，线上线下场景与用户连结更紧密，"万物皆媒介，万物皆屏幕，万物可阅读"，冰箱、窗帘、健身设备等家居用品甚至是白墙，都可以嵌入传感器，成为媒介。通过智能化设备，都可能演变为阅读的新媒介，真正让"屏民时代"阅读成为可能。③

　　聚焦国内，从 2000 年起步到 2010 年快速发展，再到 2015 年内容扩张，以及 2020 年高质量发展，智慧阅读逐渐成为一种"现象级"的实践。④2015

---

① 张凤霞. 我国移动阅读发展浅析 [J]. 出版广角，2018 (16)：39 – 41.

② 张国功，曾霞. 数字阅读潮流与良性阅读生态构建 [J]. 出版广角，2020 (8)：25 – 28.

③ 王佑镁，宛平，南希烜，柳晨晨. 走向数字阅读3.0：智能阅读的特征、应用与发展 [J]. 现代远程教育研究，2021 (5)：26 – 32.

④ 喻国明，杨莹莹，闫巧妹. 算法即权力：算法范式在新闻传播中的权力革命 [J]. 编辑之友，2018 (5)：5 – 12.

年阅文集团在香港交易所上市，成为我国最大的在线文学平台之一，推动了我国智慧阅读行业的发展。2017 年字节跳动旗下的今日头条应用快速崛起，利用算法推荐和个性化内容分发，引领了智慧阅读的新浪潮。2018 年掌阅科技推出掌阅阅读器和掌阅文学平台，成为我国智慧阅读领域的重要参与者之一。2019 年得到 App 迅速崛起，以知识付费和订阅服务为核心，为用户提供高质量的知识内容。2020 年至今，随着人工智能、大数据和云计算等技术的不断发展，智慧阅读行业持续创新，推出更加智能化和个性化的阅读产品和服务。

截至 2020 年，我国智慧阅读的产业规模就已达到 351.6 亿元；2021 年突破 415.7 亿元；2022 年我国智慧阅读用户规模已达 5.06 亿。目前，我国已形成了立体化的智慧阅读矩阵，包括以阅文、掌阅为主导的智慧阅读平台，以晋江、四月天为主导的网文内容平台，以微信阅读、QQ 阅读为主导的垂直阅读应用平台，以喜马拉雅、荔枝 FM 等为主导的有声书听阅平台，以今日头条、趣新闻为主导的新闻阅读客户端，以公众号为主的自媒体平台，等等。各大巨头纷纷加速布局，抢占智慧阅读市场发展先机。

二、智慧阅读的治理现状

（一）智慧阅读内容治理重要性

从阅读史前的摩崖石刻到结绳记事，到龟甲兽骨、竹简木牍[①]，再到印刷术的历史性变革带来纸张普及化、出版体系化，之后我们迈向数字化时代，移动阅读日益普及，如今智慧阅读成为阅读发展新趋势。毋庸置疑，基于算法和智能设备的智慧阅读在一定程度上能够提高用户的阅读效率，但也由于对算法推荐的过分依赖，智能推荐在急速发展中逐渐暴露固有弊端，作为技术操控者的商业公司并未能及时发现甚至未能及时制止，智慧阅读逐渐偏离"正道"，用户极易陷入"信息茧房""价值迷失"等圈套[②]，并直接影响到用户心理、阅读活动乃至整个社会文化。

[①] 万安伦.中外出版史［M］.北京：高等教育出版社，2017.
[②] 郝雨，李林霞.算法推送：信息私人定制的"个性化"圈套［J］.新闻记者，2017（2）：35－39.

早在 2017 年 9 月，算法推荐对阅读环境的影响被提出①；12 月 19 日，北京网信办直接约谈今日头条，原因是其传播低俗色情信息、违法违规提供互联网信息服务等；2018 年，字节跳动名下的产品内涵段子 App 被永久关停；2022 年 3 月 17 日，新一轮"清朗"专项行动开展，国家网信办严查严惩阅读平台违规采编、篡改标题以及夸大不实内容的行为，清除了大量的低质、虚假、低俗甚至违法内容。今日头条客户端开展自查自审，清理违规文章 2100 余篇，封停 3450 余个账号。

另一方面，智慧阅读也潜藏着其他风险。例如某用户近期关注美国大选等议题，推荐算法会自动推荐"特朗普""拜登""美国政治"等相关信息给用户，长此以往，读者会陷入被监控的"圆形监狱"中。② 还有当用户不小心点开某种类型的书籍，过段时间推荐的书目也是同类型的，久而久之，用户只会被动地选择那些他们"感兴趣"的信息。有些年轻人表示"算法让我被迫地封闭在一扇门内，我曾经尝试着改变与接收新信息，却被持续地投喂固有和类似的信息"，在被躺平被投喂的状态中，用户的自我偏见与喜好被极大地增强，知识面与思考的自由度不断被压缩。这种依靠数据和算法完成的阅读推送，背离了传统的阅读文化，用户在不知不觉中被算法推荐所操控，用户容易产生信息喂养、思维窄化、价值偏向、媒介依赖、信息泄露等问题。

因此，审慎看待智慧阅读，辩证思考智慧阅读的未来，构建既能促进智慧阅读产业健康发展、又能符合新技术条件下智慧阅读发展特征的内容治理制度，是我国智慧阅读产业发展亟待解决的重要问题。

（二）智慧阅读内容治理现状

1. 智慧阅读平台内容治理主体

在国内，智慧阅读平台的内容治理涉及多个相关部门和机构。以下（表 6）

---

① 白红义，李拓. 算法的"迷思"：基于新闻分发平台"今日头条"的元新闻话语研究 [J]. 新闻大学，2019（1）：30－44＋117.

② 周建明，马璇. 个性化服务与圆形监狱：算法推荐的价值理念及伦理抗争 [J]. 社会科学战线，2018（10）：168－173.

是一些常见的国内智慧阅读平台内容治理的部门和机构。

表6 我国智慧阅读内容治理部门

部门	智慧阅读内容治理方面的职责
国家互联网信息办公室	作为我国互联网信息管理的主管部门，网信办负责智慧阅读平台的内容管理和监督，包括审查和监测互联网内容，处理违规信息，维护网络空间的安全和秩序
国家广播电视总局	负责智慧阅读平台的内容出版许可和出版物备案等方面的监管；负责对智慧阅读平台的音视频内容进行监督，包括在线音视频服务的许可和内容审查等
文化和旅游部	文化和旅游部对智慧阅读平台的文化内容进行治理，包括文学作品、漫画、游戏等文化产品的审批和监管

这些部门和机构在不同层级和范围内共同参与智慧阅读平台的内容治理工作，通过制定和执行相关法规政策，强化对智慧阅读平台的监督和治理，以确保内容的原创性、健康性、合规性，切实维护用户权益和社会稳定。

从政策端看，2009年9月政府将发展文化产业上升到国家战略层面，《文化产业振兴规划》提出了我国要大力发展有声读物、电子书、手机报和网络出版物等新兴出版发行业态；2012年《国家"十二五"时期文化改革发展纲要》中指出要实施文化数字化建设工程，培育发展新兴文化产业；2014年，政府工作报告中第一次明确提出倡导"全民阅读"，而后连续九年，"全民阅读"在政府工作报告中都会被着重强调；2021年，时任总理李克强作政府工作报告，表示要加快城乡公务服务一体化，并实施文化惠民工程，倡导全民阅读①；2022年4月23日，首届全民阅读大会在首都北京召开。这些政策体现了国家对全民阅读的重视，为智慧阅读产业的发展和治理提供了强有力的支撑，部分梳理见表7。

表7 智慧阅读行业重要政策梳理

发布时间及部门	公告或行动	相关内容
2009年国务院	《文化产业振兴规划》	要大力发展有声读物、电子书、手机报和网络出版物等新兴出版发行业态
2012年中宣部、国家发改委	《国家"十二五"时期改革发展规划纲要》	要加快发展文化创意、数字出版、移动多媒体、动漫游戏等新兴文化产业；实施文化数字化建设工程，培育发展新兴文化产业

---

① 付伟棠. 我国数字阅读业态的变化：市场、平台与用户 [J]. 图书馆, 2019 (7)：93-99.

（续表）

发布时间及部门	公告或行动	相关内容
2016—2020 年国家版权局、公安部、工信部等部门	"剑网行动"	打击网络侵权盗版专项治理
2018 年 10 月国家新闻出版署和中国作家协会	《关于开展 2018 年优秀网络文化原创作品推介活动的通知》	推广优秀网络文学原创作品
2018 年 11 月	《2018 年深入实施国家知识产权战略，加快建设知识产权强国推进计划》	推进支持产权管理体制机制改革；改革完善支持产权重大政策；深化改革支持产权"放管服"改革
2019 年 11 月国务院	《关于强化知识产权保护的意见》	不断改革完善产权保护体系，综合运用法律、行政、经济、技术、社会治理手段强化保护措施，促进知识产权保护能力和水平的整体提升
2020 年 6 月国家新闻出版署	《关于进一步加强网络文学出版的通知》	落实平台主体责任，强化内容把关责任，支持优质创新内容，保证内容导向正确、格调健康向上，坚决抵制模式化、同质化倾向
2021 年 6 月	《中华人民共和国著作权法》	完善了侵权惩罚性赔偿制度，大幅提高侵权违法成本，创作者的合法权益在未来将得到更加有效维护

2. 智慧阅读平台内容把关主体

（1）内容创作者是把关的源头力量

传统媒体时代，媒体垄断信息传播渠道和内容，选题策划、资料收集、内容撰写、内容分发都经过严密的制作流程，采编人员和写作人通常具备扎实的专业素质。但在智媒时代下内容产生和传播方式发生改变，智慧阅读平台既要整合传统媒体的信息资源，又招募自媒体内容创作者入驻平台，一边是机器搜集和分析大量的数据，同时自媒体创作者又能提供更多的灵感与创意，形成了"内容的搬运工＋自我生产"的内容创作方式。其中自媒体生产的内容能占到内容池的 70% 以上。

UGC 成为智慧阅读平台的重要生产主体。[①] 首先，用户注册账号成为作者。此时平台会对创作者的账号、身份等进行审核，创作者需要提供相关资质来获取发文权限；之后 1—3 个月为新手期，创作者基于平台的写作规则进行创作，写作规则涉及创作领域、内容、对象等要素，用户需要连续发文且满足质量要求；3 个月之后就是内容生产质量维护，如遇质量问题，涉敏感信息、特殊字符、恶意推广、虚假宣传、低质营销等问题，机器都会自动拦截，平台也会降低自媒体类创作者的评分或者对之进行封号处理。

创作者是内容传播把关过程中的重要一环，平台从丰富性、多元性、创新性等多个维度对创作内容提出了新的要求，普通用户、技术平台、创作者、平台营销者等形成了一个多主体的内容创作生态，内容创作者成为最关键的价值创造方。内容创作者即为自我把关者，生产内容全凭自身意愿，他们要从源头上对创作内容进行规范与把控。

（2）平台算法是把关的技术规制

"数据是人工智能的土壤，而算法是产生人工智能的直接工具"，可以说是算法造就了智慧阅读生态的地基。智慧阅读平台通过抓取媒体内容以补充完善阅读生态，基于技术和模型过滤筛选，实现内容质量的事前把关和事后控制，同时机器也通过内容模型、协同过滤模型、混合模型等实现内容的精准推送。

内容审核把关：机器过滤 + 复审机制。一方面，机器把关控制内容生产，机器成为自己所生产内容的把关人。如 AI 写网文成为现实，特别是伴随着 ChatGPT4.0 的热潮，只要给机器提出任务和情节的构想，他们就能够快速完成内容，同时 AI 会自动地进行内容审核和编辑，智能化管理和维护文案的质量。另一方面，机器会对低质庸俗的内容进行过滤筛选。每一秒钟会有数以万计的文章进入流通阶段等待审核，这部分工作难度之高、体量之大，很难单纯依靠人工过滤完成。初审过程中，算法机制对内容进行过滤筛选，然后将不同审核级别的内容推荐给相应的人工编辑进行审核。算法审核的第一步是风险模

[①] 杨舒涵.算法新闻生产中的把关机制研究 ［D］.济南：山东师范大学，2019.

型过滤，即反垃圾系统，机器通过设定的鉴黄、低俗、谩骂模型来识别和鉴定文章是否存在敏感词或不良信息。三种模型同时发力，从标题、正文、图片、关键字等不同层面来对文章进行把关及过滤；这种方法也能够不断训练算法的精准度，优化模型，提高识别垃圾信息和低俗内容的准确率。机器审核之后是消重模型阶段，其主要目标是比较数据之间的相似性，以确保数据集中只有唯一的数据，一旦平台发现侵权现象或内容抄袭，将会很快识别和处理。① 经过层层模型过滤，符合算法标准的内容才能通过初审，由人工编辑继续对内容进行判断。如果内容在传播中引发了一定量的评论或举报呈负向反馈，平台还会返回稿件进行第二次复审；高点击率且高举报率的内容，会进入人工复审环节。②

内容推荐把关：逻辑回归＋精准分发。智慧阅读平台基于算法实现精准反馈，建立起用户兴趣、社会关系、行为习惯等多种图谱，并以此为基础进行内容生产。立足"数据"的肩膀，平台可以打造出更贴合用户思维、更具核心竞争力的阅读内容。首先，算法推荐基于投票原理，在海量用户行为数据的挖掘与分析的基础上，对内容和用户进行分类，根据用户所在位置、社交圈、职业特征等进行"用户标签化"。其次，机器根据用户的阅读历史、收藏、点赞、分享与关注等背景信息来分析用户的阅读喜好，在归类判断好用户人群和内容属性的同时，阅读平台面向用户高效适配地推荐"量身定制"的内容。比如具有三个相似元素的用户都给文章A投票（投票包括搜索、浏览、点赞等行为），第四个人也具有这三名用户的相似特征，那么这篇文章会基于平台算法推荐给第四人进行阅读。在算法的优化和迭代下，阅读平台能够轻而易举地掌握用户的搜索记录及阅读偏好，并向用户定制化地推送相关内容。

（3）人工编辑是把关的关键角色

借助算法等人工智能技术，智慧阅读实现了内容的自动推荐，从而减少了人工编辑的干预，虽然书籍、文章、新闻等人工编辑依然存在，但与之前还是

① 王芳芳.算法逻辑下的新闻资讯客户端把关机制研究［D］.广州：暨南大学，2019.
② 邵恒媛.数字劳动视域下内容把关人工作的异化——基于今日头条人机协同审核机制的研究［J］.媒体融合新观察，2021（1）：38－43.

有所区别。作为阅读平台机器审核的后续存在，在经过爬虫抓取和机器过滤后，人工编辑是完成"二次把关"的重要力量。

编辑把关是编辑活动过程和编辑劳动系统中极为重要的环节。人工编辑熟悉各种媒介的特点，能够从平台用户的需求出发，进行内容策划和创作把关。他们可以根据读者的需求和市场趋势，运用自身的专业知识和创意，策划并创作有吸引力和高质量的内容，为读者提供独特的阅读体验。

人工编辑的信息辨别与整合能力较强，在信息内容、流量、流向、检查与加工等环节起着重要的控制作用。初审时算法审核系统会判断该内容是否存在低俗敏感词，其中包括机器无法识别的、机器抓取内容的复审、部分频道的初审内容等汇合成的"待审池"，人工编辑的重要任务是监督和判断"待审池"中的内容是否合规。不同于传统的编辑能随时随地修改内容，阅读平台内的人工编辑处在整个审核流程中的末端，依据平台相关审核规范放行或拦截相关内容，控制内容的流向与状态，如果有内容在后续过程中受到一定量用户的举报、投诉等负面反馈，人工编辑也要对敏感内容再次进行审核与修改，从而维护良好的阅读环境和用户体验。[①]

综上所述，虽然智慧阅读借助算法和人工智能技术能够实现内容的自动化和个性化，但人工编辑仍然是不可或缺的，他们能够为智慧阅读提供更加优质、更有深度和更具人情味的内容。

（4）用户是内容把关的基础力量

"把关"即过滤和筛选，只有符合群体规范或价值标准的信息内容才能进入传播的管道。把关人的任务就是决定用户在海量的信息环境中能看到或听到什么事实，也决定哪些信息能够被传播。在传统的信息分发模式中，把关人至高无上，受众是纯被动的。在算法技术与阅读文化的深度融合下，传播逻辑由传者本位转向用户本位，读者由被动的信息接收者变成了阅读产品的积极使用者，传播模式也由一对多的大众传播模式变成了一对一的个性化定制传播模式。

---

① 刘振宇. 人机协作中的调节与控制——今日头条人工审核把关研究 [J]. 传媒论坛, 2021 (20)：49–51.

作为阅读内容的消费者，用户的阅读轨迹，包括阅读什么类型的书籍、关注哪位作者、经常看书的出版社是哪家、看书的时间段、在哪个板块停留时间最长，这些都构成了用户兴趣偏好的识别标签。以用户价值为中心的算法推荐系统，会根据用户的偏好特征构建用户画像，以便为用户提供更有针对性的阅读服务。用户在阅读过程中，会通过点赞、转发、好评、举报、不喜欢等形成一系列反馈行为促进了文章内容的复审，使内容更加优质。所以从用户角度来说，自身的信息偏向性，不仅会形成自身对消费内容的把关，而且也可能影响着其他用户的内容消费。因为在平台的协同过滤和社交图谱的推荐算法下，"相似群"会对具有相似兴趣特征的群中人产生直接影响。虽然社群中的个体彼此互为陌生人，但平台将众多陌生人聚集在一起就会对整体内容环境产生复杂的关联影响。

随着算法推荐不断优化、不断升级，传统信息模式下受众的被动阅读状态发生了改变，个体的信息流都被嵌入"相似群组"之中，个体所需要的、喜欢的、感兴趣的信息都能够打上用户标签，内容生产者更加关注用户需求，这也让读者的主观性和能动性得以彰显。

（三）智慧阅读内容失范问题

算法和人工智能的发展推动了智慧阅读的普及和流行，但是区别于传统阅读，智慧阅读在"流量为王""速度至上""算法推荐"的思维方式下，很容易产生价值失范问题。

1. 内容同质化造成思维窄化

智能化推荐是基于用户偏好信息而实施的一种个性定制推荐机制。表面上，智能算法给用户提供了越来越多样化、越来越丰富的阅读作品，但是个性化信息的持续跟进及涌入，对用户而言则意味着信息来源的相对同质性。

伊莱·帕里泽曾用"过滤泡"的概念来说明一种"智能隔离状态"：受技术媒介的影响，用户与不同的意见信息分离，被隔离在自己的文化或思想泡沫中。德国学者西奥多·阿多诺也曾说过，"生产千篇一律的文化产品，最终导致个性化丧失和审美情趣肤浅化"。算法推荐技术每天都会向用户推荐大量类似的信息，让人不堪其忧，伴随的是机器对其他信息的推荐则越来越少。① 毫无疑问，当同质化的阅读占用自己太多时间的时候，人的时间是有限的、注意力也是有限的，那么对于其他类型信息的获取就会不足。在阅读情境中导入智能推荐算法，某种程度上破坏了传统信息传播的格局，这意味着大多数作品的被阅读数为零，只有少数金字塔顶端的作品才能得到用户追捧，为此带来了大多数用户的"沉默效应"，就连写手都需要去迎合同质作品去创作才能换取收益。推荐算法依赖大量用户的相似行为，会潜意识过滤掉少数派用户的个性需求，最终引导用户偏好呈现相似化特点，为此算法机制导致有限的同质化作品得以广泛传播。

另外，作为技术的算法会强化固有偏见，用户接触的信息变得同质化，也减弱了用户对更多元化信息的求知欲。② 算法将具有精神主体性的人分解为行为的碎片，单纯地对行为进行量化，用数据和行为支配人的感官与喜好，加之不良信息带来浅层化和娱乐化的后果，用户沉迷于被动的知识积累之中，不知不觉丧失了行动力。久而久之，用户被囚禁在窄小的信息圈层中，思维趋于单一化和片面化，再难以触碰到真实的世界。

2. 信息喂养形成认知偏见

在商业利益链的作用机制下，流量的地位是至高无上的。智慧阅读推荐系统中最为重要的就是用户的关注度与点击率，为此信息的公共性与价值感被忽略。某条信息只要受到了大量用户的关注，不论信息质量如何，都可能是头条新闻；而内容若缺乏点击率，不论文本质量如何，都将被算法推荐拒之门外，这种信息情景对议题设置和价值观构成了严重威胁。个性化算法只会呈现出与用户意识形态相符的信息，通过用户的"偏好"信息强化"自我偏好"和"部落意识"。

在智能算法的不断强化之下，用户极易将错误的看法视为真理，将不合理

① 周建明，马璇. 个性化服务与圆形监狱：算法推荐的价值理念及伦理抗争［J］. 社会科学战线，2018（10）：168－173.
② 蔡星龙，卓光俊，张小强. 移动互联网时代新闻类App的发展困境与应对策略［J］. 科技与出版，2013（10）：86－90.

的行为当作合理，从而屏蔽了外界声音。甚至因为同质性群体很难听到与自己意见相悖的看法，进而造成群体极化现象。由此强势的声音愈发昭彰，许多带有情绪煽动和政治偏见席卷而来，用户接触信息后易产生极端心理与偏见思维，严重威胁了社会的进步与发展。

3. 信息操纵导致用户成瘾

当关注度一旦成为媒体生存的重要资源，那么商业媒体的首要运作原则就是极尽可能地取悦用户，为此平台开发出了一整套的"致瘾流程"。用户喜欢什么就推送什么，用户想看什么类型的内容就推送什么类型的信息，而且有些阅读客户端没有"底线"，只要用户一直滑就会一直推送内容，永无尽头。算法平台过度迎合用户的娱乐需求和本能需要，信息内容走向低俗化和浅薄化，就像"麻醉剂"一样让人沉溺其中。精心设计的场景让用户迷失，特别是有趣的虚拟世界模糊了人与机器、科学与愚昧之间的边界，而在人机一体的状态下，日常社交、主体意识、价值选择等都会消失。

除了"投其所好"式的推送外，机器还会进行"重复持续式"推送，这在网文推送环节更是可见一斑。小说的逻辑往往是最先通过外貌、性格、背景等基本信息确立主角特征，再到捋顺故事经历让角色丰满和形象，最后通过完整的叙事成就一个完整的角色、创作一本成功的小说。网文平台首先挖掘潜在的用户，搞清这些群体的需求："他们是谁""他们平常喜欢看什么类型的网文"这个群体就是该平台的目标客群，接下来平台通过签约作者为专属用户打造定制化网文。之后企业将相关内容投放至平台吸引读者，平台会运用重复策略去影响消费者，重复推广、重复营销，不断地重复、重复、重复，打造一个无形的封闭式认知穹顶，从而覆盖读者接触的各个触点。读者在知乎、微博、微信等多元阅读终端上都能够接触到此网文的引流信息，直到相关信息最终被用户认同和接受。在算法的笼罩下，用户往往很难挣脱出这份束缚，也难以认清算法无孔不入的本性，因而愈发如痴如醉沉迷于其中、欲罢不能。[①] 今天看完一本书就会"被推送"另一部相似网文，纵情"书海"无法自拔，读

---

① 张晓雨. 浅析新闻客户端基于算法技术推送内容对用户的消极影响 [J]. 传播力研究, 2018 (16)：234.

者变得空虚和疲惫，想要逃离或抵御并非易事。

4. 过度精准带来隐私忧虑

今天，大数据过于精准地抓取信息，用户阅读行为也被迫遭遇避无可避的监视，更令人担忧的是，大数据面前个人隐私得不到保障，个人信息被泄露，私人领域被侵犯。[①] 信息数据是算法必不可少的前提，算法基于数据完成精准推送，也用数据去衡量一切。当用户进入到阅读平台，不论是社交分享还是点赞互动，一切数字留痕都会被系统记录，成为算法分析的依据，用户在无意识状态下成为被平台监控的对象。

很多时候，阅读平台看似向用户提供了征求意见的问询步骤。但一旦用户拒绝同意条款，则意味着无法使用相应的功能，为此用户被迫同意"用户须知""用户条例"，平台对个人信息的采集变得"被合法化""被知情化"，这也导致平台方对个人浏览数据的随意采集，用户数据在平台间肆无忌惮地流转与交换，让用户仿若置于"裸奔"的尴尬境地。即使有些平台立足责任意识，对数据做了脱敏存储和匿名化保存等操作，但机器描摹出用户画像仍是轻而易举，个人在不断进化的智慧阅读平台面前"无处可逃"。

三、智慧阅读的治理困境

（一）内容创作利益导向，价值理性失衡

智媒时代下，阅读产业经历了深度变革，内容生产主体不断变化，新的内容生产体系与内容评价标准对创作者产生了一系列影响。"流量"取代"发行量"，"点击率"取代"收视率"，"评论数"取代"阅读率"。传统媒介内容交换价值的衡量标准在新技术新市场条件下发生了变化，也衍生为资本操纵内容的代名词。[②]

---

① 张文祥，杨林. 新闻聚合平台的算法规制与隐私保护 [J]. 现代传播（中国传媒大学学报），2020 (4)：140 - 144 + 154.

② 胡泳，李雪娇. 反思"流量至上"：互联网内容产业的变化、悖论与风险 [J]. 中国编辑，2021 (11)：29 - 34.

原本，内容生产者是掌握专业生产知识的"业内人士"，平台经济模式下，用户生产"去专业化"，用户由传统媒体时代信息被动接收的"失语者"，转为"产消合一"的"主人翁"。高效率的生产和快节奏的阅读，使得智慧阅读呈现出内容繁杂的景象，更暴露出浅薄庸俗、粗制滥造等乱象。①

一方面，忽视社会效益的生产管理理念破坏了内容生产环境。大部分智慧阅读平台出于商业利益考虑，出现快餐化运营模式，作品创作、修改和发表过程呈现为"一条龙式"的形成模式，再加上创作低门槛和低投入，会导致内容生产者过于注重作品背后的利益，常常忽视作品的质量。以网络内容生产平台为例，大部分平台与网络作家签约时会设置底线式要求，保证作品日更或月更字数达到一定的门槛。这使得多数智慧阅读内容朝模式化、机械化方向转变，作者不再花费大量的时间和精力去构思与创作，只需要基于作品题材和体裁辅之大数据定位喜好，效仿"网红作品"，就能够得到一部速成作品。平台甚至提供题材、人物、情节等模板供写手选择，结果出现大量"换汤不换药"的同质化作品。有些网站还会默许作者使用文字生成器，批量化生产，这种文字生产软件最初被称作"写作机器人"。

另一方面，流量至上的互联网逻辑主导内容生产取代了内容本身的社会意义和价值理性。由于无门槛和零资质，人人都可以成为内容生产者和信息发布者。未经专业培训的自媒体作者缺少相应的职业素养和价值判断，或是为了追求物质利益，或是为了一夜成名，写手在创作过程中有一定的"被动性"，会为了流量而不择手段地追求爆款文章，把关意识与能力被削弱，创作思想趋于庸俗化，发表出的作品泥沙俱下，严重影响数字阅读内容的生产环境和创作风气。

商业社会追求流量变现的逻辑挤压了优质内容创作空间。有些内容生产者恶意制造话题，扭曲是非，编造故事，虚假炒作，不惜以各种低俗、猎奇、涉黄、暴力、丑陋的内容来迎合读者的消极趣味，为的是谋取巨大的流量。当写手的私域流量（即关注量或者粉丝数）达到一定规模，就会致力于与粉丝建

---

① 郑俊熙. 基于读者阅读影响视角的数字阅读内容生产问题研究 [D]. 北京：北京印刷学院，2020.

立稳定的关系，通过代言、广告、内容付费等形式将粉丝转换为购买力。在技术的操纵与建构下，知识和文化生产者不知不觉转变为资本方的"数字劳工"①，巨大的创造性和生产力被资本驯化为"娱乐的附庸"②。这不仅挤压了优质内容的生产空间，也消解了内容的内在价值。

如此一来，内容创作者不知不觉陷入智慧阅读平台的藩篱，他们对此处境不仅毫无察觉，还会主动与资本合谋，协助平台进行自我操纵、自我规训，成为被流量裹挟、缺乏自主性的"乌合之众"，不仅破坏了内容产业的良性发展，也给智慧阅读内容把关和治理带来了极大的隐患。未来如何平衡内容的价值理性和工具理性，值得每一个创作者反省与沉思。

（二）传统把关模式消解，人工编辑弱化

在传统线性的、组织化的内容生产模式中，专业媒体人和信息发布者基于信息价值完成过滤和选择工作。如今，算法逐渐成为连接用户与阅读平台的桥梁之一，内容的过滤和选择依靠机器的程序：抓取用户数据—刻画用户形象—定义用户标签—促使内容创作者创作出符合用户需求的内容。这种基于用户偏好做出的过滤与选择，改变了信息把关方式，导致传统把关模式消解，把关人权力发生位移，算法代替人工成为"守门人"。

算法的把关机制与传统的把关方式相差甚远。现阶段的人工智能算法，实质是弱人工智能表达，其缺乏人的思维，也没有独立的价值判断能力。③ 归根到底，算法的核心是代码与数字，它仅通过既定模型和关键词对内容进行表层过滤，剔除有害内容，无法对量化的内容进行判断，更无法对文本进行价值观的辨识与权衡。

更为重要的是，算法的把关只是做了内容分发工作，缺少专业媒体人的责任心与使命感，缺乏行业敏锐度和专业判断力，无法对内容进行价值衡量，更

① 吴鼎铭. 网络"受众"的劳工化：传播政治经济学视角下网络"受众"的产业地位研究 [J]. 国际新闻界, 2017 (6)：124 – 137.

② 尼尔·波兹曼. 娱乐至死 [M]. 章艳, 译. 北京：中信出版社, 2015.

③ 刘存地, 徐炜. 能否让算法定义社会——传媒社会学视角下的新闻算法推荐系统 [J]. 学术论坛, 2018 (4)：28 – 37.

无法对内容产生的社会影响做出正确的判断。① 对传统媒体人来说，"铁肩担道义，妙手著文章"，引导舆论、秉持职业素养是专业媒体人必须具备的社会责任之一。尤其是主流媒体，他们发挥着"社会公器"的作用，是政府与群众之间的沟通纽带，可直接面向大众宣传正能量、弘扬主旋律。如今，算法改变了传统受众关系，内容创作者有时为了迎合大众而改变信息编辑和内容生产方式，崇尚"流量至上"，而非传统的"公序良俗至上"。为了获得算法推荐的青睐，创作者在内容生产中涉及蹭热度、编故事、涉黄、标题党等相关内容②，阅读平台往往也向那些诉诸情绪、煽动式和夸张的内容最大限度地给予流量倾斜，而不是真正高品质的文章③。

技术的过度介入，算法的过度过滤，逐渐弱化了人工编辑的作用，最终导致人工编辑的缺位。在传统的编辑模式下，人工会主导内容的筛选和分发，决定哪些内容被过滤，哪些内容被发布，写作者应如何进行编辑与修改，以及何时进行发布与推送。机器把关提升了编辑工作的效率，却背离了审查实质，导致传统把关权威性与专业性的消解。有时用户所反馈的内容还会被机器"复审"、人工"回审"，这种方式看似是"机器"与"人工"的双重审核，看似审核把关更加严谨，但其本质却是一种人力资源的浪费，是"亡羊补牢"的事后把关行为——为时已晚。因此，人工编辑的作用不容忽视，随意增减编辑人数或弱化编辑的职责功能，都将会给阅读产业带来负面影响。

（三）平台追逐资本流量，算法"伪中立"

"在一个媒体和代码无处不在的社会，权力越来越存在于算法之中。"④ 算法程序背后是一套吸引用户流量和寻求流量变现的商业机制，阅读平台会呈现出"伪中立性"。

---

① 何燚宁. 个性化新闻推荐系统中算法把关的思考——以"今日头条"和"一点资讯"为例 [J]. 新闻爱好者, 2019 (9): 75 - 77.
② 郭亚琼. 信息传播中算法推荐技术的革新、异化与规制 [J]. 视听, 2023 (5): 135 - 138.
③ 段鹏. 算法模型推荐对新闻真实的消解与建构 [J]. 上海交通大学学报（哲学社会科学版）, 2023 (5): 13 - 21.
④ LASH S. Power after hegemony: cultural studies in mutation? [J]. Theory, Culture&Society, 2007, 24 (3): 55 - 78.

　　信息筛选规则的不透明性与计算科学的复杂性，使得算法成为"黑箱"。内容审核中的机器识别，算法分发下的权力运作，这些都发生在不可见的黑箱之中。表面上，机器黑箱的隐匿性意味着客观与中立，但换而言之，隐匿在技术背后的人工对其操纵往往也带有"悄然性"①。

　　就平台提供者而言，腾讯、百度、阿里等少数互联网公司及算法供应商牢牢掌握着阅读内容推荐的核心工作机理与源代码，而算法机制、内容审核都会受到平台逐利与资本合谋的掣肘。究其本质，阅读平台代表着资本家及股东的利益，而不是广大用户的利益。

　　从内容池来看，阅读平台解构了传统阅读的公共性，摒弃了传统的价值判断，转而以流量效果作为内容优劣的衡量标准，"有多少用户感兴趣"成为内容生产和价值分发的依据。内容平台越来越主张以低俗化、娱乐化的内容吸引用户注意力，并极力操纵用户阅读行为和感受去获取"财富密码"——阅读活动由社会公众"精神的守望者"转变为"流量工厂的经营者"。目前，大部分阅读平台在用户使用之前，都会弹出一个"是否允许 App 跟踪你在其他公司的 App 或网站上的活动？"的页面，名义上用户可以选择"要求 App 不跟踪"或"允许"，但一旦用户选择"否"，阅读平台就会禁止用户继续访问，迫使用户不得不允许或默认阅读平台对个人数据的收集行为。平台掌握着信息分发和内容传播的控制权，打着为用户提供"个性化服务"的幌子大量收集用户个人数据，形成了技术和数据资源的垄断局面，极大地控制了用户的阅读行为。此外，阅读平台还会通过技术霸凌、算法歧视等方式"收缴"用户的内容获取权和传播权，例如强制植入广告等。这些阅读平台衍生出了一系列收费机制，企业支付一定费用即可增加自身的曝光，为此读者的阅读列表充斥着各类广告。不少阅读平台引诱用户开启付费模式，如果用户开通会员就会获取额外内容，包月服务则能免广告。再比如数据杀熟，平台基于支配地位而实行服务垄断，对不同用户实行差别化对待，这种由信息不对称及技术偏见造成的"算法霸权"极大损害了用户的合法权益。

---

① 李林容. 网络智能推荐算法的"伪中立性"解析 [J]. 现代传播（中国传媒大学学报），2018（8）：82–86.

当阅读平台一味地追求流量时，企业对信息质量的审查必然会放松，甚至导致广告与低质信息泛滥等问题，长此以往劣币驱逐良币，最终低俗娱乐化内容、虚假不实内容、标题党信息在平台上不断蔓延，极大危害了公共阅读环境。

（四）法律制度亟待完善，治理合力不足

算法推荐技术在信息传播和分发方面具有重要影响，但由于平台在算法规则方面经验不足，加之信息流动分发权利被机器主宰，智慧阅读内容的治理风险因此增加。另外，不同算法推荐机制具有不同的商业模式、目标导向和优化策略，导致用户在检索文章时会发现不同的信息呈现结果。但目前来说，智慧阅读内容领域尚未形成统一的行业规范和标准，上述因素意味着公权力很难有效地管理智慧内容生产方式和算法模型。

在智慧阅读内容监管领域，目前我国存在若干问题，包括主体权责规范不明确、内容规范模糊、法律效力较低、可操作性不强，以及各监管部门之间的沟通协调机制不健全等。智慧阅读的治理工作涉及多个主体，如平台提供商、内容生产者、用户等，每个主体的权责边界模糊，特别是涉及多个政府部门的监管工作，不同部门之间的职责划分不清晰，协调与合作存在诸多困难，导致监管工作中存在重复和缺失现象，为此当下各方力量难以统一形成有效的监管合力。在智慧阅读内容方面，责任分散而各自为政的现象是比较突出的。在实际情况中，管理缺位、事前监管困难以及事后追责不完善等问题导致治理效果不理想。

另外，技术的发展日新月异，智慧阅读涉及大数据分析、人工智能和算法推荐等技术前沿，政府部门需要储备相关的技术人才来监管新兴技术的实践及应用。然而，技术的迅猛发展和变化，给监管工作带来了一系列难度，监管部门难以逐一评估每种技术的特点和潜在风险。上述因素导致政府的监管工作无法及时应对新问题和新挑战，使得信息传播的乱象、违规行为的滋生以及用户权益的受损。

（五）用户理性辨识力低，媒介素养欠缺

大部分用户缺乏理性辨识能力，新媒介素养难以跟上新技术发展，特别是用户在享受智慧阅读带来便利的同时，并不了解技术背后的运行机制，以及难以全面洞察平台收集分析用户数据的影响和危害。用户往往认为算法推荐行为是精准的、科学的、可靠的，并且完全信任平台的推荐结果。但长此以往，用户在不知不觉中成为"被算计的人"，平台通过持续追踪用户的搜索轨迹和过滤用户不感兴趣的内容，使推送的文本更加贴合用户的阅读喜好，用户所阅读的书籍、文章等也都趋于同质化。这种精准性推荐的特性导致读者逐渐限制了自身的信息接触范围，形成了所谓的"信息茧房"。其中有些用户容易受到虚假信息的影响，难以准确判断信息的真实性和可信度，为此大量读者会误解信息或做出错误的判断，进一步沦为算法技术的"附庸"。

从搜索到个性化推荐，用户越来越依赖于平台的信息"喂养"、越来越不愿意动脑思考，甚至会放弃对阅读内容的自主选择和自主思考，最后将带来"不是用户决定自己想看什么新闻内容，而是平台替用户决定了能看到什么新闻内容"的困难境地。从表面来看，平台为用户提供了个性化的信息服务，但实质是平台以自身利益为核心，通过操控信息流向来控制和引导用户行为，使用户从个性走向共性，随之消散的也包括每一个读者的批判思维和主体性。

四、智慧阅读的治理效能提升策略

（一）平台坚持人本原则，优化内容审核

阅读平台作为算法推荐机制的重要应用者，应坚持人本原则，不断优化和完善算法推荐机制，才能优化阅读质量和阅读效果，维持良好健康的阅读生态。同时，阅读平台应强化技术创新，克服算法的缺陷与不足，促进智慧阅读行业健康发展。

1. 关注社会价值，重视用户信息需求

智媒时代，用户的信息需求朝着专深广方向不断变化，公民有信息获取、

信息发布、信息交流等多种需求，也有获取公共资讯和娱乐消息、塑造自我形象等多元诉求。今天，阅读平台需要更多地考虑社会价值，把公众的理解和认知、公众对社会问题的普遍共识作为平台架构中应当遵循的基本原则。企业要加强信息聚合能力，在更广泛的范围内挖掘资源、聚合信息，建立质量优、内容全的数据库，制订更合理、更科学的标签管理体系。在丰富的数据基础上判断信息资源是否符合主流价值引导，高效、合理地对内容完成筛选及过滤。参数设置会限制算法推荐，企业要保证推荐的内容契合主流价值观，基于多种要素和权重优化算法推荐，包括内容来源和可信度、媒体的信誉度、用户评价、文章质量等。加上用户的浏览记录、感兴趣点、转发量、评论数等要素。更重要的是，平台要建立内容分类管理机制，基于不同栏目优化推荐方案，按照比例推送重要新闻，防止娱乐明星相关新闻占比过高，也进一步减少推送同类型信息的可能性。

2. 强化技术筛选能力，推荐内容多样化差异化

对于智慧阅读平台来说，界面简洁人性、阅读成本低、信息更新及时、满足个性化需求都能提升用户体验，算法推荐应与用户多样化、动态化的阅读需求相匹配。具体来说，首先平台要在宽领域视角下优化推荐内容，对用户可能存在计划外的行为也要进行深度挖掘，有意识地帮助用户发现自己尚不熟悉但可能感兴趣的领域，拓宽用户的关注视野，避免单一信息造成的视野窄化。其次，平台要动态管理用户个人画像，定期对用户需求变化进行测试，不断调整用户标签，实现推荐内容的动态化更新，尽量将不同种类和不同方向的信息都纳入内容推荐范畴。平台可以适当增设异类信息页面，包括设置"你可能不喜欢"的内容专板，增大用户与异质信息偶遇的概率。最后，平台要积极改进算法，提高算法的实时计算能力，不仅要做到新闻、图书等信息的及时更新，也要增加反馈机制，促进机器及时、准确、高质量地完成信息分发工作。

3. 增进平台的社交性和互动性，优化用户体验

智慧阅读日渐与社交媒体相融合，"分享性"与"互动性"成为影响智慧阅读用户意愿的关键要素。在阅读过程中，用户的社交诉求越发明显，用户不

再满足地涉猎文本内容，而是更希望能参与到观点分享、交流互动中，甚至能够参与或是完成内容生产。未来，智慧阅读要以用户为中心构建交流平台，让不同地域、不同背景的用户都能享受到互动、共享的乐趣，激发用户选择、分享和生产内容的主动性与创造性。当然，为了避免用户过度沉浸，平台可进行阶段性的提示，通过"智能化弹窗"提醒用户短暂休息，确保单次阅读时长不超过 30 分钟。

4. 提高算法透明度，保障用户信息安全

企业不能以"算法中立""技术中性"为借口而盲目推行算法阅读，阅读平台应以社会责任为导向，不断改进和完善算法，让算法阅读"向善"且"为善"。企业和科研机构应该致力于技术创新，增强安全防范意识，在源头上避免技术风险和伦理问题。具体来看，一是通过借鉴隐私计算、联邦学习、多方安全计算、差分隐私和可解释性人工智能算法等方式，进一步增强个人数据保护、保障安全和隐私、提高可解释性等要素，从多个维度保护用户信息，让"看不见"数据能为用户提供高效服务。[1] 二是建立数据联盟，建立价值共创、利益共享的数据体系，进一步解决数据孤岛和个人隐私保护等问题，在完成数据集异常检测和训练样本评估等工作的基础上，充分调动数据拥有者、资源使用者、平台运营方等主体的积极性，为数据安全共享提供技术保障。三是企业要严于律己，一方面要提高自身社会责任感，杜绝买卖用户信息，有限收集、有限使用用户的隐私数据，保障用户的信息安全；另一方面要完善网络安全技术，避免出现被第三方机构挖矿盗取信息的行为。

5. 提高算法把关专业性，适度增加人工把关权限

库尔特·卢因在研究群体传播时提出了"把关人"概念，他认为信息在传播时会存在着"分区"渠道，把关人要对传播内容进行挑选和把控，当信息符合特定行为要求和价值标准时，才能够正式进入传播渠道。智媒时代下，信息的海量化和传播的快捷性导致"把关人"这一传统角色日渐被弱化。机

---

[1] 张吉豫. 构建多元共治的算法治理体系 [J]. 法律科学（西北政法大学学报），2022（1）：115–123.

器学习算法基于用户的点击量和画像标签完成信息推送，未能对内容做出有效的价值判断，导致低俗信息和虚假信息泛滥。

专业把关人的回归，对于加强信息的专业审核、重塑信息本身的公共性价值、引导社会主流意识形态具有重要意义。事实上，为了提升信息质量，以脸书为代表的国外媒体和以今日头条为代表的国内平台，纷纷组织了专门的人工审查团队以进一步过滤和完善内容。在"智能化"与"人工化"的双重检视下，算法的高效精准与信息的保质保量有机融合，既符合算法的工具属性，又使人的主导性得到回归；既能保证信息品质，提高审查工作的精细化和专业化水平，又减少了信息重复与同质，进一步预防"信息茧房"现象的发生。

（二）政府强化刚性约束，提升监管效能

算法作为一种新兴技术，在发展过程中必然会衍生出新问题、新挑战，对算法的治理和约束不等于否定与拒绝算法，而是致力于算法纠偏。在这一过程中，政府要发挥好规则制定、过程监管、底线控制等多重职能，"将算法关进制度的笼子里"，使之在法治的轨道上良性发展，保障智慧阅读行稳致远。

1. 制度规范，完善相关法律法规

"算法有道，推荐不乱。"相关部门应建立规章制度，从国家层面建立科学、系统、完善的法律制度体系，确保算法推荐服务合理有序，促进智慧阅读活动的可持续发展。为此，政府要进一步明确智慧阅读行业主管部门、建立跨部门的协调机制，明确各部门的职责和权限，并制定统一的工作流程和合作机制，确保各部门在智慧阅读治理中能够高效配合、协同工作。2022 年 3 月 1 日起我国《互联网信息服务算法推荐管理服务规定》正式实施，提出要坚持风险防控、引导算法应用向好向善，为社会生活发展注入新动力、增添新便利；未来可以以点带面，逐步建立起集合理的管理机制、完善的监管体系和规范的生态安全于一体的算法安全综合治理模式。这些制度安排体现了党和政府对于算法治理的高度重视，也有利于助推算法应用安全健康发展，希望智慧阅读亦能"乘长风"，破"万里浪"，为用户提供有温度、有知识、有态度的信息。

2. 严格监管，明确"犯错"处罚

斯皮内洛在《铁笼，还是乌托邦》一书中写道："继承优秀美德和道德价值观对于网络空间的人类来说必不可少，这是人类繁荣与发展的根基。网络空间的最终管理者不是工程师的代码，而是道德价值观。"所以，政府应该加强对智慧阅读的科学监管，形成"包容审慎"和"敏捷治理"的动态监管体系。智慧阅读行业主管部门要对信息实施有效监测，识别负面信息与政治伦理失范问题；并且要对违法违规的平台严格处罚，会同包括网信办等在内的相关监管部门严肃纪律处分，违法行为的处置要公开化、透明化，做到执法必严、违法必究，提高阅读平台的违法成本，推动法律、经济、行政等多种手段相结合，起到相互补充和多重震慑的作用。

3. 底线约束，完善算法问责机制

国家要进一步明确阅读平台在信息采集、信息传播、信息公开等领域的边界行为，消除平台使用与个人隐私保护间的内在张力，特别是要建立算法解释、算法透明与算法备案制度，鼓励企业进行算法公开，给用户提供类似于汽车操作手册一样的算法说明书，这不是说要将算法模型或参数全部公开，而是适当公开算法设计的基本逻辑，如算法渗入社会可能产生的影响、风险等，相当于为用户提供一份"产品说明书"。这在一定程度上能够避免"算法黑箱"的形成，降低算法技术对用户权力的侵犯。另外，相关部门要督促阅读平台抓落实、找问题、促整改，督促平台向用户提供"个人信息收集清单"和"关闭个性化推荐"等服务。总之，政府要以行之有效的制度创新，强化底线约束，并辅之以严格的监管，逐步建立治理机制健全的算法综合治理格局，为智慧阅读的发展保驾护航。

（三）社会凝聚公众共识，倡导多元监督

全社会形成共识，多管齐下，加快建立新闻媒体、技术社区、行业协会、社会组织多方协同参与的监管体系，聚合多种力量对算法的运作过程实行监督，从而打造出清朗的阅读空间。

1. 新闻媒体对平台监督

2017 年以来，有关部门及时跟进算法治理，主流媒体发挥专业优势和诠释公共价值。相信未来，新闻媒体也会继续在算法推荐的监督中发挥重要作用。更为重要的是，媒体要严格职业把关和审核机制，拒绝"唯点击量""唯转发量"，努力生产和推广优质内容，占据舆论高地。

2. 技术社区和行业协会对平台监督

"鼓励和支持开源社区等创新联合体发展"是国家规划中的重要一条。技术社区正在成为算法工程师的心灵家园，在智慧阅读的治理和完善中，这些技术群体不可小觑，或许能够"以算法监管算法"。

行业组织可以通过制定平台自律公约，对算法数据收集、行为分析和结果应用等行为制定出必要的标准，在行业内部形成共同监督、激扬自律的风气。同时，阅读平台也应该加强自律，履行算法责任，承担算法义务，对负面信息强化监管与预警，从平台层面阻断算法所引发的负面效应。

3. 社会组织对平台监督

在智慧阅读的监管中，专业性的社会组织具有天然优势。例如，美国社会组织"ProPublica"曾发现黑人在司法风险评估领域遭到了算法歧视系统，黑人被机器评估为重新犯罪者的概率比白人高两倍，为此，该组织特地向美国政府提出了改进意见。我国也可以鼓励相关算法监管组织的形成，畅通社会组织表达方式，增加专门的反馈渠道，有效监督阅读平台的算法规则，发挥公众力量来降低智慧阅读活动中的风险。

（四）用户提升阅读素养，避免"技术牢笼"

作为用户的我们，在享受智能推荐所带来福祉的同时，也需要对它可能带来的影响保持敬畏和谨慎，特别是要审慎地看待算法与阅读的动态关系，掌握阅读选择的主动权，避免"技术牢笼"。

1. 提升阅读素养，强化信息辨识能力

为避免沦为技术的附庸，提升用户素养是关键一步。阅读素养包括面对信息时的选择、判断、理解、创新、评估及反思能力。由于个性素养和价值判断的缺失，算法常常裹挟大量庸俗、虚假、偏激的信息侵袭读者的私人领域。用户要时刻保持清晰，要用审慎思辨的态度和相对稳定的心理状态去防止低质、庸俗、虚假信息的干扰，立足已有的经验甄别、吸收和汲取有益的营养。尤其是在"人人都享有麦克风"的当下，理性的信息辨识力和高度的意志自律尤为重要。并且，用户要有"抽丝剥茧"的能力，将个人的小范围信息需求融入整个大社会的时代潮流；用户要及时删减各类低质的公众号，多关注主流媒体、官方媒体所发布的权威消息，在关注国外媒体时更要保持理智和审慎的态度，这样既能远离无价值的信息，又能增加信息来源的渠道，将算法推荐的负面效应降到最低。

2. 拓宽信息接收渠道，接收多元化信息

若长时间沉迷于舒适区，人会懒惰、倦怠与自我麻痹；若长时间仅仅沉浸于自己感兴趣的信息领域，用户的认知会受到局限。用户首先要认识到算法推荐的"风险"，意识到自己处于"茧房"之中，在浏览信息和阅读信息的时候，要主动向未知领域探索，主动接触未知的信息，求索多元的价值；其次，不要局限于单一的信息来源，要主动扩大信息渠道，多听多看不同领域的"声音"；最后，要增加"信息偶遇"的机会，主动搜索多元信息，扩大信息接触范围。如此可避免长时间阅听同一种信息，防止算法主宰自己的阅读生活。如约翰·密尔曾说："在这个人类谋求发展进步的阶段，接触与自己不同的人，接触他们不熟悉的不同的思维方式——这是再怎么强调也不为过的价值。"

3. 用户主动把关，过滤不良阅读内容

阅读的价值绝不仅仅发生在点开与关闭手机屏幕这两个动作之间的时间段，更要努力从阅读活动中汲取养分，因此用户需要自觉树立起把关意识。当下，许多打榜畅销的"爽文"，让读者获得了短平快的刺激，读时"爽"，读完"悔"，大多内容缺乏深度与价值，读者对其要保持警惕之心。读者可以通

过 "点赞、打赏、评论、转发" 等操作鼓励算法为他们推荐更多优质内容；对于低俗、虚假内容，用户要毫不犹豫地举报、投诉，驱除劣质内容，过滤劣质信息。读者还要谨慎使用算法推荐机制，保持独立思考和审慎判断，做一名深度阅读者。纵使面对碎片化信息，读者也要有意识地培养深度阅读的定力，在学习中要快速进入心流状态，专注、深耕、精进，而不是把时间浪费在无关紧要的八卦上面，尤其是做内容评论时，用户要理性发表自己的观点，不随意发表煽动性评论。

第四节　文娱机器人行业的治理策略
——以绘本阅读机器人为例

一、绘本阅读机器人的传播特征与行业现状

（一）绘本阅读机器人的概念

绘本是一种基于图画的书籍，其特点在于借助图画进行表述，整合多种信息形式，观赏效果和阅读体验相辅相成，从而促进读者的阅读、想象和认知能力的发展。[①] 传统意义上，绘本阅读是早期阅读的重要组成部分和实践方式。儿童能够通过色彩、图像和文字来理解绘本内容，并借助成年人的示范和讲解，逐渐提高其阅读理解和语言表达能力。[②] 绘本阅读机器人的出现使得家庭场景中亲子绘本阅读的模式发生了改变。目前学界尚未对绘本阅读机器人形成足够权威和一致的定义，甚至一些用户直接将绘本阅读机器人与智能儿童机器人或者儿童故事机混为一谈，进一步模糊了定义的边界和独特内涵。部分学者从技术基础的角度出发，将绘本阅读机器人定义为通过运用语音识别、图像识

---

① 王慧宁. 绘本的概念界定及中日现代绘本溯源 [J]. 太原师范学院学报（社会科学版），2009，8（1）：54-56.
② 张慧丽. 中美图书馆儿童早期阅读研究综述 [J]. 图书与情报，2011（2）：2-6+25.

别和人机交互等人工智能技术对绘本进行识别，以此来辅助儿童阅读绘本的机器人。①

以下将从产品分类的角度，对智能硬件、教育智能硬件、智能儿童机器人、绘本阅读机器人之间的关系进行分析，以进一步厘清这些概念之间的边界。智能硬件是一种基于互联网连接硬件和软件的平台，通过应用人工智能、大数据处理等信息技术实现传感互联和人机交互；而教育智能硬件则是指智能硬件产品在教育领域的具体应用②；智能儿童机器人是一种专注于儿童教育和娱乐的教育智能硬件，如阿尔法蛋、智伴儿童机器人等，其中部分产品也具有绘本阅读的功能；绘本阅读机器人则是智能儿童机器人的一种细分产品，专注于家庭亲子阅读场景，如 Luka、牛听听等。几个概念之间的关系如图 1 所示。笔者认为，广义上的绘本阅读机器人是指利用语音识别、图像识别和人机交互等人工智能技术，具有辅助儿童阅读绘本功能的智能机器人；从狭义上来说绘本阅读机器人是指以人工智能技术为基础，以绘本阅读为核心功能，具有翻读、指读、跟读、熏听等功能，同时具有情感交互性的智能阅读机器人，以下研究对象以后者为主。

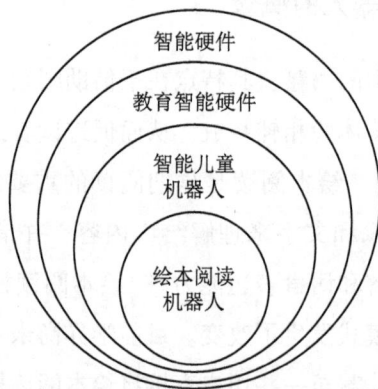

图 1　绘本阅读机器人相关概念关系图

---

① 晏士伟. 人工智能在绘本阅读领域的应用 [D]. 沈阳：辽宁大学，2020.
② 多鲸教育研究院. 2022 中国教育智能硬件行业报告 [EB/OL]. (2022 - 01 - 18) [2023 - 07 - 22]. https：//www. thepaper. cn/newsDetail_forward_16738025.

(二）绘本阅读机器人的传播特征

1. 绘本阅读，沉浸体验

借助图像识别技术和强大的云端存储能力，智能化阅读在使用过程中用户只需将纸质绘本放置于绘本阅读机器人的前方即可自动识别。但值得注意的是，该产品所能提供的阅读内容取决于其预先内置的绘本资源，对于尚未存储于云端数据库的绘本资源，机器人无法进行自动识别。已经识别过的绘本资源、音频资源包能够缓存在机身中，实现离线使用，无须重复下载。部分产品在阅读过程中加入了点读、跟读、指读、英语伴读等功能。绘本阅读机器人涵盖了点读笔的基本功能，用手指点到哪里读哪里。此外，产品还具备查词、中英互译以及跟读测评英文发音的功能，这不仅能够保护儿童视力，而且能让小朋友完全沉浸在英文的视听环境中，保持视觉和听觉感知上的同步，深入体会原版教材故事的魅力。

2. 定时熏陶，有声阅读

家长不仅能够通过 App 或者语音命令的方式为孩子点播音频资源，还能够根据自身需求制定阅读计划，设置定时播放音频。如读书牛具备智能熏陶功能，可提供两类优质课程供家长选择。第一种是成长类课程，可根据孩子的习惯、爱好、性格等方面的差异量身定制课程并且推荐补充其在欠缺方向的专属课程。第二种是记忆类课程，旨在有效修复孩子的记忆缺陷，通过科学的技巧和策略来帮助他们更好地掌握知识，实现全面发展。

3. 智能推荐，个性定制

绘本阅读机器人能够基于孩子的阅读轨迹在后台自动生成专属阅读报告，帮助家长更加直观全面地了解孩子的阅读兴趣。比如，Luka HeroS 在阅读绘本的同时，自动将相关内容同步到宝宝电子书架内，记录并显示孩子阅读绘本的数量、次数以及时长等相关数据，帮助家长更好地了解孩子的阅读兴趣和偏好，以便为其提供个性化阅读指导。App 也能够基于智能算法对孩子的阅读行为做出智能评估和推荐。如读书牛研制出了针对儿童阅读水平和发展状况的测评系统，能够实时向客户推荐个性化绘本书单。

4. 亲子沟通，远程守护

为了避免内容资源有限的问题，同时和亲子共读形成良好的互补关系，弥补机器人在情感上的空缺，绘本阅读机器人具有父母录制绘本的功能。家长能够通过 App 将自己的声音录制到机器中，将自己对孩子的情感和关怀寄托到机器人身上。即使父母不在身边，孩子也能够通过绘本阅读机器人听到爸爸妈妈读故事的声音，从而实现另一种形式的"亲子共读"。另外，绘本阅读机器人还具备亲子沟通的功能，家长能够通过 App 或者微信公众号给孩子发送信息，机器人则能够将消息传达给小朋友。如 Luka 绘本阅读机器人内置"亲子密语"功能，家长能够通过 App 指挥 Luka 用小机器人的口吻传达自己想说的话，使得小机器人成为亲子关系的桥梁与调和剂。

5. 智能交互，情感陪伴

绘本阅读机器人内置语音助手，基本覆盖儿童智能音箱的功能，家长和孩子能够通过特定的口号唤醒小助手，并与它进行语音交流。语音助手不仅能够帮助用户完成智能点播、调节音量等特定的功能操作，还能够回答孩子的日常提问并与之进行多轮对话交流，纾解他们的孤独感和无聊感。此外，除了一般的语音交互之外，一些绘本阅读机器人还增加了触觉、动作和表情交互等趣味交互方式。例如，当触摸机器人 Luka HeroS 的肚子时，它会发出"呵呵呵"的笑声；当轻轻拍打它的头部，它会回答"在呢，在呢"；如果 Luka HeroS 摔倒了，它的眼睛里会显示水平波浪形状的图案；当把 Luka HeroS 倒立时，它的眼中会显示出"晕"的表情；如果很长时间没有与 Luka HeroS 互动，它会自动调整眼睛的表情，发出各种顽皮、撒娇、叹气的声音，比如"啊，我想读书了"；有时它甚至会通过放屁或者打呼噜等方式来吸引孩子的注意力。

6. 寓教于乐，全面发展

绘本阅读机器人除了具有"阅读"的核心功能外，还具有教育和娱乐属性，能够在特定工具和材料的辅助下，实现真正的"在玩中学"。如读书牛附带自然拼读入门绘本和自然拼读 AR 卡，可帮助孩子系统学习英语知识。在这些绘本中，小动物们被创意性地赋予了字母的形象，通过游戏互动的方式，让孩子可轻松掌握字母的形状和拼写规则，了解字母与单词的关系。此外，读书牛还提供了《常青藤爸爸亲子训练营》和《你好，大诗人》等多项早教打卡课程，用户加入打卡小组即可听到专业老师对内容的详细解读。老师会根据每日打卡内容设置课后提问，引导孩子边听边思考，以拓展他们的知识面。此外，LukaHeroS 邀请英国剑桥大学出版社与新东方酷学多纳品牌合作开发了儿童英语启蒙教育体系，为孩子们构建多模态互动式的乐趣英语学习课堂。

（三）绘本阅读机器人的行业现状

1. 儿童故事机的演变历程

在 2008 年前后，早教机和故事机逐渐在国内市场上崭露头角，同时随着互联网的发展，早教机产品的销量呈现出逐年上升的趋势。从 2011 年起，故事机产业开始爆发，行业总量快速增长，销售上升至上百万台。火火兔公司率先在 2010 年推出了第一款儿童故事机，当年销量突破 30 万台。2014 年，涌入早教领域的玩家逐渐变多，早教机的形态和功能也从无屏逐渐演变为有屏，已经从单纯的娱乐陪伴发展为更加强调娱乐与早教的双重功能。作为专为儿童早教设计的电子玩具，故事机内置了符合儿童早教原理的人机互动技术，结合多元智能教育理念，将英语、拼音、数学、逻辑、常识等内容整合到机器中，并配合可爱的卡通形象，以便培养孩子的学习兴趣，提升他们的注意力和思维能力。然而，国内儿童故事机企业普遍规模较小，多数企业仅限于产品制造加工阶段，研发能力薄弱。同时，行业产品同质化日趋严重，品牌集中度较低。①

2014 年至 2016 年机器人和语音技术的应用领域愈加拓宽，那些拥有人工智能或智能机器人研发技术的企业开始将业务拓展至教育领域，着力研发智能陪伴教育机器人。2015 年，儒博科技的布丁机器人开启京东众筹，并以 163% 的成绩超额完成资金众筹目标，意味着智能陪伴教育机器人初步得到了消费者的认可。2016 年年底，科大讯飞旗下子公司淘云科技充分融合自身拥有的大规模儿童语音数据和母公司的语音交互技术优势，推出阿尔法蛋智能陪伴教育

---

① 黑马网. 中国故事机产业市场份额及发展趋势 [EB/OL]. (2016 - 12 - 28) [2023 - 07 - 22]. https://www.iheima.com/article - 159112. html.

机器人。同年，鑫益嘉科技旗下巴巴腾品牌的小腾智能陪伴教育机器人正式上市。这些企业借助强大的品牌影响力，加之消费者对高科技教育产品的认可与追求，相关产品一经推出就快速占领了行业市场。2017 年以后，在二孩政策显效、产业政策利好、资本助力等因素影响下，大规模初创企业与早期以生产儿童点读机、早教机为主的制造商陆续涌入智能教育机器人领域。但由于核心语音芯片硬件开发门槛高以及优质教育资源匮乏等原因，市面上的产品质量参差不齐。

2017 年年底，物灵科技推出了 Luka 系列绘本阅读机器人，该产品旨在提高儿童用户阅读绘本的体验，帮助小读者养成良好的阅读习惯，回归纸质阅读。火火兔在 2018 年与阿里智能实验室、百度 DuerOS 深入合作，先后推出了多款绘本阅读机器人，包括智能 AR 教育机器人 I9S、阅读机器人 J7pro 和 AR 视频机 I6S + 阅读版本等。牛听听在 2019 年 4 月推出绘本阅读机器人"读书牛"，该产品不仅保留了牛听听原汁原味的熏教系统，还对多元化的熏教场景进行了诸多探索，以便尽力满足早期儿童教育的多面需求。2019 年 10 月，智伴科技针对 3 ~ 8 岁儿童用户市场推出了智伴绘本机器人小 H。2021 年，针对 0 ~ 8 岁儿童的阅读诉求，贝恩施与专业音频平台喜马拉雅携手推出晓雅慧读学习机，旨在用更智慧的阅读方式和更优质的内容，让孩子主动爱上阅读。

绘本阅读机器人作为一个细分品类吸引了各种企业纷纷入局，包括传统玩具厂商、互联网大厂、音频内容平台、初创型科技企业等。产品的市场定位直击中国家庭绘本阅读的痛点问题，一经推出就受到广大家长的关注和追捧。但是目前该市场的品牌集中度仍然不足，这一品类在整个智能早教行业中所占据的市场份额也较为有限。阅读机器人的研发与推广仍然处于初步探索阶段，相关技术应用尚不成熟，品牌的认可度也存在一些问题。加之此类产品的价格较高，从几百元到几千元不等，直接限制了产品的下沉普及和可持续发展。

2. 绘本阅读机器人的基本配置

（1）技术原理：语音交互 + 图像识别

绘本阅读机器人以人机交互、语音识别、图像识别等人工智能技术为基础，其基本工作原理为：首先，基于特定的图像识别算法，机器将绘本的页面图像转译为特定编码；其次，将绘本的图像编码和提前录制的音频相关联，绘本阅读机器人只需要通过摄像头扫描绘本封面就能够形成图像编码，并在数据库中检索到对应的音频资源；最后，当用户翻看书籍的时候，绘本阅读机器人可以根据内页的图像编码播放对应音频。

（2）外观材质：可爱形象 + 安全材质

日本的机器人专家森政弘曾提出了著名的"恐怖谷"理论，指出机器人和人类在外表、动作等方面的相似性会让人们对机器人产生正面情感，但是当这种相似性达到一定程度时，则会使人们产生恐怖心理，直到机器人从外观上来看几乎与普通人无异时，人们的情感反应才会再度回到积极层面。① 因此，若企业采取拟人化的外观设计来形成机器人时，使用不当则会导致用户陷入恐怖谷情境之中；若外观仅具备适当的"人格特征"，如语言交流能力和灵动的表情等，则能够帮助用户和机器人建立良好的关系。在外观设计方面，机器人企业会充分考虑儿童群体的偏好，一些品牌选取了可爱的动物形象作为意向，如猫头鹰、小黄牛、兔子等，这些产品从外观上来看与儿童玩具无异，具有较高的用户接受度；一些品牌则选取了更具有科技感的方块或球形形状，比如晓雅晓慧、阿尔法蛋、比巴机器人等。同时品牌方大多会通过增加产品的表情和动作等元素，通过交互设计来突出产品的智能性与灵活度。另外，在材质设计方面，为了保障儿童安全，品牌方采用高强度食品级硅胶材质，无毒无气味，不怕孩童啃咬和拉拽；同时外壳里外加固，抗压抗摔能力强，具有较强的耐用性；产品外观圆润无棱角，以防产品划伤儿童皮肤。

（3）内容资源：平台引入 + 品牌原创

绘本阅读机器人具有丰富的绘本资源和音频资源，但是平台内容生产能力有限，大多需要引入第三方机构的优质资源。如 Luka 系列绘本阅读机器人与喜马拉雅、凯叔讲故事等品牌深度合作，内置国学、儿歌、故事等百万优质音频内容。同时，Luka 也尝试引入"开心奶奶"蔡明老师和儿童阅读推广人

① Mori M, MacDorman K. et N. Kageki, The Uncanny Valley［From the Field］［J］. IEEE Robot. Automat. Mag, 2012, 19（2）: 98 – 100.

"栗子老师"等作为平台金牌主播。牛听听则在 App 中设置了品牌原创内容专栏，以小听和嘟嘟为主角编写精品故事，内容包含诗词、科普、音乐、人文百科、生活认知、亲子阅读等板块。而晓雅晓慧学习机和火火兔绘本阅读机器人等则拥有专属内容平台。在绘本资源方面，绘本阅读机器人企业会与知名童书出版社达成合作关系，委托专业的配音团队和声优对绘本进行配音。据不完全统计，截至 2023 年 4 月份，Luka 系列约包含 15 万册中英文绘本，而牛听听包含 10 万册绘本，晓雅晓慧和火火兔均包含 7 万册绘本，基本覆盖了市面上和电商平台主流的绘本读物，且内容资源每周持续更新。

（4）操作平台：远程操作 + 设备操作

家长能够通过公众号、小程序或者 App 远程操控绘本阅读机器人，使其能够在手机或平板电脑上更加便捷地选择合适的内容资源。与微信公众号和小程序相比，绘本阅读机器人 App 的使用更加便捷，功能更加丰富。如 Luka 阅读养成 App 不仅能够帮助用户实现设备联网、内容推送、音量调节等操作，而且还将绘本资源按照年龄和主题进行分类。此外，App 还设置了"听听专栏"，为用户提供优质音频资源，包括儿歌、英语、故事、国学等。

（5）营销渠道：电商平台 + 代理运营

绘本阅读机器人大多采取"电商平台 + 代理运营"的方式进行品牌营销，如 Luka、牛听听、晓雅晓慧、火火兔等在淘宝、京东、抖音等电商平台均具有官方旗舰店。由于产品数量相对较少，相关技术和概念尚处于探索期，因此绘本阅读机器人难以支撑起独立的线下营销门店和渠道。值得一提的是，部分品牌会通过建立代理体系的方式实现产品营销渠道下沉，绘本阅读机器人品牌与线下母婴店、图书馆、书店、玩具店、儿童教育用品店等进行合作，共同发展线下代理，同时与小红书、微博公众号、微信、抖音等社交平台上的母婴博主和宝妈联手共同发展线上代理。

（四）真人阅读和机器人阅读的对比分析

为了能够更加直观地了解儿童对于"机器人读绘本"的真实反应，并将之与"真人读绘本"进行对比性研究，笔者选取了北航幼儿园小班为观察场

景，以日本著名绘本作家宫西达也的经典著作《你看起来好像很好吃》和 Lu-
ka mini 绘本阅读机器人为研究道具，以"绘本讲述者"的身份深入北航幼儿
园的绘本讲述活动中来，通过亲身参与、直接观察和互动体验的方式比较真人
演绎和机器演绎下孩子们在行为反应上的不同。研究发现，在绘本阅读过程
中，真人演绎和机器演绎在内容、形式和效果方面具有较大差异。

1. 内容差异：机器阅读的专业性更强

绘本是文字和图画的精巧融合，绘本阅读并不仅仅是逐字逐句逐图的诵
读，更重要的是通过图像的描绘与表达来理解故事情境，更直观地掌握作者想
要传达的情感，拓宽儿童的想象力和理解力。借助绘本图像进行拓展阅读和精
读，可以令故事更加饱满和生动，但同时也对朗读者提出更高的要求。虽然两
次阅读使用的是相同的纸质绘本，但是在内容呈现方面，机器阅读内置的音频
资源显然具有更强的专业性。Luka mini 内置的音频资源是由全国少儿阅读金
牌推广人栗子老师领读的版本，具有较强的审美价值和艺术性。栗子老师一人
分饰多个角色，通过与角色相匹配的声音传达出不同的性格特征，同时讲述者
对绘本图画的描述和人物心理的补充也使故事的呈现过程更加饱满鲜活；悦耳
动听的声音可引领读者快速进入故事情境，另外音乐和音效也能有效烘托出立
体化的叙事氛围。而对于普通的绘本小白或者新手父母来说，如果想要通过简
单地诵读绘本就呈现出逻辑通顺、内容丰富且充满吸引力的故事，仍具有遥不
可及的难度。

2. 形式差异：真人阅读的互动性更强

阅读不仅是传递思想和知识的过程，同时也是传递情感和陪伴的文化活
动。与冷冰冰的机器不同，真人阅读还能够通过表情、手势、眼神等传递出更
多元的情绪化信息，形成丰富的细节互动，充分调动起小读者的情绪。在真人
阅读的过程中，孩子们对于故事情节具有各式各样奇奇怪怪的想法，并且非常
渴望与领读者进行观点分享和交流，为此他们在聆听中会多次打断讲述者并对
故事情节发出各种疑问和天马行空的猜测。对于同一个故事，每个孩子都有不
同的理解，他们是故事情境的创造者和引领者，在倾听与交互中搭建起了专属
于自己的情感世界和故事王国。与真人讲解相比而言，机器人阅读则营造出一

种更加孤寂冷清的阅读氛围，孩子们失去了分享和互动的动力，只能处于被动接收信息的状态之中。即使有些绘本阅读机器人具有眼神、语音等更为丰富的互动形式，但与真人相比，其具有的灵活性与真实感还是望尘莫及。

3. 效果差异：儿童的关注重点不同

通过互动和观察，笔者发现儿童和幼儿园老师们对于"真人演绎"和"机器演绎"两种阅读方式都有积极评价，并且师生能够迅速接受和适应"机器人"阅读，只是关注重点有所不同。在真人演绎的过程中，小读者们能够快速浸入充满互动性和趣味性的阅读情境中，并且与领读者建立起较强的信任关系和情感连接，同时被故事内容和演绎方式所吸引。但对于机器阅读，小读者对于"形式"的关注度远远大于"内容"。小朋友对于阅读机器人的外表与功能具有极强的兴趣，渴望能够与其展开多样化的互动，但这种期望使他们脱离了对于内容本身的关注，且这种"只能被动接收信息"的阅读过程并没有提高孩子的阅读积极性。幼儿园老师则更加看重机器人的工具属性，他们认为机器人能够充当绘本阅读的小帮手，把家长和老师从机械而又重复的绘本阅读任务中解救出来。

总的来说，机器阅读和真人阅读各有利弊，前者具有更加专业化的表达和丰富的内容资源；而后者则具有多样化的互动形式和细腻的情感连接。家长合理利用智能设备能够使家庭阅读活动更加高效，同时有效弥补父母"不在场"的缺憾。但是真人阅读的方式目前依然在家庭生活中占据主导地位，父母的亲身指导与陪伴在儿童成长的过程中是不可或缺的。

二、绘本阅读机器人的治理现状

我国政府对于家庭教育和早期阅读的重视以及针对人工智能产品研发所出台的各项政策为绘本阅读机器人的发展提供了良好的外部环境，但是儿童智能设备仍然存在大量的安全隐患，必须引起有关部门的高度重视，并推动政府部门采取多项政策措施加以治理。这些安全隐患问题涉及诸多主体，通常体现在技术和内容层面上，只有推动多个部门进行协作才能有效保护用户的合法权益。绘本阅读机器人适用的监管政策主要体现在儿童网络信息保护、有声读物内容版权保护等诸多领域。

（一）数据监管：儿童网络信息保护

近年来，我国越来越重视儿童个人信息的特殊性，不断强化儿童网络信息的监管及保护力度。2019 年，我国出台了《儿童个人信息网络保护规定》，首次在立法层面明确了儿童个人信息权益的保护范畴，进一步细化了《中华人民共和国未成年人保护法》《中华人民共和国网络安全法》《互联网信息服务管理办法》中的相关规定，明确了网络运营商和监护人的责任义务，为保护儿童网络信息安全提供了重要的法律依据。2021 年修订的《中华人民共和国未成年人保护法》新增了网络保护专章；2021 年出台的《中华人民共和国个人信息保护法》也对侵犯网络信息行为的法律责任作出了明确规定。2022 年 7 月 18 日，中央网信办等部门开展了为期两个月的专项行动，旨在对未成年人智能设备信息内容加强管理，全面清理违法和有害信息。部分政策见表 8。

表 8　儿童网络信息保护相关政策（部分）

颁布日期	政策名称（简称）	颁布主体
2011 年 1 月 8 日	《互联网信息服务管理办法（2011 修订）》	中华人民共和国国务院
2016 年 11 月 7 日	《网络安全法》	全国人大常委会
2018 年 8 月 31 日	《电子商务法》	全国人大常委会
2019 年 8 月 22 日	《儿童个人信息网络保护规定》	国家互联网信息办公室
2024 年 4 月 26 日	《未成年人保护法（2024 年修正）》	全国人大常委会
2021 年 8 月 20 日	《个人信息保护法》	全国人大常委会
2023 年 10 月 16 日	《未成年人网络保护条例》	中华人民共和国国务院

（二）内容监管：有声读物版权保护

我国一直高度重视知识产权保护工作，相应地已经形成了具有中国特色的版权保护体系，这为儿童有声读物的版权认定提供了保障基础。自 2005 年以来，国家版权局联合多个部门开展了打击网络侵权盗版的专项"剑网行动"。同时，

《中华人民共和国著作权法》不仅为我国版权保护提供了宏观指导，其也依据时代发展的步伐不断进行调整与更新。2021 年 6 月，《中华人民共和国著作权法》修订版更加明确了有声书的版权保护原则，并且引入了惩罚性赔偿制度，大幅提高了违法成本和处罚力度。此外，《信息网络传播权保护条例》《关于发布视音频内容分发数字版权管理标准体系的通知》等法规政策相继出台也为不同利益主体的权利和义务作出明确规定。版权保护中心在 2011 年发布了《网络视频音频版权监测及调查取证服务规则》，明确规定了网络版权检测工作的具体流程，同时积极借助技术手段帮助委托机构开展相关工作。部分政策见表 9。

表 9　有声读物版权保护相关政策（部分）

颁布日期	政策名称（简称）	颁布主体
1990 年 9 月	《著作权法》	第七届全国代表大会常务委员会
2002 年 8 月	《著作权法实施条例》	国务院
2006 年 5 月	《信息网络传播权保护条例》	国务院
2011 年 11 月	《网络视频音频版权监测及调查取证服务规则》	中国版权保护中心
2021 年 2 月	《关于发布视音频内容分发数字版权管理标准体系的通知》	国家广电总局办公厅

三、绘本阅读机器人的治理困境

（一）政府：儿童信息亟待重视，版权保护面临困境

1. 儿童网络信息保护困境

儿童网络信息保护工作在立法和执行层面仍然存在着诸多困境。立法方面的问题主要集中于以下三个方面。一是我国缺乏专门的《儿童个人信息保护法》，而《儿童个人信息网络保护规定》的位阶较低，属于部门规章。此外，在法条中对儿童网络信息保护的原则性规定较多，实践操作性不强，难以有效应对当前儿童网络信息保护实践中所面临的多元化困境。二是对儿童网络信息侵权的法律责任体系缺乏认证与说明，造成《规定》与一般法律之间衔接不

畅。三是儿童网络信息的侵权标准、法律后果、举证责任和维权路径等需要做进一步的完善。① 执行层面主要存在以下四个方面的问题：一是监护人知情同意原则面临一系列困难，企业往往预设家长具备较高的信息素养和判断能力，但这却与现实状况不符；二是尽管网络运营商有明确的告知义务，但拥有资源优势的运营商始终占据主导地位，常常会通过消极同意的方式以产品使用权换取用户信任；三是技术黑箱遮蔽了运营商在信息使用中的违规操作，阻碍了用户对于信息侵权行为的感知和认定；四是由于运营商信息使用行为具有高度的不确定性和不透明度，儿童网络信息侵权案的维权成本较高，调查取证程序复杂，相关方责任认定边界模糊，降低了用户的维权意识。②

2. 有声读物版权保护困境

我国儿童有声读物的版权保护工作目前仍然面临诸多困境。首先，有关部门尚未制定专门的《有声读物产业促进意见》或《有声读物版权保护规定》，而现有法律法规对于有声读物的适用性有限，关于有声读物侵权行为的认定和责任归属等尚不明确，并存在一些争议。其次，由于数字技术的发展，有声读物的复制成本越来越低，侵权成本较低，而原创者维权程序又相对复杂，维权成本偏高。最后，公众的知识产权观念较为薄弱，法律意识淡薄，许多人在网络中只关心免费资源，不会去考虑原创者的权益，部分用户存在肆意复制和加工有声读物的行为。

（二）企业：内容受限、市场乱象、技术瓶颈

1. 内容层面

（1）内容资源受限，缺乏核心竞争优势

大多数绘本阅读机器人企业的内容生产能力较为薄弱，只能通过引入优质资源和加工整合素材的方式建立资源储备，这不仅极大地提高了产品的内容成

---

① 林琳. 儿童个人信息网络保护的司法路径——以公益诉讼为视角 [J]. 法律适用, 2022 (4)：108 - 116.
② 孙宇, 罗玮琳. 从个人数据保护到数据主体人格权维护——兼评《儿童个人信息网络保护规定》的实施 [J]. 电子政务, 2020 (12)：52 - 58.

本，也削弱了品牌的核心竞争力。同时，部分企业会虚假宣传内容资源。虽然它们与优质内容平台达成了深度合作，拥有强大的音频资源库，但实际只拥有平台的部分资源，同时不同企业购买的资源包也存在差异。然而部分企业在描述资源覆盖率时往往含糊不清，使家长无法明确机器人是否收录了自己想要的资源，甚至部分家长会产生误解，以为这些产品能够涵盖全部平台资源。同时，内置的绘本资源阅读包也仅囊括云端储存的资源，或是仅仅覆盖市面上的经典绘本和热门绘本，但是难以涵盖新上市的绘本和冷门绘本。虽然企业宣称绘本资源库会每周更新，但是这也降低了孩子对于阅读活动的期待，甚至会挫伤他们的学习积极性。

（2）内容审查体系不完善，内容质量参差不齐

首先，大多绘本阅读机器人缺乏严格的内容筛选和审查体系。绘本阅读机器人整合了诸多儿童音频平台的资源，但是缺乏严格的内容审查和筛选机制，其中混杂了一些不适合儿童阅读的书目与内容。其次，绘本阅读机器人的绘本音频资源大多会外包给专业的播音团队进行录制，由于资源过多，加之不同主播的播讲水平存在一定差异，因此导致内容资源质量参差不齐，缺少专业化的统一评估标准。最后，内容资源的分级评定工作完成得不够精细，大多绘本阅读机器人平台的内容来源鱼龙混杂，且音频资源在分龄上做得较为粗略，对家长来说缺少真正的参考价值。

（3）内容来源渠道广泛，存在隐性侵权风险

机器人内置的阅读资源大多是基于纸质绘本改编而来的有声读物，具有较强的侵权隐患。儿童有声读物的产业链涉及内容生产方、音频制作方以及网络经营方等多个主体，因此音频资源的数字化传播引发的版权问题也更为复杂。常见的侵权形式包括作品侵权、授权侵权和平台侵权三种。近年来，知名音频内容平台如喜马拉雅、蜻蜓 FM 等也频繁出现侵权事件。根据中国裁判文书网数据，截至 2021 年 5 月 6 日，喜马拉雅涉嫌侵害他人作品信息网络传播权、改编权等相关案例已达到 1202 篇。① 绘本阅读机器人内置音频内容来源渠道广

---

① 王娟娟. 我国有声书发展的现状、困境与破局［J］. 科技与出版，2021（12）：63 – 67.

泛，且部分绘本音频资源的制作过程处于"黑箱"之中，缺少透明度。复杂的资源合作关系和隐蔽的制作流程，易导致版权纠纷和侵权行为，形成了特定的监管死角，不利于整个行业的发展与繁荣。

2. 市场层面

(1) 受众范围狭窄，应用场景局限

首先，绘本阅读机器人过于细分的功能定位和较高的市场价格导致其受众范围相对较小，主要面向注重阅读的中产家庭，因此产品核心用户群极为有限。此外，父母阅读始终是家庭亲子阅读的首选，只有已经养成阅读习惯的儿童才能独立使用机器进行阅读。其次，该产品的应用场景严重受限，主要适用于辅助 5 岁以下儿童阅读绘本，其中 3～5 岁儿童是该产品的核心用户。一般来说，儿童在 5 岁之后已经具备一定的识读能力，该产品不再具有适用性。最后，在识别纸质绘本的过程中，绘本阅读机器人对于位置的要求较高，机器人和绘本必须放置平整，且绘本需在摄像头的扫描范围内才可有效识别。因此，大多时候孩子只有坐在书桌前才能正常使用机器设备开展阅读活动。

(2) 同质化严重，可替代性强

绘本阅读机器人产品同质化严重，可替代性较强。儿童阅读产品种类丰富，点读笔、故事机、熏听机、儿童智能音箱等产品都与绘本阅读机器人在内容和功能上有重合之处，同时这些产品的价格更为低廉，因此受众范围更加广泛。另外，近年来在绘本阅读机器人赛道也不断涌现出不同形态的低端产品对主流品牌造成冲击。比如小蝌蚪点读笔能够翻读 30 万册绘本，资源数量远超过了主流绘本阅读机器人；仅在代理圈出售的读书瞳绘本阅读器可协助家长与孩子通过 App、外接摄像头以及闲置电子设备翻读 7 万册绘本，而且其价格远低于绘本阅读机器人。

(3) 价格虚高，隐性消费

绘本阅读机器人的价格在 300 元至 2000 元不等，大多产品都在 500 元以上，在同一产品市场中处于较高的价格水平。同时，由于该产品大多通过资源引流的方式搭建内容资源库，没有专属的品牌 IP 和内容团队，导致核心竞争力不足，这也间接提高了产品的运营成本，使得产品价格常年居高不下，性价比偏低。此外，一些绘本阅读机器人平台内部存在隐性消费问题，用户需对平台内部大部分优质绘本资源进行额外付费，而免费资源与付费资源的质量相差较大，且品牌方会通过会员制和充值虚拟货币等形式引导用户进行额外付费。

（4）捆绑销售，广告植入

绘本阅读机器人的内容更新能力有限，难以覆盖全部绘本资源，因此在资源选择上容易受到利益相关者的牵制和引导，进而导致硬件设备不得不与市面上部分纸质绘本进行捆绑销售。一些绘本阅读机器人还会在 App 商城中向用户推荐与机器相匹配的纸质绘本资源，达成反向营销的目的，诱导用户购买指定读物。此外，一些绘本阅读机器人将广告植入硬件设备中，绕过家长直接向儿童促销相关产品。

3. 技术层面

（1）图像识别技术有待提升

绘本识别和自动阅读是绘本阅读机器人产品的核心功能，因此识别的灵敏性和准确性成为衡量产品价值的重要标准。即使是主流绘本阅读机器人品牌也会存在识别不准确和内容延迟的技术缺陷，影响用户对于产品的评价和期待。识别不准确主要表现为产品内置图像资源和音频资源出现链接错位，最终导致音频内容与纸质绘本内容不匹配、绘本中英文音频资源出现混淆、绘本单页资源链接缺失等问题。此外，识别的延误会影响儿童读者的耐心，他们甚至会放弃对相关内容的阅读。

（2）智能交互技术有待提升

智能交互功能是绘本阅读机器人区别于一般早教故事机的特色功能，但是目前机器内置的情感交互技术尚不成熟。同时，儿童的思考方式与成年人存在较大差别，特别是特殊的用户群体也会对产品技术与功能提出更高的要求。部分学龄前儿童发音不太准，为此机器对儿童语音的识别率下降，播放出来的经常都不是预期的内容。因此在进行智能对话时，孩子和机器人的交流形态多呈现出了"鸡同鸭讲"的局面。当前 AI 语音的智能水平只能实现一些简单的程序运算，更多时候是根据语音信息将数据库中匹配结果调取出来，而不是真的通过"思考"而得出的结果。此外，智能交互功能存在一定不足会导致机器在阅读过程中缺少与用户的互动和交流，孩子一直处于被动接受的状态，他们的兴趣和参与感会受到严重影响。

（3）数据保护机制不完善

哈佛商学院教授肖沙娜·朱伯夫指出，当前人类正处于监视资本主义时代，即大型科技公司主导了社会、制度重塑权力体系，监视资本主义也反映出了工具主义的意识形态。① 监视资本主义指的是在大数据时代，科技公司借助互联网对用户数据进行大规模的监视和捕获，从而将其转化为有价值的商品。公司利用特定的算法模型对用户数据进行深入分析，推测用户的偏好及行为。处于互联网中的用户既是这些数据的生产者也是消费者，我们已进入一个"无所不在的被监控的世界"。

儿童用户也毫不例外地被各式各样的智能玩具和智能产品拉入数据监视环境之中，各类具有扬声器、麦克风、摄像头、GPS 等输入输出设备的智能玩具能够隐秘地收集儿童及其家人的语音、图像、地理位置等诸多信息。儿童广告技术公司 Super Awesome 曾公开披露儿童每年会接触 100 万到 200 万个跟踪器，被收集 500 万个数据点；当一个孩子成长到 13 岁时，他预计会被智能设备收集 7200 万个数据点。② 这些数据由广告技术公司收集，之后被用来生成定制的广告，对用户的隐私安全造成严重威胁。

绘本阅读机器人具有网络连接、图像识别、语音识别等功能，能够收集用户家庭中的语音数据、图像数据、阅读行为数据以及个人手机号等隐私信息。部分绘本阅读机器人的隐私条款尚不完善，数据使用行为和流程不公开不透明，且部分不良企业会将责任转嫁给家长，造成儿童权益受损。同时，由于制作成本受限以及技术水平有限，一些绘本阅读机器人产品没有设置针对用

---

① Shoshana Zuboff, The Age of Survillance Capitalism：The Fight for a Human Future at the New Frontier of Power ［M］. New York：Public Affairs, 2019.

② Mascheroni G. Researching datafied children as data citizens ［J］. Journal of Children and Media, 2018, 12 (4)：517－523.

户隐私数据的保护机制，可能会产生数据泄露的相关问题，亟须引起政府的高度重视。

（三）用户：隐私意识有待提升、社群经济助长焦虑

1. 隐私意识薄弱

大多数家长并没有意识到智能设备可能存在安全隐患方面的问题。究其原因主要在于以下几个方面。首先，绘本阅读机器人作为一种新兴的教育工具，出现时间并不太长，许多家长对其使用条件和具体功能都不是很熟悉，因此无法判断其是否存在安全隐患。同时，家长在购买绘本阅读机器人时，商家往往会强调技术的高科技性，以及产品提供的便利性和创新性，但故意回避其中的安全风险。其次，许多家长在使用绘本阅读机器人时，缺乏对网络安全的了解，导致他们对数据泄露、系统漏洞等议题关注不足。最后，许多家长还存在"安全意识不强"的问题。如在日常生活中，家长们往往忽视家庭网络设备的安全设置和维护，忘记开启防火墙或是忘记更新防病毒软件等。家长们较少主动去获取网络安全方面的知识，很难掌握最新的网络安全技术，因此在面对绘本阅读机器人的安全隐患时家长们的评估和防范能力也就显得极为不足。

目前就算家长对隐私问题有所顾虑，但在实践中他们却缺乏有效应对策略，最终只能被动接受现状。究其原因主要在于以下几个方面。首先，许多家长不了解数字环境下隐私保护的特殊意义，不知道应如何正确处理个人信息以及如何更好地保护隐私权，为此家长们在使用绘本阅读机器人时也缺乏对于儿童隐私权的认知和了解。其次，绘本阅读机器人等数字教育产品市场存在信息不对称和价格不透明的问题。家长们在购买绘本阅读机器人等产品时，往往难以获取真实的产品信息和价格，加之有些商家会故意混淆视听，做出虚假宣传，导致家长任其摆布。这种信息不对称和价格不透明的情况，让家长们难以掌握真实的产品知识，也难以有效评估产品的安全性和质量。最后，大多数家长无法对于儿童使用数字教育产品的行为开展有效引导，这也加大了儿童隐私泄露的风险。

值得一提的是家长对于数字教育产品的功能和价值存在认知偏差，在数字化时代，家长普遍求高质量的教育资源，希望能够为孩子提供更好的学习体

验和环境。因此，在选择绘本阅读机器人等数字教育产品时，有些家长可能会把便利和效率视为首要考虑因素，因而忽略了隐私保护问题。此外，有些家长可能会过度信任数字教育产品的安全性，听信商家的虚假宣传，从而放弃了孩子的隐私权。

2. 社群经济贩卖焦虑

（1）社群经济：关系经济与身份认同

目前电商平台和代理商是绘本阅读机器人的重要销售渠道，这在一定程度上源于新手妈妈对社交媒体的依赖。相比传统育儿方式，现在的新手妈妈们更倾向于在社交媒体中寻求朋辈支持和育儿经验，母婴产业也随之向内容化和社群化等方向发展。绘本阅读机器人企业不断拓宽营销通路，不仅在微信、抖音、小红书等社交媒体上进行宣传，同时还在宝妈社群中植入软广，以达到产品推广的目的。目前一部分用户通过上述渠道被"种草"，而母婴博主和妈妈社群都发挥了难以估量的影响作用。母婴代理以情感为纽带开展营销宣传，更容易获得用户的共情和信赖。同时，一些母婴博主等意见领袖凭借专业能力与粉丝流量来占领用户心智，通过蜂鸣营销扩大产品的影响力。这种基于社交媒体的营销模式已成为数字化育儿设备推广变现的主阵地。

此外，科技育儿设备的价值不仅仅体现在功能使用层面，还体现在身份认同和阶层区隔等符号价值等领域。[①] 正如让·鲍德里亚指出的那样，在消费社会中，个人的消费行为通常与展示的社会地位和身份密切相关。[②] 当前，在社交媒体话语的渲染下，科技育儿和精细育儿已成为全能妈妈们必备的标签，相应的智能育儿产品也成为她们寻求身份认同的重要筹码。

（2）育儿焦虑与社会比较

母婴社群的深层运作逻辑在于通过唤起和激发妈妈们的焦虑情绪，以此达到营销目的。正如罗伯特·金·默顿所言，从绝对利益的角度来看，人们很多

---

① 杨发祥，闵兢. "鸡娃"的生成：现实图谱、制度形塑与文化建构 [J]. 学术论坛，2022，45（3）：83－96.
② 让·鲍德里亚. 消费社会 [M]. 刘成富，全志钢，译注. 南京：南京大学出版社，2014.

时候不应该感到不满，然而经过与同一群体中的其他人比较后，则很容易产生相对不满的情绪，这就是"参考群体"效应。① 母婴社群推动妈妈们在社会比较的压力下形成主体性焦虑，并在群体情感氛围的熏染中她们生出了习得性焦虑。② 绘本阅读机器人品牌通过社群打卡机制、排行榜机制等营造竞争比较的氛围，极大地激发了家长的焦虑情绪，致使用户盲目跟风消费。

（3）商业助推：贩卖焦虑与信息茧房

部分绘本阅读机器人企业借助社交平台和母婴代理体系刻意贩卖焦虑，以达到营销的目的。社交媒体中华丽的营销话术、频繁的信息刺激使得用户往往难以分辨信息的真伪，更难以理性客观地看待产品本身的利弊。品牌代理通常以"自用产品测评"的名义向家长推荐产品。有时为了达到营销目的，这些营销人员会刻意回避产品的短板和不足，让用户难以获得清晰完整的产品认知。

四、绘本阅读机器人的治理提升策略

（一）政府：完善市场监管，加强宣传教育

1. 完善市场监管体系

（1）内容监管

政府部门应当加强对绘本阅读机器人内置儿童有声读物的质量监管，以保障内容的专业性与合法性，及时清理有害儿童身心发展的劣质内容。首先，政府部门应当在对音频制作的相关主体，包括出版社、制作公司、文本作者、演播者等进行审核验证后，才能发放准入牌照。其次，政府可以借用技术手段对音频内容进行监管，如借助声纹识别技术对声音的特征、频率和声调等进行对比分析，判断相关文本是否存在敏感违规信息；借助内容审核技术对音频文本进行语音识别，并采用自然语言处理算法进行句法和语义分析，对内容进行文

---

① 罗伯特·K. 默顿. 社会理论和社会结构［M］. 唐少杰，齐心，译注. 南京：译林出版社，2015.
② 周桦. "新手妈妈"网络社群参与对母亲身份适应的影响研究［D］. 重庆：重庆大学，2021.

本审核和分类判断；通过大数据分析和机器学习算法来构建智能模型，对儿童有声读物的音频进行智能化审核和分类，从而识别并过滤掉包含敏感、违禁内容的音频文件。

（2）信息监管

虽然我国政府在儿童信息保护方面的政策和法律法规已经比较健全，但仍然存在立法落后、执行力度不足和宣传教育不够等问题。首先，政府应当进一步加快关于儿童信息保护的立法进程，出台单独的《儿童网络信息保护法》，使立法更加科学、合理，并尽可能细化相关条款，以保障儿童权益。其次，政府可成立专门的监管机构，加强对智能玩具企业的监管和执法力度，建立完善的监管体系，防范与严控企业滥用用户信息的行为；另外，需要进一步明确关于儿童个人信息权的侵权标准、法律后果以及相关侵害案件的举证责任和维权路径，便于对用户维权行为进行指导。[①] 最后，相关部门可以借助技术工具进一步丰富治理手段，通过开展数据审查、强制加密保护、建立认证机制等方式对企业进行监督和规范。

（3）广告监管

对于绘本阅读机器人企业在社交平台上的虚假宣传和广告植入行为，政府要加强监督与管理。首先，应完善相关法律法规。政府要对虚假宣传和广告植入行为进行一一界定，明确相关主体的责任义务，加大惩治力度，对违法行为进行惩罚；同时鼓励企业诚信经营与合规营销，引导其树立良好的品牌形象和信誉，积极维护消费者权益。其次，政府部门应进一步规范企业在社交平台中的广告植入行为，引导其对广告行为进行明确标注与提示。最后，相关部门可以指导媒体平台增加公共信息披露和正向的宣传教育，让家长和消费者更加清楚广告植入的情境、形式与影响，引导消费者理性消费。

（4）价格监管

首先，针对部分机器人产品价格过高的问题，相关部门应引导企业合理定

---

① 林琳.儿童个人信息网络保护的司法路径——以公益诉讼为视角［J］.法律适用，2022（4）：108－116.

价，同时鼓励良性竞争，推动整个市场向更加公平、透明的方向发展。其次，针对恶性竞争与扰乱社会秩序的行为，政府应加大执法力度，对违法行为进行行政处罚并引导消费者诉讼维权。最后，针对产品中出现的捆绑销售问题，政府可以从两个方面入手：一是制定相关法规规范市场行为，禁止经营者利用捆绑销售等手段误导消费者；二是加强对市场的监管和引导，鼓励企业根据市场需求和消费者需求合法经营，以便保护消费者的合法权益。

（5）版权保护

首先，政府应当完善相关法律法规或规范性文件，明确规定儿童有声读物中的侵权行为。其次，政府可以建立专门的机构或部门，负责对儿童有声读物的制作、传播等活动进行监管，及时发现并查处侵权行为。另外，政府可以引进版权、知识产权领域的专家，加强对儿童有声读物中版权纷争案件的专业判断。最后，政府可以通过各种渠道向广大儿童家长、读者和制作者普及知识产权保护知识，引导他们自觉遵守法律法规，营造健康的版权保护氛围。

2. 加强宣传教育体系

（1）开展智能媒介素养教育

政府可以通过各种形式，如开办培训班、发起宣传活动、发布细节性信息等，向家庭和公众普及智能媒介风险防范和隐私保护方面的知识。首先，相关部门可以制作并发放宣传资料，如海报、手册、彩页等，提高家长对智能设备使用中安全风险的认知。其次，政府部门可以邀请技术专家、权威人士等开展相关讲座或培训，便于家长更好地了解智能设备的安全隐患，增强他们的防范意识和信息保护能力。最后，政府部门可以制定儿童智能设备使用指南，引导家长知晓各类注意事项和安全细则。

（2）加强普法宣传教育

政府应在儿童信息保护领域加大普法力度，向家长提供清晰的维权路径和手段，提升他们的法律观念。首先，政府可以利用网络、社交媒体等向公众宣传儿童信息保护的知识及细则。其次，政府可以通过公布儿童个人信息泄露事件的相关案情提醒家长注意儿童智能设备使用过程中存在的安全隐患，让家长更深刻地认识到个人信息的重要性。最后，相关部门可以成立法律机构或专属律师团队，为家长提供专业化的法律咨询和救助服务，建立面向家庭和未成年人的法律援助部门，进一步完善儿童个人信息保护体系。

（二）企业：坚持以人为本，善用智能技术

1. 完善产品技术基础，增强智能交互体系

（1）提升图像识别精准性

绘本阅读机器人企业应改善现有技术缺陷，提升产品的核心竞争力，提高产品在图像识别领域的灵敏性和准确性，实现绘本图像与内容资源的精准匹配，提升用户使用体验。首先，企业可以进一步丰富绘本图像库，有效提高图像识别的覆盖率。其次，为避免受到拍摄环境、光线等因素干扰，企业应进一步提高绘本图像的清晰度和分辨率，使其呈现效果更佳。最后，企业可以利用AI技术为绘本图像进行标注，提高绘本图像识别的准确率，同时通过人机交互提高效率。

（2）完善语言交互技术体系

企业应围绕儿童用户的特征与使用习惯，建立更具人性化的语言交互体系，保障儿童用户与机器人之间能够进行相对自然顺畅的沟通，增强儿童用户的使用意愿。首先，针对儿童发音不准确等特点，企业可以通过不断优化语音识别技术，提高机器人语音识别的准确率，降低误解的可能性，推动机器与儿童流畅地进行语言交互。其次，儿童语言习惯简单、表达方式直接，因此机器人应该尽量使用通俗易懂、简短明了的文字和语言来回答问题，以提高语言交互的顺畅度。最后，在设计机器人语言时，产品可以采用更符合儿童认知水平的词汇和语气。

（3）增强阅读环节的交互体验

绘本阅读机器人企业应加强智能交互功能与绘本阅读功能的有效联系，提高阅读过程的互动性。一方面，阅读过程中可以加入互动环节，激发儿童的兴趣，提高其参与度。例如通过智能互动教学板书呈现绘本场景和主要人物，并

让儿童进行角色扮演或同步朗读。另一方面，阅读机器人可以借助情感识别技术了解儿童的情绪状态，根据儿童的情感表达为其提供相应的互动或安慰，增强阅读过程的趣味性和互动性。

（4）增强内部信息保护机制

绘本阅读机器人企业应强化用户的信息保护机制，防止黑客和不法分子通过技术手段攫取用户数据。首先，采用安全芯片对数据进行加密，提高数据传输的安全性。其次，制定并执行网络安全策略，如数据备份计划、网站防火墙策略、身份验证策略等，防范黑客攻击。最后，要限制机器人的访问权限，只有经过认证的人员才能访问和处理重要数据。

2. 坚持内容为王，打磨精品阅读体系

（1）加强内容审核，提升资源质量

企业应加强对产品内容的筛选和把关工作，明确资源来源的可靠性，保障资源质量；同时引流自第三方平台的资源应标明覆盖范围，避免用户误解。首先，企业可以与知名出版社合作，扩充优质绘本资源，并且通过出版社的审核，保障内容的可靠性和质量。其次，应建立独立的审核机制，对所有的内容资源进行筛选把关，以确保其品质；同时，该机制应当有完整的操作流程和规范标准，并且要设置专门的审核团队，以保障把关效果和质量。比如今日头条超级内容平台制定了《创作者专栏发文内容质量规范手册》和《付费专栏创作者内容管理规范》等规章，针对平台、创作者、标题、付费专栏、优质专栏等部分严格执行内部监管。[①] 最后，应建立用户反馈机制，鼓励他们对绘本有声读物内容进行监督把控；同时，平台和企业可及时收集用户的意见，并根据用户的反馈不断优化内容质量。

（2）加快更新速度，提高生产效率

企业应在保障质量的前提下进一步加快绘本资源的更新速度，压缩生产链条，提高生产效率，同时尽可能丰富绘本库存资源。首先，可以引入更多优质

---

① 王娟娟. 我国有声书发展的现状、困境与破局 [J]. 科技与出版, 2021 (12): 63 – 67.

的国内绘本作品以及弘扬中华优秀传统文化、传递社会主义核心价值观的内容作品，或者与儿童期刊或连环画等其他儿童出版物合作以拓展内容范围。其次，企业也可以采用开放式生态体系，引入外部资源，来扩充绘本内容池。例如，企业可以与其他出版社、儿童机器人品牌等进行合作，并为合作伙伴提供技术支持和服务。最后，企业可开展多样化的内容和主题设计，以此丰富产品线，扩大用户规模。

（3）完善内容版权保护机制

未来，企业也应当进一步完善版权保护机制，如绘本阅读机器人企业可以与其他行业合作，优化版权购买、音频制作和产品发布等环节，减少版权授予链，避免纠纷。另外，企业也可以依托新兴技术严查侵权内容，降低侵权风险。比如喜马拉雅为内容资源设置了专门的版权保护平台；今日头条超级内容平台实行了"机器＋人工"审查制度，借助智能词、语音识别等技术和模型，对内容实施"双重"审核，确保平台内容审查的全面性、客观性和精准性。

（三）用户：关注儿童本位，提升媒介素养

1. 提升智能媒介素养，明确维权路径

（1）加强信息保护意识

用户应自觉提升媒介素养，在个人信息保护和儿童权益保护领域强化风险管理与保护意识。首先，在使用绘本阅读机器人的过程，用户可以主动向企业了解产品的数据存储规则和隐私条例，明确产品是否具有完善的个人信息保护措施。其次，家长可以控制儿童使用产品的时间和范围，同时应当对儿童的使用行为进行看护和指导，密切关注新兴产品是否对孩子的身心发展造成不良影响；在设备闲置的时候可通过及时断网来避免信息泄露。最后，家长可以为孩子讲解儿童权益保护、个人信息保护等方面的知识，增强儿童的风险防范意识和应对能力。

（2）增强信息辨别能力

家长应当提高自身对网络信息的辨别能力，根据自身需求理性消费。首

先，家长应加强育儿专业知识的学习，并且在阅读网络信息时要注意来源是否可靠、内容是否真实，主动提高个人对网络信息的辨别能力。其次，社交媒体的过度使用容易导致焦虑等负面情绪，因此家长可以适当降低社交媒体使用时间，逃离信息茧房，将注意力转向现实生活和家庭生活等议题。最后，在使用互联网时，家长需要结合自身经济条件进行理性消费。例如，避免盲目跟风、不轻易相信广告宣传等，确保消费的安全性和合理性。

（3）明确维权路径

家长应主动学习和了解儿童信息保护的法规与政策，明确维权途径，如遇信息侵犯时能够及时拿起法律武器捍卫自己的权力。第一，家长要阅读儿童保护相关法律法规，深入了解儿童信息保护的相关文件与制度，明确自己的权利和义务。第二，家长可以参加相关的课程和培训，学习维权技能和应对策略。第三，家长可以与其他家长分享经验和心得，了解最新的信息保护动态，提高自身的维权效率。第四，家长可以关注相关的案件和新闻报道，了解不同类型的信息侵犯行为及其法律后果，增强自我防范和反击能力。第五，家长一旦发现信息侵犯行为，应当第一时间保留相关证据，并及时向有关部门和机构投诉，通过合法途径，保护自己和孩子的权益。

2. 明确家庭主体地位，提升媒介驯化本领

（1）增强责任意识，明确主体地位

首先，家长应该始终明确自己在亲子阅读中的主体地位，理性看待真人阅读和机器人阅读之间的互补关系，并根据实际需求选择阅读方式。其次，家长应当降低自己对绘本阅读机器人的价值期待和依赖情绪。这些产品虽然有丰富的辅助功能，但其本质上仍然只是一种工具。因此，家长应该清楚地认识到这些产品的局限性，避免过多的"电子保姆"侵入家庭生活。相反，家长应该善用机器人产品，比如可以通过机器人产品引导孩子独立阅读，提升孩子的自我学习能力和探索能力。

（2）积极驯化，合理使用

家长应当通过积极的媒介干预"驯化"绘本阅读机器人的完善与进化，

善用科技产品为家庭建设充分赋能，使机器能够部分弥补父母"不在场"为孩子带来的缺憾与影响。同时，家长也应当重视亲子阅读所蕴含的情感属性，体会阅读陪伴的深层意义。首先，家长需要了解绘本阅读机器人的基本功能和使用方法，以便更好地指导孩子使用智能设备。家长可以通过查看产品说明书、浏览相关网站和论坛等方式获取必要信息。在此基础上，家长需要根据孩子的年龄、阅读习惯和阅读水平等因素，制定合理的使用策略。其次，家长可以通过智能产品的数字反哺提升自己的阅读技能，学习绘本精读和内容拓展的技巧，提高英文发音水平。最后，家长也应了解阅读对孩子情感发展的重要性，重视亲子陪伴的独特价值。在阅读过程中，家长可以与孩子共同探讨故事情节、角色心理以及所表达的情感内涵，引导孩子独立思考，帮助他们建立自信心和自我认同感。

（四）社会组织：加强监督引导，建立合作体系

1. 行业协会：建立行业自治条例，加强行业内部监督

首先，行业协会应在产品定价、产品质量、信息保护、技术基础、内容资源等方面形成指导性意见，促进行业内部监督与自我审查，协助政府相关部门抑制产品的恶性竞争。其次，行业协会可以开展产品安全性、隐私风险等方面的测试，并将测试结果发布给公众，以便消费者更好地了解绘本阅读机器人的质量和风险。如挪威消费者协会在 2016 年对包含智能手表、儿童机器人在内的多款智能产品进行了质量审查，并揭露了其中蕴含的隐私威胁。2020 年，英国消费者协会发布了儿童玩具系列测试报告，显示在玩具样本中 60% 的产品具有安全隐患；86% 的产品为非法销售。最后，行业协会可以举办行业峰会和研讨会，吸引同行的专家学者对行业发展态势和市场情况进行探讨，促进行业可持续发展。比如英国玩具协会与机械、物理和互联网等诸多领域的专家学者、科研机构合作开展玩具安全测试，为儿童智能设备的生产提供科学指导。

2. 媒体平台：明确平台责任，加强正向引导

部分品牌利用社交媒体刻意贩卖焦虑，扰乱了市场秩序，影响了家庭和

谐，媒体平台可以采取以下措施加以应对。第一，强调事实真相。媒体在报道的时候要坚持新闻的专业主义，避免夸大报道和渲染事实，减少广告宣传对家长的误导和不良影响。第二，在推广科学育儿知识时，媒体可以通过专家讲解、育儿经验分享等为家长提供操作性强、有针对性的育儿建议，帮助家长科学地了解孩子成长过程中的问题和需求。第三，媒体机构要加强自律与规范管理，明确企业不得发布误导性、过度渲染的育儿信息。同时平台应加强对内容的审核监管，对违反规定的内容进行批评、警告和处罚，向公众传递正确的育儿价值观。

3. 非营利组织：协助监督与披露，呼吁隐私保护

首先，非营利组织可以对机器人的制造商、经销商等相关主体进行监督，及时发现并曝光不良行径，督促企业遵守法律法规和行业标准，最大限度保障消费者的合法权益。比如美国电子隐私信息中心（Electronic Privacy Information Center，简称 EPIC）致力于保护信息时代数字用户的隐私和自由，为此专门建立了一个由法律、公共政策、专业技术等多个领域专家学者组成的董事会，监督和披露互联网企业不道德的数据收集行为，同时面向公众普及技术安全知识。其次，非营利组织也可以向消费者提供有关如何选购、使用、管理绘本阅读机器人的建议，帮助他们更好地保护个人隐私。例如技术和隐私推广基金会（Foundation for Technology and Privacy Outreach）专注于对儿童在线隐私的保护和教育工作，引导青少年群体合理使用隐私安全技术。而隐私权交流中心（Privacy Rights Clearinghouse）则致力于面向消费者普及关于数据泄露、身份信息盗窃等现象的解决之道。

第二章 文化新内容治理

第一节 宠物短视频的治理策略*

一、宠物短视频的内容特点、传播特征与行业现状

近年来，随着移动互联网和信息技术的迅猛发展，人们对于视觉刺激的需求逐渐增加，短视频作为一种满足这一需求的媒体形式迅速兴起。根据中国互联网络信息中心（China Internet Network Information Center，CNNIC）发布的《中国互联网络发展状况统计报告》第 51 次数据，截至 2022 年 12 月，我国短视频用户规模已经达到 10.12 亿，占据了整体网民数量的 94.8%。[①] 随着短视频用户规模不断扩大，用户需求也日益多样化，这使得短视频内容呈现出丰富多样的发展趋势。在最近几年中，与宠物相关的短视频内容异军突起，引起了广泛的关注，并成为短视频发展中独具特色的一个主题。目前，抖音、快手、B 站等多个平台都设有专门的萌宠分区频道和标签，这充分表明宠物类短视频的规模之大以及受众的广泛。

尽管动物和宠物类短视频在传播上广泛受欢迎，并吸引了众多网友的关

---

* 本章节是北京爱它动物保护公益基金会项目"虐待动物与暴力行为的关联性研究"的阶段成果（基金号：KH54525701）。

① 中国互联网络信息中心.CNNIC 发布第 51 次《中国互联网络发展状况统计报告》[J]. 互联网天地，2023，(3)：3.

注，但其在内容生产和监管方面依然存在不少不足及漏洞，因此需要政府、社会组织以及个体等各方力量共同致力于完善治理机制，以确保宠物短视频行业及内容的良性发展。

（一）宠物短视频的基本状况

1. 宠物短视频的发展过程

宠物指人们为了平缓精神压力而驯养的生物。宠物类短视频一般指的是以拍摄宠物（如宠物日常、宠物搞笑行为、宠物机智行为等）为主要内容的短视频。在宠物短视频兴起之前，互联网上的"网红宠物"就已初露头角。博主通过发布宠物的照片、日常生活等获得大量粉丝关注，宠物由此成为"网红宠物"，并为博主带来经济收益。比如2010年，日本一只叫"俊介君"的博美犬在网络出圈，成为萌宠界的"网红"。

近年来，随着自媒体的兴起，短视频开始成为展现宠物的主要媒介渠道。越来越多的博主通过拍摄短视频展示自家宠物，网友通过观看宠物短视频来"云养猫""云撸狗"，从中获得快乐和慰藉，宠物类短视频的播放量也随之水涨船高。《2020快手宠物生态报告》显示，快手活跃宠物作者数达7.5万；在播放量上，根据《2021快手宠物生态报告》数据显示，快手短视频宠物频道单日播放量峰值超12亿，快手平台上18岁以上的宠物观众数量达2.9亿。在此情境下，各个短视频平台诞生了许多网红宠物博主，如"会说话的刘二豆""哈K""王泡芙"等。

当前，宠物类短视频呈现逐年上升趋势，从以往的流量价值竞争逐渐转向内容价值竞争。2021年相较2020年的数据显示，快手宠物类短视频的单日播放量峰值提高了71%，单日观看总时长峰值提高了33%。此外，宠物类短视频的用户基础也逐渐扩大，快手平台中消费宠物内容的一、二线城市用户数量显著增长，较2020年增加了4000万人。同时，宠物短视频的内容与主题呈现多元化发展趋势，宠物达人为观众带来了包括段子、Vlog、剧情、知识、纪实等题材丰富、主题各异、情景多元的内容。

总体而言，宠物短视频的崛起产生了巨大的经济效应和社会影响，被誉为

"它经济"的一大亮点。① 在经济效益方面，宠物类短视频通过多种渠道实现了流量变现。相关短视频内容生产与传播为宠物医疗、宠物食品、宠物美容等产业带来了持续的增长，同时也深刻影响了社会文化和用户消费行为，主要体现在以下四点。

一是注重与线下产品相结合，视频内容会将用户吸引到线下门店进行体验，即体验式变现。例如，猫咖经营者在猫咖中拍摄猫咪短视频，若视频在网络上获得一定热度后，便能吸引部分网友前往猫咖进行线下消费，实现体验式变现。

二是组建社群，将有相同需求、共同爱好的粉丝吸引到微信群中，促进宠物和粉丝之间形成更加亲密的情感联结，进而引导粉丝进行相关消费，实现情感共鸣式变现。

三是创作者可以依赖平台激励政策以及观众的直接打赏来进行商业变现，即直接式变现。很多短视频平台会有"创作者激励计划"等相关政策活动，鼓励创作者参加并给予一定经济奖励；此外，平台开通了向创作者"投喂"、打赏的通道，观众会因为喜爱视频内容或创作者而直接打赏。

四是将合作的商品插入对应短视频的橱窗链接，即商务合作式变现。这种变现方式多以广告推广、商品种草等为主要形式。

对于网红宠物账号来说，不管采用哪种变现方式，较高的粉丝数和点赞数意味着更高的商业价值。截至 2021 年，抖音宠物博主粉丝数量在 500 万 ~ 1000 万之间的宠物博主商务报价在 3 万 ~15 万元/条短视频；粉丝数量在千万以上的博主商务报价最高可达 52 万元/条短视频。② 由此可见，宠物短视频内容有着极高的商业价值，值得视听产业的从业人员进行更深入地探索与研究。

此外，宠物短视频的广泛流行也带动了宠物行业的发展。饲养宠物的行为与宠物短视频的兴起相辅相成，许多人因为观看宠物短视频而对宠物心生喜爱，为此养宠潮流在现代都市中加速流行，而养宠潮流又进一步催生了更多的宠物短视频。《2022 年中国宠物行业白皮书（消费报告）》数据显示，2022

① 申宇沣. 萌宠类短视频中关于人与动物关系的再思考 [J]. 声屏世界，2022，(3)：108 - 110 + 128.
② 申宇沣. 萌宠类短视频中关于人与动物关系的再思考 [J]. 声屏世界，2022，(3)：108 - 110 + 128.

年，全国城镇宠物主（犬猫类）达 7043 万人，较 2021 年增长 2.9%；犬猫数量总共达到 1.17 亿只。城镇（犬猫）宠物市场消费规模也在持续上升，消费市场规模达到 2706 亿元，相比 2021 年增长了 8.7%。宠物短视频在影响宠物消费的同时，也影响着现代都市人对宠物类型的选择。数据显示，2020 年，猫主人的数量持续上升。其原因在于，一方面，城镇化比率的提升使得人们更倾向于养猫，因为猫咪比狗更安静，所需要的饲养空间较小；另一方面，社交媒体平台上大量的猫咪短视频也会潜移默化地影响人们的偏好，使得都市年轻人在饲养宠物时更倾向于选择猫。

在社会影响层面，宠物短视频极大地满足了人们的精神需求和娱乐消遣，有助于营造出和谐、友爱的社会氛围。首先，宠物的存在满足了人们部分社交需求与情感功能。人们对宠物类视听节目倾注大量情感，同时宠物也给寂寞的都市人带来了生活上的陪伴与精神上的慰藉。不仅拥有宠物的人能够享受到这种情感联系，那些限于经济条件或生活环境等原因无法饲养宠物的群体，也通过观看宠物短视频实现了自身与宠物的连接。"云养宠"开始成为年轻人的流行趋势。在面对日益增长的社会压力时，猫类宠物短视频愈发成为都市青年情绪释放和情感慰藉的新出口。[①] 因此，宠物短视频的存在对于那些无法饲养宠物的人们具有情感抚慰和生活寄托的双重功能。

宠物短视频作为一种媒介，科普了宠物知识，帮助人们了解动物的特点与习性，进而拉近了宠物主和非宠物主之间的距离，促进了社会关系的建设与和谐。通过观看宠物短视频，用户得以了解不同种类宠物的特点、生活习性，以及宠物饲养与护理等方面的知识。这种宠物知识的传播，有助于提高社会公众对宠物的认知与了解，增进对宠物的亲近与尊重。同时，宠物短视频也在为宠物主与非宠物主之间搭建了一个共享宠物喜悦与快乐的桥梁，使得他们在欣赏和讨论宠物短视频的过程中建立共鸣及友好关系，切实推动家庭邻里和睦和友好交往。

2. 宠物短视频的特点

在当今社会，特别是在城镇地区，人们饲养宠物的一个重要原因是宠物能

---

① 许孝媛. 作为媒介的猫：人际传播的联结与障碍 [J]. 北京社会科学，2019，(10)：89–99.

够缓解人们的精神压力并提供精神和情感上的支持。对于大多数人来说，宠物是可爱的存在，常常与美好的生活联系在一起。当人们观赏可爱的宠物影像时，往往会激发出愉快和幸福的积极情绪。此外，受到各种媒体和影视作品的影响，宠物的地位得到提升，人们的养宠观念也在不断进步，宠物主人对宠物投入更加真挚和深厚的情感。一些人将宠物称作"毛孩子"，视为自己的孩子，宠物的角色从单纯的"看家护院"转变为"家庭成员"。这反映了人们对动物的"拟人化"的共情态度。柯林斯在"互动仪式链"理论中指出，参与者在共享情感状态的过程中获得了能量和群体认同。因此，当观众与宠物之间产生情感联结后，积极的评论和点赞能够增强宠物与受众之间的黏性，也容易让群体中产生认同感与黏连性。①

宠物短视频吸引观众的关键在于这些流行文化不仅展现了宠物的可爱，唤起了人们对宠物的共情。为了实现这一目标，创作者常常采用赋予动物"人性"的身份及特征，使得"宠物拟人化"成为大多数宠物类短视频的主要特点。②在高质量的宠物短视频中，创作者通过配音、字幕、演绎等手段，让宠物进一步"拟人化"，包括但不限于展现"类人"般的思想、性格、感情等，这样处理后的宠物更容易引起观众的共情。

其中，实现"拟人化"的常见方式是给宠物立"人设"。该术语最初源于二次元文化，用以描述漫画或游戏中设定角色的性格、爱好、外形等形象特征②。通过为宠物创造特定的"人设"，创作者可以帮助动物在用户脑海中建立记忆点，满足观众的期待，它们或是可爱黏人，或是高冷优雅，或是聪明机智。只有满足观众的期待，创作者及其作品才能吸引更多高黏性的受众，从而获得更多商业变现的机会。

宠物短视频的内容结构与表现形式较为固定化、标准化。在确定宠物的"人设"之后，创作者会对场营建景、拍摄形式、互动方式等元素进行创新组合，从而形成宠物短视频的基本内容框架。③ 在此处，所谓的"配方程式"指

① 邝丽珊."萌宠"霸屏，"它经济"正当时 [J]. 声屏世界，2021，(19)：84 – 85.
② 胡宇泊. 从融媒时代的明星"人设"看偶像文化的变迁 [J]. 视听，2021，(5)：19 – 20.
③ 李天昀. 短视频崛起——短视频的内容生产与产业模式初探 [J]. 艺术评论，2019，(5)：27 – 35.

的是"一个文化产品的常规系统"，实质为一种艺术产品产制过程的标准规范（见图2）。这种标准化规范有助于确保短视频内容质量的相对稳定性，具体到短视频领域，这意味着视频的结构由一系列固定的模块组成（例如场景、拍摄形式等），创作者可选择不同的内容要素和表现形式进行模块组合，从而制作出不同类型的短视频。例如，"宠物＋Vlog＋技术流"就构成了"在下铁头阿彪"这类UP主常见的视频套路。

图2　宠物类短视频配方程式

3. 宠物短视频的分类

纵观各个平台中宠物类短视频的内容生态，发现其主要可以分为六类：外形展示类、吃播类、搞笑类、才艺类、创意类以及救助养护类。[②]

（1）外形展示类

这一类的宠物短视频通过拍摄宠物的外形、表情、动作等展示宠物本身的颜值和气质，它们或可爱或帅气，总能吸引一众粉丝。此类视频通常时长较短，拍摄难度不高，创作者只需常规地记录宠物的日常即可。这类内容作品因其拍摄难度较低且素材容易获取，为此在宠物短视频中数量占比最大。

（2）吃播类

这一类宠物短视频主要拍摄宠物吃东西的过程。随着吃播类视频的火爆，部分动物短视频创作者也开始拍摄宠物吃东西的短视频，并成功收获了大批粉丝。

（3）搞笑类

这一类短视频主要拍摄宠物在生活中的搞笑表情、夸张行为和趣味事件等，捕捉宠物傻里傻气的时刻，往往给观众带来欢乐，让人捧腹大笑。

（4）才艺类

这一类宠物短视频主要拍摄宠物经过训练后所拥有的才艺，展现宠物的聪明与能干，如训练有素的边牧牧羊、警犬德牧训练等。

（5）创意类

这类宠物短视频往往富有创意，具备叙事能力和故事情节，让人觉得妙趣横生。这种创意类短视频往往对剧本、拍摄、后期处理等有着较高的技术要求，因此在总体数量上占比最少，但是往往独具创意，令人拍案叫绝，有着较高的质量。

（6）救助养护类

这一类宠物短视频的生产者一般是宠物行业的从业人员，对宠物有着较多的接触和了解，且在专业领域有一定的知识储备。这类视频内容大多拍摄宠物从业人员与宠物的日常，展示专业人员如何向宠物提供服务，如洗澡、美容等。此外，部分视频也会涉及宠物养护知识以及科普、救助流浪动物等相关内容。

4. 宠物短视频的生产形式

尽管宠物短视频内容丰富，但是其产制方式、制作流程和传播手段并不复杂。如果将宠物短视频的创作者进行分类，具体可以分为素人拍摄者、具有一定粉丝量的 KOC 以及萌宠 KOL 这三类。[①]

（1）素人拍摄者（一般业余创作者）

这类短视频时长通常在一分钟内，以手机拍摄为主，质量偏低；在内容上，创作者产出的内容较为同质化，以外形展示为主，主要发布目的是分享日常的养宠心得。

（2）具有一定粉丝量的 KOC（关键意见消费者）

这类短视频时长一般在 30 秒到 3 分钟左右，视频质量相对较高。在内容

---

① 申宇洋. 萌宠类短视频中关于人与动物关系的再思考 [J]. 声屏世界，2022，（3）：108 - 110 + 128.

上，这一类创作者产制的短视频内容丰富，主题多元，包括搞笑类、才艺类、救助养护类等。制作者发布的目的除了用于分享和展示外，更侧重于视频潜在的商业价值与变现功能，甚至部分视频开始出现广告与带货内容。

（3）萌宠 KOL（关键意见领袖）

此类视频大多为专业团队进行拍摄与制作，其拍摄的主要目的是通过商务合作来获取经济利益。这类短视频内容多元，创意元素丰富，主要是经验分享和有剧本的视频表演，大多数创意类宠物短视频都产自这类创作者。

在内容生产上，宠物短视频主要有用户生产内容（User Generated Content, UGC）和专业生产内容（Professional Generated Content, PGC）这两种生产形式。短视频平台一般采用"UGC + PGC"模式提升宠物短视频内容质量，同时带动了其他类别内容的流量增益①。

（1）用户生产内容（UGC）

UGC 形式下的宠物类短视频创作门槛较低，创作者大多是素人，少量是已经积累了一定粉丝的 KOC。此类形式下产生的短视频时长较短，数量庞大，内容主题较为多元；但由于拍摄过程比较简单，对技术要求不高，视频场景和画面一般较为单一。

（2）专业生产内容（PGC）

比起 UCG 生产，不论是在声画表现还是在内容新颖度上，PGC 生产形式下的宠物类短视频均有较高的制作水准和视频质量。高质量的视频产制依赖于专业团队的专业技能以及大量资金和时间投入，所以这一类短视频的创作者中，萌宠 KOL 占比较多，他们往往有着专业的拍摄团队以保证视频的日常更新。例如，萌宠类短视频佼佼者"在下铁头阿彪"，其拍摄场景不再局限于室内空间，视频中出现了丰富的室外场景；短视频内容也不再依靠对话支撑，而是通过故事与叙事来推动。不仅如此，其短视频的声画语言十分丰富，导演会合理使用不同景别和音效来提升内容的层次，镜头无法拍摄的部分还采用动画

---

① 陈可可. 抖音平台萌宠类短视频传播策略探析——基于 SIPS 模型 [J]. 西部广播电视, 2022, 43 (22)：80 - 82.

的形式补充。目前，大多短视频平台竭力提升宠物类短视频 PGC 的内容质量，试图依靠原创内容来打造萌宠短视频自媒体品牌，用内容来承载品牌信息，促进品牌价值不断深入人心，进一步实现宠物短视频的商业变现。

（二）宠物短视频引发的问题

如今，宠物类短视频已经成为一种引人注目的媒介景观，越来越多的短视频创作者纷纷加入宠物类短视频的创作中来，但是也由此引发了诸多问题。其中主要包括使用暴力手段强迫宠物拍摄、抛弃或遗弃动物导致流浪动物数量上升、虐待动物影像广泛传播、内容同质化严重等恶劣现象。

1. 流量红利与拍摄隐忧共生

随着越来越多的短视频创作者加入宠物类短视频的创作行列，一些内容创作者缺乏法律知识与伦理道德，制作并上传了部分违规内容，以及拍摄过程中乱象频出，或者宠物影像的广泛传播导致饲养行为发生异化，其中主要包括使用暴力手段强迫宠物拍摄、抛弃或遗弃动物导致流浪动物数量上升、虐待动物影像广泛传播，以及内容同质化严重等。[①]

在制作宠物短视频过程中严重的问题之一是，部分短视频创作者为了追求高流量和关注度，采用暴力手段甚至虐待行为来强迫宠物配合拍摄。尽管宠物短视频的核心在于将宠物"拟人化"，以增强观众与宠物之间的情感联结，但动物毕竟不是人，无法理解人类的指示和要求。因此，宠物往往无法按照人们所期望的剧本去表演。在这种情况下，部分创作者会采取虐待和暴力手段来迫使宠物配合拍摄，这些行为往往包括踢打、针扎、用绳子绑住宠物限制行动等，甚至在拍摄过程中不给宠物提供食物和水，或是囚禁宠物等。

这些创作者往往将宠物视为牟利的工具，缺乏对宠物的爱护之心。因缺乏相关法律法规的支持，这种虐待动物的行为在我国并未得到有效约束，尽管公众曾多次呼吁设立《反虐待动物法》，但至今国家尚未出台相关法律。由于缺乏严格的法律制裁，让虐待动物的行为愈发肆无忌惮。未来，政府和相关部门

---

① 陈可可. 抖音平台萌宠类短视频传播策略探析——基于 SIPS 模型 [J]. 西部广播电视, 2022, 43 (22): 80 - 82.

应考虑出台相关政策与法律，对虐待动物行为进行打击和规制，进一步保护动物的权益和福祉。

这种以暴力手段虐待宠物的行为是不可取的，不仅伤害了宠物，也伤害了喜爱宠物的观众和粉丝。一旦虐待行为被曝光，虐待者必然会遭到舆论的谴责和流量的反噬。观众之所以喜欢观看宠物类短视频，正是因为喜爱动物，而虐待动物与视频中蕴含的美好情感是背道而驰的，因此这种行为也无法被观众所接受。

总的来说，虐待动物在宠物类短视频中是一个严重的问题，对宠物和观众都造成了伤害。政府、社会和创作者应当共同努力促使宠物短视频创作更加合规化，呼吁从业者遵循道德和伦理原则，拒绝使用暴力手段和虐待行为，从而确保宠物类短视频产业的健康发展。

2. 美好误导下的遗弃激增

宠物短视频是一种通过媒介内容的展播向人们展现宠物可爱形象与风趣行为的视听产品，宠物在这些视频中展现出聪明可爱且对主人有所助益的形象，被视为人们生活中的好伙伴。这样的视频不仅激发了许多人对宠物的喜爱，并引起了他们养宠的愿望。不少人在观看完视频后，都希望自己也能拥有乖巧听话的宠物。但普通观众必须认识到并非所有宠物都能如视频中一样表现得如此温顺、如此听话。宠物短视频为了获取更多的关注和流量，通常只呈现宠物美好的一面，忽略了宠物的"阴暗面"，即养宠生活中存在各种尴尬、复杂且难以处理的问题。虚实不符的情况导致观众在观看视频时往往带有一种"滤镜"，高估了宠物的性格和低估了饲养宠物的困难程度。

看完宠物短视频后，观众会怀抱着极高地期待饲养宠物，但他们在现实中却发现宠物并非如视频中的乖巧听话，饲养起来也并非想象中那么容易和轻松，特别是掉毛、异味、随地大小便、破坏东西等问题时常发生。用户心理期待与现实生活之间的巨大落差，以及饲养过程中的重重困难，让观众对宠物的喜爱很快转变为厌恶，甚至不少人放弃饲养，导致大量宠物被抛弃和遗弃，进而使得城市流浪动物数量增加。流浪猫、流浪狗不仅会破坏城市生态环境，还对人们的日常生活造成影响，也让城镇环境生活中增加了更多风险要素。

因此，尽管宠物短视频的爆火提升了人们对宠物的喜爱，但同时也间接促使遗弃动物的行为频率上升，导致流浪动物数量增多。这一现象表明宠物短视频的影响不仅限于经济领域与文化领域，还对自然环境、社会生活等产生了极为复杂的影响。

3. 虐待动物影像的传播

大多数宠物短视频呈现了宠物美好的一面，然而也存在一些以虐待动物为主题的短视频，这类视频往往出现在一些"灰色网站"和隐秘的网络社群中。虐待动物行为是不被社会所认可的，因此除了少数为吸睛而生的虐待行为，吸引注意力而故意虐待动物的少数行为外，大多数虐待动物行为都较为隐蔽。施害者的施虐动机包括娱乐、对动物的敌视、想要威胁或恐吓他人，以及追求客观利益等动机。① 在互联网和视频传播尚未普及的早期，虐待动物行为相对较为隐蔽，不容易被观察和模仿，且多数局限于施害者的生活区域内，传播范围较小。

然而，随着短视频的热潮和网络技术的迅猛发展，虐待动物行为被录制成视频且传播，为此任何使用网络的个体都可能接触到这些血腥暴力的视频。相关影像的传播可能对人们的行为产生一系列负面影响：会有用户模仿视频中的虐待行为，甚至还有人通过网络定制虐待动物的视频；这类视频往往被高价售卖，从而导致以牟利为动机的虐待行为者的增加。在这些虐待动物的视频中，动物往往遭受一系列的残忍虐待，如踢打、脚踩、拖拽、电击、火烧甚至活剥。部分画面极其血腥残暴，令人感到不适。虐待动物影像的传播可能会增加虐待者的人数，同时也对正常人的心理健康和情绪状态产生冲击及刺激，因此国家应该对这类虐待动物视频进行严格规制与管理。

4. 视频动物种类"多样化"

随着互联网技术的不断进步，视频制作和上传过程变得更加便捷，导致内

---

① Michelle Newberry. Associations between different motivations for animal cruelty, methods of animal cruelty and facets of impulsivity [J]. Psychology, Crime & Law, 2018, 24 (5)：500－526.

容平台上的视频数量急剧增加。在如此庞大的视频库中，宠物短视频成功吸引了一大批观众的注意力并脱颖而出，其成功的一大秘诀就在于视频内容的新奇性。为了有持续的吸睛效果，一些宠物视频开始涵盖更加丰富多样的动物种类。目前，大部分宠物短视频内容多集中在猫和犬身上，同时还包括其他宠物，如兔子、仓鼠、鹦鹉、鸭子等。虽然这些宠物的饲养数量远不及猫和犬，但它们在日常生活中仍然相对常见且容易获得，因此很难因其独特性与奇异性在网络上迅速走红。

为了收割更多注意力，有制作者另辟蹊径创作出了以猛兽、猛禽以及其他稀有动物为内容的视频。例如，湖南卫视制作了国内首档人与动物亲密接触的真人秀节目《奇妙的朋友》，明星们在该节目中体验动物饲养员的日常生活，与国家级保护动物进行亲密接触，包括熊猫、考拉、白虎、猩猩、长颈鹿、斑马等。该节目一经播出便在全国范围内大获成功，备受观众喜爱。此外，网络平台上也广泛传播饲养猛禽和猛兽的短视频，其中包括但不限于狮子、豹子、老虎、熊、猫头鹰、雪鸮、金雕等。在这些视频中，这些凶猛的动物展现出了与大众认知中截然不同的一面，取而代之的是温顺可爱的形象，它们与人类嬉戏打闹，与人类无比亲近，给人们带来了强烈的新奇感，近距离的互动与接触也满足了受众的好奇心，同时，观众可以在这些视频中看到猛兽与主人之间的亲密关系，满足了人对大自然的征服欲。种种原因使得这类宠物短视频在网络上获得了广泛的传播和较高的热度。

然而，这类宠物短视频的广泛传播也带来了两个潜在的不良影响。一方面，这些视频可能歪曲现实，导致观众对猛禽和猛兽形成错误的认知。宠物短视频中展示的温顺"大猫""西伯利亚大仓鼠""走地鸡"等动物其实在现实生活中极具攻击性。由于部分观众缺乏辨别能力，受视频内容误导会低估这些猛兽的危险性，从而在面对这些动物时（例如野生动物园游玩）掉以轻心，造成严重后果。

另一方面，这些宠物短视频展现了人们饲养珍稀动物的可能性，会加剧不法分子对野生保护动物的盗猎和捕捉行为。一些观众在观看这些视频后，可能会产生饲养这些野生动物的渴望，而个人饲养猛禽和猛兽等珍稀动物在我国是违法的。事实上，网络上一些饲养猛兽的视频大多来源于国外。在我国，这些动物大多属于保护动物，个人饲养是被明令禁止的。此外，我国也禁止买卖野生动物，而公众对这些野生动物饲养的需求可能会增加非法捕捉和贩卖等相关行为，这将极大伤害保护动物，破坏自然生态环境。

5. 内容同质化严重

首先，视听内容同质化现象严重影响了宠物短视频行业的多样性和创新性。[①] 当大量短视频创作者奔着模仿成功案例的目标而来时，他们的作品往往只是对已有内容的简单重复，缺乏独创性和新颖性。随着大量相似度和重复度极高的短视频充斥着大大小小的网络平台，观众开始审美疲劳，难以区分不同创作者的作品，内容同质化现象日益加剧。与此同时，缺乏创新也会导致宠物短视频行业的创意及品质逐渐滑坡，限制了行业跃升的发展空间。

其次，内容同质化现象也会浇灭宠物短视频创作者的创作动力和热情。当创作者发现即使付出较少努力也能获得一定关注和好评时，他们可能会更倾向于选择复制模仿成功案例，而不愿意投入更多时间和精力去探索独特的创作方向。这样的心态会导致创作者之间缺乏竞争意识，行业内创作活力逐渐减退。长此以往，宠物短视频的整体创作水平和内容质量都将受到影响，甚至可能陷入停滞不前的状态。

最后，内容同质化现象在一定程度上损害了宠物短视频行业的声誉和信誉。由于大量雷同的视频在网络充斥，观众很难找到各具特色的优质内容，为此观众会对宠物短视频行业产生怀疑，认为这一行业的从业者普遍缺乏创造力和专业性，只是简单迎合流行趋势。这种负面评价将进一步降低宠物短视频行业的社会认可度，可能影响观众对该领域的信任和支持，进而影响行业的发展进程。

综上所述，宠物短视频行业面临严重的内容同质化现象。大部分创作者追求创作效率以便获得关注和利益，会通过简单模仿来实现目标，导致短视频内容风格雷同，创新性不足，这种现象不仅影响了行业的多样性和创新性，还削

---

① 陈可可. 抖音平台萌宠类短视频传播策略探析——基于 SIPS 模型 [J]. 西部广播电视, 2022, 43 (22)：80－82.

弱了创作者的创作动力和热情，并损害了宠物短视频行业的社会声誉。

（三）宠物短视频的发展现状与治理意义

1. 宠物短视频的发展现状

目前，宠物短视频在社交媒体和互联网时代迎来了蓬勃发展，其发展基础源于人们对宠物的兴趣和共情，并且相关内容向普遍化和精细化方向发展。在内容方面，宠物短视频的核心聚焦于展现人对宠物的情感，大多表现为积极的喜爱之情。随着社会的进步，人们的养宠理念逐渐发生变化，宠物在人们心中的地位日益抬升，使得人们对宠物投入更多情感。因此，宠物之于人的情感价值逐渐成为宠物短视频发展的重要基石。新冠疫情期间，云经济蓬勃发展，其中"云吸宠"现象备受瞩目。隔离措施的实施放大了"云吸宠"的经济效益。以图片或文字为主的传播逐渐向短视频、24小时超长直播和隔屏互动的形式转变，宠物短视频为广大网友带来了享受"云吸猫""云撸狗"的愉悦体验。[①]然而，无论传播形式如何变化，宠物短视频之所以能够吸引大量观众，本质在于人们对宠物独特的情感。

在视频制作方面，宠物短视频创作正逐渐向普遍化和精细化方向转变。普遍化指随着技术的进步，宠物短视频制作门槛不断降低，为此大量素人制作者加入创作行业，推动了宠物短视频的普及。短视频平台提供了一系列技术支持（如"拍同款"），降低了内容拍摄难度和制作成本。拍摄宠物短视频从过去需要专业团队和设备的垄断阶段，逐渐发展成普通人仅需一部手机即可独立完成全部制作工序的低门槛状态。精细化则指宠物短视频赛道竞争加剧，为了脱颖而出，视频的拍摄手法和表现形式愈加精美，技术要求也日益提高；如今高质量的宠物短视频越来越依赖于专业团队的拍摄和制作，推动宠物短视频内容朝着精细化方向发展。

然而，宠物短视频的快速兴起也带来了一系列新问题，例如创作者使用暴力手段强迫动物拍摄、饲养异化导致抛弃和遗弃行为发生、内容同质化问题以

---

① 刘馨蔚. "它经济"升温 宠物吸金强劲 [J]. 中国对外贸易，2021，（4）：54–55.

及虐待动物影像的传播等。尽管这些问题已引起大量媒体关注，但政府尚未出台相关政策来改善或解决这些问题，相关领域的监管和治理还不够完善。未来政府要进一步规范宠物短视频的制作与分发，并制定相关监管政策。从而促进行业可持续发展，维护良好的运行。

总体来看，宠物短视频目前处于快速发展且潜力巨大的阶段，是"它经济"中非常重要的组成部分。未来应进一步挖掘其潜在红利，强化对视频内容和相关问题的管理与整治，以确保宠物短视频行业可持续发展。

2. 治理宠物短视频的意义

在社会文化和发展方面，"它经济"的蓬勃发展极大地影响着人们生活方式。宠物短视频中呈现的美好要素与亲密情感会引导人们关注宠物议题，形成新时代的"宠物文化"以及相关的"文化规范"，因此，净化视频传播内容对于文化建设具有重要影响。合理的监管措施可以确保宠物类短视频行业健康发展，推动"它经济"及相关产业的持续壮大，同时引导社会文化形成积极向上的价值观，促进文明发展与社会和谐。

二、我国宠物短视频的治理现状

（一）短视频内容把关的主体

在传统媒体时代，视频信息的传播及把关由主流媒体负责，有着较高的门槛。随着融媒体时代的到来以及移动技术的迅速发展，信息传播门槛快速降低，每个人都能传播信息，因此在把关主体上呈现出多样化、多元化的特点。内容生产者、普通受众、平台审核人员都是对短视频内容审核把关参与者主体。[①]

内容生产者制作短视频并将其上传至网络，成为移动短视频平台内容池中的组成部分，他们被认为是移动短视频把关的第一队伍阶梯。目前，我国移动短视频的内容生产者涵盖社会各阶层人士，无论是职业媒体人，还是政府机构

---

① 赵蕾. 融媒体时代移动短视频的把关研究 [J]. 西部广播电视, 2022, 43 (16): 48 – 50.

人员，抑或普通大众，都可以在移动短视频平台上发布信息，不同文化层次与职业身份的内容生产者为移动短视频带来了更加丰富多样的内容，但这也带来了内容低俗、流量至上、传播虚假信息等乱象。因此作为短视频内容把关的第一道防线，内容生产者应当有自查意识，自觉对发布的内容进行把关，为营造良好的短视频生态环境作出应有的贡献。

普通受众是短视频内容的次级把关人。作为内容消费者的普通受众可以根据自己的喜好选择视频并转发分享，形成信息的二级传播，因此他们也对内容信息的审核与把关负有相应的责任。

平台审核人员是短视频内容池中最重要的把关人。传统媒体的把关人多是具有新闻专业素养的编辑工作人员，而融媒体时代下移动短视频准入门槛低，用户数量庞大，日生成巨量化信息，为确保视频内容导向正确，平台需要有专门的审核人员对其把关。移动短视频平台会制定相应的审核标准，组建专业的审核团队，按照一定的原则和导向筛选用户上传的视频，及时删除违法违规内容。

（二）短视频内容把关的方式

目前，我国短视频内容的监管一般以网络内容监管的规章制度为治理基础，同时不同内容平台有着各自不同的审核标准和把关机制，但在行业内部还缺乏统一明确的标准。总体来看，现阶段短视频内容的把关形式可以分为内容创作者及普通受众的自查活动、平台审核这两种方式。

1. 内容创作者的自查

在融媒体时代，创作者是信息内容的发布者。因此，在发布视频内容前，内容创作者应当首先完成内容的自审自查。短视频平台的用户守则或公约均会向用户说明短视频创作所应遵守的各项规则。内容创作者应当对照条例，确保发布的视频内容与平台要求相符合。如果内容符合规定，视频就能快速发布，但一旦创作者无视相关规定，或是内容涉及敏感信息违规资评等，内容及作者都会受到平台的反复审核，严重者甚至会被封号处理。

此外，自查是创作者责任心的体现。一方面，创作者自查是对自己负责。

互联网不是法外之地，每个人应当对自己的言行举止以及发布的内容负责，因此创作者对内容的自查实际上也是对自己需要承担责任的确认。另一方面，自查也体现了创作者对社会的责任心。随着互联网的快速发展，信息传播体量不断增大，虚假、谣传的信息也随之增多，其对社会造成的影响也越来越恶劣，而内容创作者对自己将要上传至公共空间的内容进行检查，实际上也是社会责任心的重要体现。

2. 短视频平台"机器+人工"审核

内容审核是移动短视频平台把关的重要组成部分。内容审核是在视频发布之前，平台单纯对内容进行审核，及时拦截不良信息，确保具有错误价值观的视频不会在平台上进行散播。

由于移动短视频的用户数量庞大，每时每刻都有海量的视频信息等待审核后流入平台，为此这项工作无法仅靠人工审核完成。事实上，目前移动短视频平台主要采用"机器+人工"的双重把关共同完成审核工作。现阶段短视频平台的内容把关机制包括算法机器审核、信息审核员的人工审核、用户反馈这三个阶段。[①]

(1) 算法机器审核

算法和机器审核是短视频平台把关机制的第一阶段。机器算法审核通过人工智能技术预先设定好程序，程序内包含不良信息的关键词以及模型等，当视频中出现与之对应的内容时，系统便会自动拦截过滤，机器审核通过的视频将会在平台上直接发布；机器没有通过或者无法识别的视频将会被转移至信息审核员处进行人工复审。

此外，除了在视频发布前进行审核把关外，算法也能在审核后对视频持续进行把关和监测。算法系统会检测视频发布后的用户反馈，如果一个视频被用户举报或出现大量负面评论，那么平台就会对该视频进行召回，并转移至专业的信息审核员处进行复审。一旦确认视频存在违规内容则会通过下架、封禁、减少推荐等方式对该账号作出处罚，从而减少违规内容带来的负面影响。

---

① 马瑶. 短视频平台信息审核员的把关角色探析 [D]. 大连：东北财经大学，2022.

总体而言，算法审核作为把关机制的第一步，具有技术性和高效性的特点。技术性是指算法本身依赖于算法工程师等专业技术人员，有着较高的技术规范与科学准则，人工智能技术、关键词识别、过滤模型等都体现了算法审核的技术性。高效性体现在审核数量和审核流程上。在数量上，算法审核不受审核文本数量的限制，能够一次性对大量视频进行审核把关，机器可以有效应对短视频平台每日数以万计的信息生产规模，减少了审核视频等待时导致的视频积压；在流程上，算法审核能够对视频内容进行初筛，减轻了信息审核员人工审核的工作压力；此外，算法审核也能够对发布后的视频进行持续监测，提高了内容审核的效率。

（2）信息审核员的人工审核

信息审核员的人工审核处于短视频内容审核的第二阶段。算法和机器审核基于数据与程序而工作，因此在一些情况下它并不能够完全精准地判断视频内容是否违规。那些包含程序不能判定的、模棱两可的、疑似违规内容的视频，将会分发给专业审核人员，由人工进行第二次判别，复审未通过的视频将被平台屏蔽或待用户修改后再次审核上传。

此外，信息审核员也应当对审核通过的视频负责，关注经审视频的实时动态。审核员需要确保广大用户对视频的反馈是正面的，如果用户对视频的反馈出现异常就需要将视频撤回并进行回审。这种回审机制体现了把关环节的完整性，有利于短视频生态的健康发展。

由此可见，信息审核员的人工审核在把关中仍是关键环节，是短视频内容质量健康和合乎道德法律法规的重要关卡。相较于智能算法的把关机制，人工审核需要对视频内容中的不良信息有着更加精确地认知和识别，因此信息审核员也应当具备一定的专业素养，具有较强的把关意识和责任感，以保证审核工作的正常进行。

（3）用户反馈

用户反馈是短视频平台审核的最后一道关卡。用户作为平台把关模式下信息的接收者，他们在观看短视频、接收信息后，会通过点赞、回复、评论、收藏、分享、举报等行为对视频内容进行反馈，这一过程会对把关人和把关效果产生影响，进而产生用户的"双向把关"。

双向把关中，用户偏好和用户反馈都能够影响到视听平台对内容的把关机制。用户的反馈信息能够反映用户的喜爱和偏好，在大数据技术的辅助下生成形成用户画像，进而形成个性化推荐，而这些热门推荐反过来又塑造了短视频平台的生态与特性。信息审核员在审核时，会依据短视频平台特性对视频内容进行审核，以平衡内容生态和合规尺度。此外，用户的直接反馈，如举报、投诉、负面消极的评论等，能帮助平台对不合规视频进行重审和召回，以强化把关环节的精度与准确度。

总体来说，短视频平台将用户反馈融入算法审核的反馈功能，形成了双向把关的特性，能够对短视频平台的视频内容质量进行监督，弥补平台审核的缺陷，反哺短视频平台的把关机制，使得短视频平台的治理最终形成从内容生产、内容审核再到内容反馈的完整闭环。

三、我国宠物短视频的治理困境

目前短视频行业乱象丛生，尽管内容审核机制已经日趋完善，但是每天过于庞大的待审视频数量使得监管工作仍然困难重重。对于宠物短视频来说，这种困境更为明显，其监管难度主要体现在内容生产良莠不齐、平台监管审核不足、监管法律缺失，以及公众监督极端化。

（一）内容生产待治理

宠物短视频的内容生产问题主要体现在两个方面：一是动物视频搬运以及"二创"存在版权侵权问题；二是虐待动物影像视频的传播缺乏管控标准。

1. 视频内容版权问题

近年来，随着短视频产业的迅猛发展，网络平台版权侵权问题愈发严重，对我国的监管治理工作提出一系列新的挑战。12426 版权监测中心的数据显示，2019 年 1 月至 2021 年 5 月期间，该中心对 10 万名原创短视频作者的作品进行监测，累计删除了 416.31 万条原创短视频盗版和 1478.60 万条二次创作侵权视频。目前短视频领域存在多种侵权风险，主要包括内容搬运（秒盗、打码、画中画等）、二次创作（未经授权进行二次创作等）、视频素材引用（二次剪辑、长拆短、短拼长等）。

宠物类短视频也面临侵权风险，主要体现在内容搬运和二次创作方面。内容搬运是指在未获得原创者授权的情况下，视频发布者私自将他人的视频进行转载和搬运，构成实质性的侵权行为。目前各大平台的版权审核过滤机制和版权保护机制参差不齐、差异较大，这是导致侵权短视频数量居高不下的重要原因。二次创作指的是对原作品进行再度创作，即基于原作的资料库（素材）创作出新的内容作品。在宠物类短视频中，二次创作的形式主要表现为混剪和拼接。混剪是指使用不同来源的素材来表达某一主题，例如将多部动物纪录片、电影片段等剪辑在一起形成二创视频。拼接则是将现有的资料库进行随意组合。然而，二次创作本身存在天然的侵权可能性，即二次创作中的侵权问题主要涉及原作素材的合理应用，为此判定"何为"合理使用问题是当前二次创作短视频版权治理面临的关键难题。

新《著作权法》于 2021 年 6 月 1 日起施行，对于短视频的二次创作并未进行明确的法律规定，但将过去受版权保护的"电影作品、电视剧作品及其他视听作品"和"电影和以类似摄制电影的方法创作的作品"统一改为"视听作品"，反映了在视听产业蓬勃发展的当下短视频等相关行业面临的挑战，因此二次创作中合理使用的正当性在当前版权的保护与治理中备受关注。①

2. 传播内容管控问题

虐待动物（尤其是猫、犬）的影像视频涉及暴力或血腥，属于违禁内容，因此平台应对其传播进行严控和限制。通常情况下，这类虐待动物视频难以出现在规范的短视频平台上，但可能会在一些缺乏管控的灰色网站或社群中传播。

心理学家苏勒在"网络去抑制效应"（Online Disinhibition Effect）中指出，在互联网环境下，个体对自我表现和他人评价的关注减少，容易表现出不受约

---

① 张子铎. 二次创作短视频的版权治理困境与路径 [J]. 青年记者，2022，(21)：86-88.

束或控制的行为。此效应可由六种因素促发，包括匿名性、不可见性、异步性、内心专注于自我、分离的想象性和权威最小化。其中，"匿名性"使得用户能在网络上隐藏或改变真实身份，不受追溯。"不可见性"指在网络交往中，个体无法看见他人，也无法被他人看到。"异步性"使得信息交流不需要即时回应和处理。"内心专注于自我"产生幻想角色，但过于专注自我会忽视对方的存在。"分离的想象性"认为网络世界与现实世界相分离。"权威最小化"让网络表达趋于平等。这些因素相互作用，增强了网络去抑制效应的出现。在暗网中，匿名性和联结性等特点导致用户行为不受限制，释放了人性中的黑暗面。因此，取消网络匿名并采用实名制，可能是抑制不良内容产生和传播的可行方法之一。

尽管我国对于暴力血腥内容的管控相对严格，且虐待动物视频大多流传在暗网并未进入公众视野。然而一些虐待动物视频仍能通过平台的审核，在传播性较广的短视频平台上得以发布和传播。这类"灰色内容"的视频往往以人们讨厌的动物为对象（如老鼠），采用虐杀方式博取流量和他人关注。评论区以拍手叫好的娱乐、玩笑评论为主，少数人认为这些行为残忍。

在社会文化和认知层面，人们往往更容易对猫、狗等宠物产生共情，将它们视为伙伴或助手，因此在情感上与这些动物存在较为亲近的心理距离。相比之下，对于老鼠等被认为是有害动物的种类，人们几乎持有对立的态度，可能认为他人对其采取虐杀手段是正确的、合理化的。虽然处理和杀死有害动物在某些情况下是必要的，但是将虐杀视频传播至网络是否合适，仍需学界与业界进行深入思考。

从行为角度来看，这些所谓的"灰色内容"视频中所呈现的行为无疑属于暴力虐待行为。然而，仅因为对象是被认为有害的动物，就能够通过审核并在网络上传播，这值得我们深思。根据班杜拉提出的社会学习理论，人类的行为可以通过观察学习而获得，而观察学习的对象既可以是身边的环境，也可以是视频影像。因此，在这些视频中出现的虐待行为可能会被观众模仿和学习，特别是会对未成年的成长与发展产生更为不利的影响。

出于这一考虑，我们必须深入探讨涉及暴力虐待的视频是否应因虐待对象的不同而进行区别对待。不论是内容创作者还是平台审核人员，在自查和审核这类"灰色内容"视频时，应更加慎重对待，特别是要仔细审视其中所涉及的暴力行为和虐待行为，以维护网络环境健康发展。同时，相关部门应制定更严格的审核标准和规范，防止不当内容在网络上传播，为用户提供更积极健康的上网体验。

（二）平台治理待加强

1. 平台社会责任缺失

内容平台作为短视频产业链内的核心节点，应主动担任起信息传播者的责任，促进移动短视频行业乃至互联网环境健康有序地发展。但是，在注意力经济及流量红利的诱惑下，唯流量论使得平台在内容上把关有所不足，移动短视频平台越来越难以坚守社会责任。

短视频的红利带来流量经济的盛行，很多短视频创作者为了获取流量，采用各种非常规手段以博取注意力，比如擦边、暴力、猎奇等。这些"引人注目"的短视频在获得大量流量的同时，也对社会风气造成了消极的影响。

有的平台重流量、轻管理，放任不良信息肆意传播，特别是一些触碰道德底线甚至是违法违规的短视频内容不仅没有被平台过滤掉，反而因为播放次数多而成为平台热门短视频，频频出现在用户首页，这种行为极大损害了用户的合法权益。由此可见，平台的不作为在某些程度上推动了违规内容的"放纵"与"流行"，为短视频行业的传播失范推波助澜。

2. 平台算法运行不科学

算法把关是平台内容把关的重要防线，机器会对用户上传的视频内容进行初步的过滤和筛查。算法审核的效果依赖于算法本身的质量，不同质量的算法筛选出的结果也不尽相同。

算法把关分为内容审核把关以及个性化推荐把关。前者仅对视频内容本身进行审核，往往通过识别关键词、视频关键帧等并对此进行标记，然后结合过滤模型进行审核，以确保内容的合规，整个过程依赖于技术人员从数据中形成的计算模型和标准。推荐算法则用于推荐热门视频的形成，其关注视频的点击量和观看量，点击量和观看量越高，内容越容易被推荐至更多受众。因此，部分内容创作者为了获取高点击和观看量，就会将博眼球的猎奇或擦边内容作为唯一生产准则，进而导致短视频内容逐渐走向低俗化。在宠物类短视频中，这种算法会造成短时间内机器向用户推送大量同质化的视频，久而久之，不利于短视频生态的良性运转与健康发展。此外，算法能判断用户是否对视频感兴趣，但是却无法对符合用户兴趣的短视频内容进行价值判断。用户在获得算法推荐的短视频内容后，能够判断短视频内容是否符合自身兴趣爱好，但一般并不会判断视频质量的好坏。用户感兴趣的视频不一定是高质量的视频，长此以往，大量含有不良价值导向的内容会继续留存并活跃于短视频平台。

3. 审核人员媒介素质不足

短视频审核人员需要把关的视频数量较大，部分平台采取增加审核人员数量的方式来提高审核效率，但是在把关的实际过程中，审核人员的专业素质往往参差不齐。审核人员的专业背景、个人素养及工作经历等都会对审核结果产生影响，致使视频审核效果无法得到有效保障。[1] 例如：部分审核人员缺乏必要的媒介素养，把关意识不强，未对视频审核工作形成法律层面的认识，审核过程中处于盲从、被动的状态；也有部分审核人员易受到社会不良价值观的误导，在审核过程中未能形成有效的"把关"方案，对于审核的视频内容无法做到明辨是非，存在社会责任意识不到位、无法发挥正向引导作用等问题。另外，部分运营平台缺少专业的把关团队，同时未制定规范、完整的把关标准，平台自身的定位也不够清晰。

（三）治理体系待完善

1. 内容治理立法滞后

目前，我国对移动端视频平台的规制措施涉及两个主要方面。一方面，国家党政机关如国务院、文化和旅游部、国家广播电视总局等已颁布了一系列规

---

① 赵蕾. 融媒体时代移动短视频的把关研究 [J]. 西部广播电视，2022，43（16）：48 - 50.

章制度用以规范网络视频行业的发展。另一方面，对于短视频平台的各类违规行为，政府也依据实际情况和相关规章制度实施了相应的处罚措施。然而，尽管已经出台了大量管理条例及管制措施，但上述行动仍然不能全面整顿短视频行业的乱象，尤其短视频领域的监管立法方面显得滞后且缺位。

对于短视频平台的治理，国家发布的法律法规以及行业协会出台相关规范，多属于禁令性质的规范管理。虽然中国网络视听节目服务协会在 2019 年发布了《网络短视频内容审核标准细则》试图对短视频平台和内容进行规范，并在 2021 年进一步细化标准，但该细则主要由行业协会制定，缺乏政府的权威性。此外，该细则在制定时主要是作为一种临时治理手段以应对智媒化时代网络短视频传播乱象，局限在于适用于问题出现后才进行处罚，无法从根本上规范短视频的传播。从政府规制的角度来看，至今并未出台相关法律对移动短视频平台管理、内容审核标准等给出确切的规制细则。

为了更好地规范短视频行业并治理其中乱象，政府应加强监管立法，制订更明确具体的规章制度，确保移动短视频平台的健康发展和内容传播的良好导向。同时，政府与行业协会应加强合作，确保规范制度的有效实施，共同推动短视频行业向更加规范有序的方向发展，此举将有助于建立更健康、文明的网络视频环境，并为网络视听产业的可持续发展保驾护航。

2. 缺少相关立法

在拍摄宠物短视频的过程中，一些创作者为了追求流量或谋取经济利益，不惜采用暴力手段强迫动物参与拍摄，有些甚至将虐待动物作为主要内容形成视听作品。这些行为不仅对动物的身心健康造成巨大损伤，也严重挫伤了观众的情感，对社会产生了不良的影响。

然而，由于缺乏相关的立法与法规，虐待动物行为本身并未受到法律的约束和制裁，这种状况如果一直存在或蔓延，必将极大污染网络空间，甚至对社会发展产生了大量不利影响。早在 2010 年，常纪文教授曾起草《反虐待动物法》（专家建议稿）及其说明，试图推动相关立法。① 然而，时至今日，该立

---

① 常纪文.《反虐待动物法》（专家建议稿）及其说明 [J]. 中国政法大学学报，2011，（5）：31-58.

法尚未成功通过。近年来，随着越来越多虐待动物事件的报道及相关视频的传播，公众对此领域的立法呼声不断上升。

今天，虐待动物行为已成为宠物短视频中不良内容的重要组成部分，损害宠物短视频的生态建设对社会产生了负面消极的影响；未来必须考虑推动相关立法，如《反虐待动物法》，通过法律监管与规制对虐待动物行为进行进一步惩罚，从而维护动物权益，并推动宠物短视频内容生态趋于向善向好的发展。

3. 公众监督待管理

在蓬勃发展的宠物短视频产业中，创作者和普通受众均扮演着内容把关者的主体角色。因此加强公众参与监督的意识，鼓励用户更加深入地介入宠物短视频监管工作，可以推动相关工作的顺利开展，让网络空间风清气正。

随着宠物短视频的风靡，人们对宠物的关注与日俱增，宠物在公众心中的地位也日益提升，形成了更为深厚的情感联结与共情。因此，对于那些含有不良内容的宠物短视频（例如虐待动物的视频），公众通常会予以负面评论并发起保护动物的呼吁。这表明，公众已形成强烈的监督意识，并展现了较强的行动力，有效地遏制了不良信息的传播。

然而公众的监督和监管意识需要适当引导。在网络上，当公众评论具有过于指向性或情绪表达过于强烈时，很容易出现消极的网络暴力现象。网友可能会对不支持或有虐待动物行为的个人开展网络暴力，公开这些人的隐私信息。被披露信息的个体往往会受到广泛的谩骂、诅咒和攻击，日常生活也会受到严重影响。网络暴力具有严重的社会危害性，因此政府在鼓励公众参与监督的同时，必须注意舆论导向并及时加以管理，让公众监督能够产生积极效果。

为了维护宠物短视频行业的良性发展，政府要引导公众以理性、文明的方式进行监督，政府、社会组织以及短视频平台都应在舆论引导和内容监管方面发挥积极作用。同时，还应制定相关的法律法规，明确不良内容的处罚措施，推动宠物短视频行业朝着更加健康、积极的方向发展。公众监督作为一种有效的治理机制，需与法律规制和舆论引导相结合，共同推进宠物短视频行业的良性发展，为构建和谐有序的网络生态作出积极贡献。

四、我国宠物短视频的治理对策建议

（一）政府层面

宠物短视频的监管过程中，政府作为重要主体扮演着主导监督的角色。视频创作者受利益驱动可能会发布和传播虐待宠物的视频，缺乏对动物生命的尊重和关怀，侵害动物福祉，引发公众的道德谴责和抗议；也容易煽动和鼓励虐待行为，导致一系列负面的社会影响。然而，视频中的暴力和残忍场景也会触发观众产生愤怒、悲伤、恐惧等负面情绪，对大众心理健康造成损害，如果视频流传至海外，甚至会损害中国在国际舞台上的形象和声誉。因此，政府在宠物视频监管中发挥着重要的角色，通过制定法律法规、建立监管机构、推动协同治理、发动宣传教育，以及建立健全社会监督和反馈机制等措施，可以最大限度地维护宠物福利和社会公共利益。

1. 法律法规和政策制定

国家层面的法律监管首先涉及的是反虐待动物立法问题。我国动物保护的法律体系尚不完整，目前，涉及动物保护议题的法律法规主要有：《中华人民共和国野生动物保护法》《中华人民共和国畜牧法》《中华人民共和国动物防疫法》《实验动物管理条例》等。全国人大代表买世蕊、朱列玉等曾提出制定《反虐待动物法》，对构成动物虐待的犯罪构成要件，即主体、客体、主观方面、客观方面作出具体规定，对动物实行"分类管理"和"全面、全过程保护"。也有学者建议，将虐待动物及相关行为纳入治安管理处罚法适用范围。尽管中国政府和社会各界已经开始重视动物保护问题，但是出台全面和系统的动物保护法律体系仍需要时间和经验的积累。我国反虐待保护法在制定与形成过程中可以充分研究和借鉴国内外其他国家或地区的相关经验和法律制度。通过对其他国家或地区反虐待保护法进行调研、分析和比较，确保相关立法更好地适应中国国情和法治建设的需要，有效逐步填补反虐待动物的法律漏洞。总的来讲，更为现实可操作性的措施是从修订相关法规入手，并在日后分阶段、分层次推进相应立法工作。这些法规可以涉及以下内容：

（1）定义宠物短视频和相关术语，明确监管的范围和对象；

（2）禁止虐待、伤害动物以及其他违法违规行为，明确违规行为的定义和处罚措施；

（3）确定内容制作者发布宠物短视频时要合规合法，明确视频内容、时长、格式等规定；

（4）规范宠物短视频平台的运营行为，要求平台履行审核、监测和管理责任；

（5）强调用户个人的责任和义务，鼓励他们遵守宠物保护法律法规。

其次，建议设立一个专门负责宠物视频审核与监管的机构或委员会，监管平台的内容与审核机制，并协调各相关部门之间的合作和监管事务。该机构或委员会可以由政府主管部门、宠物保护组织、行业专家和学者组成，以确保多方利益的平衡，通过专业监管团队共同制定监管标准和指南，对于宠物视频中存在的问题进行分类分层的针对性处理。《中华人民共和国网络安全法》已经对网络运营者的义务、网络相关行业组织乃至国家的责任等进行界定，但网络安全基本法以原则性内容为主，缺乏明确的法律保护程序。此外，《互联网信息服务管理办法》《信息网络传播权保护条例》《互联网视听节目服务管理规定》等同样存在适用范围模糊、责任限定不清晰、制度执行难度大等问题。纵观现存法律政策体系可看出，我国互联网管理方面的法律法规在具体细化方面仍然不够完善，不能及时针对新兴网络社交平台的新内容作出相应的调整。加之，短视频行业违法违规主体和行为的界定不够清晰，监管部门责任有待优化职权。因此，未来可在法律法规层面加大短视频违法失范行为的惩戒力度，进一步细化具体规定，完善相关制度和机制，以期建立符合中国特色的视频产业发展监管体系。

2. 重点内容与平台精准治理

首先，视频平台可引入人工智能技术来快速识别问题视频，包括利用人工智能技术，如图像识别、视频内容分析等，对宠物短视频进行自动检测和过滤。技术手段可以帮助平台实时监测视频内容，快速发现和删除违规内容，提高监管效率和准确性。平台要进一步做好监管平台和软件的开发，以便准确甄别和筛选灰色网站。可以借鉴欧盟关于"网络违法过滤系统"的建设。未来，监管部门与内容平台可共同建设我国网络短视频违法过滤系统，包括在事前通过技术支持对网络短视频进行违法信息过滤和短视频内容分级，预防网络短视频乱象的发生；事后通过对违规违法短视频的留存，追究行为人的责任，提高网络短视频违规违法的成本，达到行为人不能犯也不敢犯的治理效果。相关部门的工作人员也应增强监管意识，在日常上网行为中警惕相关问题链接和不法网站，及时处理这类问题。

其次，平台要强化审核机制。在对于短视频的发布和传播过程中，企业可采用技术和人工双重审核模式。针对短视频传播速度快，分发平台广等特点，平台要充分使用智能算法来辅助人工监控完成分层分类、科学高效的审核监管。同时也要有专业的审核人员对相关问题视频进行把关，对举报的内容进行复审，阻止问题视频进一步扩散。某些发布虐待宠物的视频网站和社群避开了平台和政府的技术监管，吸引了一部分价值观扭曲的观众，前去围观；在发现宠物虐待相关视频之后，政府要做的事是迅速破解、防止传播、严厉打击，特别要对于相关组织参与人员进行严厉惩罚，包括开展约谈、警告、封号、罚款、列入黑名单、移交公安部门进行刑事拘留等处罚措施。

最后，完善数据分析和监测机制。平台可以通过数据分析、监测技术等，对用户行为及内容进行全面监控和分析。通过识别发布虐待宠物视频的用户行为模式、频率等指标，及时发现和处理违规行为。政府监管部门要与各视频平台之间建立违法信息共享平台。通过资源整合，形成多方参与的监管力量；并与各平台信息共享、协同共治，限制违法人员的入网及信息发布等资格，避免这些违法人员在不同平台多次发布不良视频，破坏网络健康环境。

（二）社会层面

1. 意见领袖发挥示范功能

如今，宠物短视频备受大家喜爱，各类搞笑、温馨和可爱的萌宠视频受众广泛，也吸引了大部分"云养宠"的观众。其中有一部分自媒体视频博主获得了较高的流量，粉丝众多，那么这类视频博主可基于自身的影响力，来发挥引导示范的相应功能。

（1）引导公众形成正确的养宠观念

意见领袖具有专业性和权威性，他们可以分享养宠的经验和技巧，包括正确的饲养方式、动物的健康检查等建议，提供更全面的知识和信息。意见领袖也可以引导观众树立正确的养宠观念，帮助饲养者建立责任心，从而提高宠物的幸福指数。意见领袖还要教授观众如何与宠物建立良好的沟通和互动，通过传授正确的训练技巧，推动宠物和人类之间进一步和谐相处。

（2）关注特殊动物的权利

意见领袖可以关注那些特殊动物所面临的保护困境，如流浪动物、残疾动物等。这些养宠达人可以介绍相关的救助和领养组织，鼓励观众参与其中，以便为这些特殊动物提供更为专业的帮助和支持。

（3）加强教育与培训

宠物保护组织、政府机构合作，可以和意见领袖们组织宠物保护活动，如义务劳动、捐款活动、宠物救援行动等，邀请养宠达人面向公众介绍宠物视频的制作技巧与管理细节，引导受众树立正确的价值观，抵制暴力血腥的不良视频，共同营造风朗气清的网络环境。

2. 社会组织教育宣传作用

社会组织在宠物保护教育宣传中发挥重要作用，通过法律推广、情感唤醒、道德宣传以及公众监督的促进，社会组织能够引导公众形成正确的价值观念和行为准则，推动宠物保护事业的进步和发展。

法律推广：政府在宠物虐待问题上扮演着重要的角色，可以制订管理政策和细则，明确规定哪些行为是违法违规的，并通过宣传平台向公众传达相关信息。政府可以有效借助官方媒体、社交媒体等渠道，发布宠物保护法律法规的解读和相关政策宣传，提醒公众宠物保护的重要性，并警示违法者所面临的处罚细则。政府还可以与有影响力的视频博主合作，通过他们的影响力和号召力来加强宣传的效果和覆盖面，使更多的人了解虐待宠物行为的危害，从而形成公众共识和道德共识。

情感唤醒：在宠物保护问题上，情感因素起着重要的推动作用。社会组织可以通过宣传工作，唤起民众对宠物生命的恻隐之心和关注，强调宠物是有情感的生命体，是人类的朋友。通过展示宠物的可爱形象与人类的亲密关系，来激发公众的同情心和责任感，以及增强社会大众对虐待宠物行为的道德谴责。社会组织可以通过真实案例、感人故事等方式来讲述虐待宠物行为对宠物本身、家庭和社会的负面影响，从而引发公众共鸣，促使他们参与到宠物保护的行动中来。

道德宣传：宣传工作还应着重强调道德价值观的重要性。社会组织可以通过宣传活动向公众传递正确的道德观念，特别是要强调对生命的尊重和保护，以及与宠物和谐相处的责任。通过强调宠物是无辜的生命，对人类友善而忠诚，可以唤起公众对宠物权益的尊重和保护，鼓励人们树立正确的价值观念，杜绝虐待宠物行为的发生。这种宣传不仅仅关注个体行为，更能够形塑社会文化，促进整个社会形成宠物保护的共识和道德底线。

公众监督：社会组织可以鼓励公众积极参与宠物保护事业，包括举报虐待行为、参与志愿者活动、支持宠物救助机构等。同时，社会组织可以倡导并发起公益活动，如宠物领养日、宠物健康咨询等，促使更多人了解宠物保护的重要性。此外，社会组织可以建立举报渠道和监督机制，接受公众的举报投诉，并对涉嫌虐待宠物的视频进行调查和处理。

3. 发挥社会组织的监督作用

社会组织，尤其是动物保护组织，在监管宠物虐待问题上，有以下几方面的举措。

首先，动物保护组织应设立专门的反虐待动物部门，以便有针对性地监管各类动物虐待行为。该部门应明确反虐待动物部门的职责和工作程序，并对相关工作人员进行专业培训，帮助从业者准确有效地辨别虐待行为，并采取适当措施进行处理。

其次，动物保护组织应与政府部门加强合作，并建立密切联系，从政府部门获取技术支持，共同建立信息共享平台。通过联结与合作，政府部门可将部分监管职责委托给动物保护组织，并委派这些专业的第三方组织进行问题筛查和监督；动物保护组织应积极行动，及时发现问题，并向官方平台上报，通过实施账号、网站和社群的封禁等手段，以遏制虐待动物的暴力视频传播。

再次，动物保护组织还可以在各类短视频分享平台上开设官方账号，通过该平台向广大公众发布动物保护领域相关信息，并实时关注热点话题以进行舆论监督。在账号上，动物保护组织可以介绍和标示虐待动物行为，使公众能够识别这些行为的特征，便于用户精确开展举报和投诉。此外，还可以在私信中设置后台帮助功能，围绕被遗弃宠物的救助和举报受理等议题来细化问题类型，并出台针对性的方案。

最后，动物保护组织的官方账号可以汇总和公开发布其工作内容及成效，确保信息公开透明，使公众更全面了解并关注动物保护事业，扩大宣传影响力。

（三）平台层面

1. 提升审核人员能力，增强法治素养

高质量内容生产是短视频行业发展的基石。我国对短视频内容审查提出了明确要求，其中包括平台先审后播制度以及专业审查员队伍的建设。鉴于短视频的海量性特征，行业监管呈现技术审核为主、人工审核为辅的趋势。在这一背景下，平台运用智能算法与人工筛查相结合的方式可以实现智能把关，从源头上阻止不良视频的发布，从而营造一个风清气正的短视频网络环境。

除了技术升级之外，提升审核人员的专业能力也至关重要，特别是要强化从业者的法治素养，并确保人工审核的有效性。作为内容监管的关键一环，短视频平台的审核人员需对平台内容负责。为此平台要开展业务培训，使审核员清楚了解平台审核机制、内容审核要求、人员调配标准以及绩效考核标准等各类规则。此外，平台还应对网络短视频平台管理人员和审核人员加强法规教

育，通过集中学习、自主学习和定期考核等方式，强化审核人员的法律素养和专业能力。

2. 制定可操作的平台政策与规定

网络视频平台自身也应通过政策及规定来强化监管工作，从而优化平台视频质量，并促进平台的健康运营。

一方面，平台应完善用户监督渠道，通过奖励机制来激励用户参与短视频内容的监管。此外平台还要对上传不良内容和发表不当言论的用户进行惩罚，对于情节严重者，要永久封禁其账号。为防止账号滥用现象，平台可以在注册账号时采用身份识别技术以杜绝被封号用户重复注册的可能性。

另一方面，平台可借鉴国外经验，建立用户特征分级审查机制，以保护未成年人的心理健康。平台要将算法生成的用户画像纳入短视频内容审核环节，通过法规加强平台中未成年人防沉迷系统的权限和效用。此外，在分级制度下，平台要对在青少年版发布内容的用户进行资格审查，设定无被举报记录、评价良好、综合评分高等门槛，仅允许通过资格认证和审核的用户在青少年版成功登录并获得发布内容的权限，从源头上控制不良内容的流入，从而实现对儿童内容的筛查及过滤。

由于未成年人更容易受到低质低俗短视频的负面影响，如果短视频平台围绕青少年用户的使用习惯进行内容推送，可能导致信息同质化严重、价值观扭曲等不良后果。心理学研究发现，频繁观看虐待动物视频的青少年会表现出更多的暴力行为，如欺凌、参与帮派活动、打群架、暴力犯罪等，因此平台有必要加强监管工作，以保护未成年人的身心健康。

3. 加大惩罚力度

当前，各个平台已经基本实施了实名制注册和管理措施。在实名制的基础上，平台管理部门可以根据这些信息对涉事人员进行相应的惩处。虐待动物行为极其恶劣，不仅破坏社会秩序，更对公众心理健康造成危害。因此，平台必须对这种行为加大惩罚力度，杜绝虐待动物视频的传播。

一方面，平台应强化合作，实现全网平台的信息联通，对于在某个平台上发布虐待动物视频的个体，全网要对之进行披露，严禁涉事账户在各个平台上发布视频，并将其列入平台黑名单用户，以进行严密监督。这些涉事账户信息也可以留存备份，引导平台对类似行为加强监督，从而维护良好社会风气。

另一方面，平台应建立用户信用机制，设立准入门槛，明确规定用户在短视频社交平台上的言论发布行为，并采取信用机制进行监管。对于违规操作，平台可根据实际情况进行扣分，并对低于一定分值的用户账号采取禁言、封号等处罚措施，从而引导用户对其言论负责。对于严重违法行为，平台应及时掌握相关个人信息并移交给有关部门，使其承担相应的法律责任。此外，可以将网络行为信用与社会信用挂钩，使机制与用户权益紧密相关，平台要有效约束用户行为，追究行为主体的责任，从而营造出良好的社会网络环境。

（四）个人层面

1. 创作者形成良好的自我监督意识

视频创作者作为网络视频的生产者，对其视频质量负有责任。同样，分享宠物视频的创作者也应承担这一责任，明确其出发点，在以对宠物的喜爱和保护为基础的前提下进行视频分享。创作者不应盲目追求利益，误导观众，或是为了追求流量而实施虐待动物的行为。创作者应时刻进行自我反思与自我审查，坚守正确的价值观，制作并上传宣传积极向上的作品。

此外，视频创作者还应加强自身的法律素养。作为内容生产者，他们有必要了解并掌握与短视频相关的法律法规，并关注相关法规的更新，以确保自己不触犯法律。同时，作为宠物博主，他们还应发挥自身作用，开展普法工作，正确引导观众，为抵制宠物虐待贡献自己的力量。

2. 合理使用举报机制

我国网民数量庞大，活跃度高，学历结构多样化，但部分网民法律意识淡薄、媒介素养不高、缺乏批判性思维。这些低素质受众在追求刺激和满足个人精神欲望方面表现出了较高的热衷度。然而这样的用户，在短视频平台上，既是内容的使用者，也是内容生产者。解决短视频乱象的关键在于提升用户的媒介素养，培养广大网友参与公众治理，共同承担监督视频内容的责任。网民应当意识到并不是所有的短视频内容都值得全盘接受，而是要学会辨别那些违法失德的内容，并积极举报这些不良视频。为此，网民需不断提升自身的信息识别能力，培养批判性思维，特别是要审视短视频内容背后的价值取向和伦理标准。

对于青少年群体而言，科学上网教育是一项重要的任务。学校应该将法律教育纳入课程设置中，让青少年全面了解法律的基本知识和法治精神。在全民知法、全民懂法和全民守法的实践中，青少年短视频用户的法律素养水平也在逐步提高。这不仅有助于青少年树立正确的价值观，强化他们对不良短视频的辨识和抵制能力，还能有效降低不良短视频对青少年的负面影响。青少年在学习法律知识的同时，还应明确不良短视频对社会、个人和青少年的影响及危害。这种综合的教育和培养方式有助于塑造青少年正确的价值观，使其能够更好地辨别和拒绝不良短视频，从而有效减少青少年受到不良短视频的负面影响。

另外，应完善公众举报和投诉机制。公众应理性表达，文明上网，同时积极通过投诉、举报等方式对网络上的违法和不良信息进行监督。在企业层面，应适当强化举报投诉人员的队伍建设，避免举报信息被忽视。同时应设立由网络治理专家、媒体人员、用户代表和平台管理人员等共同组成的自律委员会，协商并处理网络短视频违法违规问题中存在的争议和分歧。短视频受众不仅可以向平台举报，也可以向监管部门举报，而政府监管部门和动物保护组织要及时处理举报信息。对于平台中经常出现的举报投诉情况，平台可根据举报投诉的次数约谈相关人员进行整改，加大惩罚力度；平台还应不断扩展举报渠道，完善举报处理和反馈流程，确保对涉事人员的严格封禁和严厉打击，巩固公众举报的成果。

（五）"个人—社会—政府"相结合的协同治理模式

目前，我国对于视频监管模式主要依靠法律法规体系、行业自治体系与技术监督体系，然而短视频的治理工作单纯依靠行政机关的监管与治理显然是不够的。国家应丰富短视频行业治理方式，从被动管理到提前把控风险，采用个人—社会—政府多元治理协同模式，依托相关政策法规，辅以宣传教育方式，将个人、社会、政府都纳入治理中来，让每个主体发挥主观能动性，提高监管效能。

政府要制订和完善相关法律法规，明确禁止虐待宠物的行为，并对违规行为进行法律制裁。同时，加强法律宣传和普及，提高公众的法律意识。除此之外，政府要加大执法力度，细化规则，增加对发布和传播虐待宠物视频行为的监测、检查和处罚，不断更新补充相关的规定，并对不同类型的短视频行业问题进行法规的汇总，分类管理，明确各部门的职责，防止推诿扯皮的现象，清晰地界定问题行为和处罚措施，并落实相关管理办法。

社会层面要发挥行业协会、其他社会组织或第三方组织的作用，实现共同治理。关于宠物短视频行业出现的各种问题，需要动物保护协会和反虐待动物等社会组织的参与，政府可以通过数据监管，与各级动保组织建立合作，实现信息共享，形成合力，进行全方位的监督。此外，可以共同进行宠物保护政策和宣传策略的制定，通过正面的宣传教育及反面的警示惩戒，释放明确的信号，鼓励正能量的视频制作，抵制负面低俗暴力等视频的传播。同时，需要发挥社会舆论的作用，完善信息共享和举报机制，鼓励公众积极参与监督和举报发布和传播虐待宠物视频的行为，形成社会监督和反馈机制。

对于短视频行业的监督，个体是其中微观而关键的一环。内容制作者作为短视频的生产者、传播者和受众，要提高个人的法律意识和道德观念，充分认识到发布和传播虐待宠物视频的危害性，自觉遵守法律法规和道德准则，不做违法失范行为；个体要积极参与宠物保护组织和社区活动，加强对宠物保护知识的学习和传播，促进公众的动物福利意识和责任感，努力营造健康积极的网络环境。

在个人、社会和政府的协同努力下，促进全社会形成一个宠物视频监管体系，增强社会对宠物福利的保护意识，减少虐待宠物视频的发布和传播，促进宠物福利的改善和保障。

第二节　播客的治理策略

一、播客的内容特点、传播特征与行业现状

随着社会节奏不断加快，视频市场竞争愈演愈烈，逐渐形成了"视觉霸权"。在这一市场条件下，音频类产品重新受到大众的关注。播客以其创作门槛较低、内容丰富、易于传播、应用场景碎片化的特点而成为文化内容的新形式。在媒介产品的博弈日益激烈的背景下，虽然播客行业内不断涌现出大量优秀的创作团队和内容，但是也产生了不少问题，特别是如何推动播客行业内部因素与外部环境的有机结合及相互完善，进一步优化用户、内容、平台、社会和监管间的作用机制等，都需要学界和业界给予持续的关注。

（一）播客的发展过程、内涵及特征

1. 播客的发展过程

2000 年前后，美国程序员戴夫·温纳发布了简易信息聚合技术（Rich Site Summary，RSS），为数字音频文件通过订阅方式进行发布和传播提供了可能性。这个简易的信息聚合模式可以将各种渠道的资讯汇聚在网络平台上进行统一发布，用户能够通过订阅来获取各种信息源的内容，并且内容会随之进行自动更新，用户无须再次打开网页就能收听到所有支持 RSS 功能的内容。[1]

2001 年，苹果公司推出了便携式数码多媒体播放机 iPod，为后来播客的发展奠定了基础。"播客"一词最初源于英国《卫报》记者本·哈默斯利（Ben Hammersley）发表的《声音革命》一文，他为当时数量众多的音频内容罗列出了三个备选概念：Audioblogging，Podcasting，GuerillaMedid。由于 Pod-

---

[1]　宋青. 播客：音频媒介融合与"新听觉文化"［J］. 中国广播，2019（4）：23 - 27.

casting 一词的使用频率较高，因此一直延续至今。① 三年后，号称美国"播客之父"的亚当·库里（Adam Curry）为 iPod 研发了一个订阅服务器——Pod-catcher，并开播了美国首档播客电视节目《每日源代码》（Daily Source Code），这可以视为播客文化诞生的标志。② 之后，苹果又推出了嵌有播客功能的音乐软件 iTunes4.9 以及播客目录系统（Podcast Directory），用户可以通过这一系统查询和订阅播客。③此后，播客在全球范围内掀起热潮，并在短短几年内迅速成长为一种新型的网络传播形式，受到广大网民尤其是年轻网民的追捧，成为互联网领域中重要的内容分支。2004 年年底，播客（Podcasting）这一单词被正式列入《新牛津美国字典》之中，其被定义为"广播"（Broad-casting）和"iPod"的合成词，意为"为订购用户提供的可分发的数字化音频文件"③。

播客自问世以来在欧美用户中得到了普及与流传，2004 年至 2006 年是播客发展的第一次浪潮，然而由于受到在线视频和音乐流媒体的冲击，播客的发展开始遇冷。2008 年左右，随着 iPhone 手机的发布，许多播客应用程序随之出现，包括 Stitcher、Public Radio Player 等，播客的第二次浪潮就此产生，但一直未能显现出亮眼的成绩。④ 播客在这一时期虽然得到了普及，但并未获得业内人士的广泛关注，反而被视为是一个小众的冷门行业。

直至播客创立十年后，播客文化才真正迎来了"黄金期"。这一时期播客之所以能够迅速崛起，主要与技术进步息息相关。早期播客的使用仅限于用户在电脑上下载音频文件后，将其传送至 MP3 播放器或者 iPod 中播放，过程较为复杂烦琐，因此未能被大量用户采纳。2014 年，苹果公司将 Podcast 用户端直接添加至 iPhone 上，使播客的订阅过程化难为易，也让其内容迅速触及亿级的 iPhone 用户群中。⑤ 随着近几年 WiFi 的广泛使用、互联网和移动终端的发展、数据流量费用的下调，播客用户既能实时收听、使用内容，又可以实现

① 叶珂. 播客的春天来了？[J]. 传媒评论，2019（8）：59－64.
② Andrew J. Bottomley. Podcasting：A Decade in the Life of a "New" Audio Medium：Introduction [J]. Journal of Radio & Audio Media，2015，22（2），164－169.
③ 宋青. 播客：音频媒介融合与"新听觉文化"[J]. 中国广播，2019（4）：23－27.
④ 史安斌，薛瑾. 播客的兴盛与传媒业的音频转向 [J]. 青年记者，2018（16）：76－78.
⑤ 陈琼. 当播客遇到 iTunes [J]. 互联网周刊，2005（24）：14.

信息交互和资源共享——便捷性与社交性皆备。另一方面，播客内容也在不断创新，其本身独特的传播理念被越来越多的用户熟识并接受，更多的内容开发者开始转向并关注这个行业的发展潜力和市场空间。全美公共广播集团在2014年推出了一档社会现象类的播客栏目《连环》（Serial），节目里一位名为莎拉·柯尼格的调查记者以声音纪实的形式对20世纪90年代后期美国的一桩校园杀人案展开了报道，谜团随着她的调查逐渐深入，爱情、生死、正义、真相等主题故事交织上演，这档播客节目叙事引人入胜，讲述生动感人，一经推出后就迅速火爆全网，在2015年荣获了广播界的"普利策新闻奖"——皮博迪奖，并在2018年以3.4亿次的下载量刷新历史最高纪录。《连环》的成功直接带动了美国播客听众的增长，推动播客内容向主流媒介、核心平台靠拢转型，直接扭转了传统媒体对播客的固有成见。《洛杉矶时报》《纽约时报》《经济学人》、BBC等知名传统媒体也在此后陆续推出了自己的播客节目，借助播客文化提升自身媒介品牌的传播力与影响力，例如BBC开播了第一个日播播客栏目《今天》（Today），并迅速将其扩大至20多个节目。以官方网站Podcasts的首页来看，目前播客节目数量高达525个，这些播客节目覆盖了全球的主要国家和地区，吸引了大量来自不同语言背景和文化背景的听众。

伴随着互联网技术的高速发展，人们对信息传播方式产生了新需求和新期待，为此播客逐渐走入公众视野并获得了认可。播客作为一种新兴媒体内容行业，借助听觉传播的方式将信息推送至受众面前，深刻改变着人们的视听习惯、娱乐方式和思维模式。牛津大学路透新闻研究所在2020年6月推出了《2020数字新闻报告》，对40余个国家和地区近8万用户开展数字新闻消费研究，揭示了新闻媒体行业目前所面临的重重挑战与发展趋势，其中一个势头便是播客在传媒产业中的占比越来越大。[1] 播客在美国市场的认知度逐年提升，自2019年播客听众在全美人口中的比重达到50%以上后，播客开始成为美国本土重要的传播渠道，《纽约时报》曾将播客称为"这年代的头版头条"。

2. 播客的内涵

"播客"是英文"Podcast"的直译，该词融合了苹果音频播放器"iPod"

① 尼克·纽曼.2020数字新闻报告［R］.牛津大学路透新闻研究所，2020.

与英语"Broadcasting"两个词语。从词源学来分析，播客被认为是数字化时代下传播载体创新所催生的新兴内容产品。在发行过程中，播客也是数字媒体的一部分，创作者把音频文件发行到托管服务器，听众通过客户端软件订阅音频内容，既能在线收听，亦可下载收听。事实上，播客若译成 Audio Blog（声音博客）则更容易理解。Audio 说明"声音"是播客内容传播的重要介质，Blog 说明播客创作者既能是个人，也可以是专门的组织，音频内容的创作主题与内容表达具有极强的个性化特征。①

在国外，播客的形式更为多样，包括音频、视频、电台等；在国内，播客泛指内容创作者所创作的个性化听觉内容。用户生产内容（UGC）是播客产业的重要产制来源，在听众人数日益增长的趋势下，目前已有更多专业机构媒体加入这一行列中来，专业生产内容（PGC）和专业用户生产内容（PUGC）两者的有机融合，推动我国播客市场不断蓬勃发展。② 目前大多数节目会采用对谈、闲聊等泛娱乐化的形式来进行展播，主播会围绕某个话题进行观点输出，这也是当前我国播客节目的重要呈现形态。

3. 我国播客的特征

播客的第一个特征是内容的多元性。不同于电影、电视剧等文化内容的生产，播客节目在制作中能够最大限度地摆脱经费、技术、时间、场所等要素的限制，节目制作者只需借助收音设备和音乐编辑软件就可以迅速完成一档节目的录制。在移动互联时代，这些工序甚至可以简化到只依靠一部智能手机就能制作完成。在实际操作中，播客的制作周期较短，创作者可以信手拈来各种素材以做出行云流水般的作品，技术的简化让这些创作者得以把更多的精力放在优质素材的挖掘和创作上来。新冠疫情期间，异地播客主通过线上连线，可以高效完成节目录制，接着再对音频、音量进行微调，播客内容便能表现出不逊色于现场录制的品质与效果。③ 其次播客节目在主题选择、流程审批、制作资金、社会资源等方面没有过多的制约因素，且没有固定的更新频率，因此主播

---

① 冉亨怡. 播客，被忽略的品牌营销价值洼地［J］. 国际品牌观察，2021（6）：69-71.
② 移动互联时代中文播客平台发展研究——以小宇宙 App 为例［J］. 视听，2021（2）：119-120.
③ 吴思哲. 沙龙复兴与广播续章：中文播客的热度与冷性［J］. 新媒体研究，2020，6（23）：81-84.

们可以对一个话题进行充分的打磨、调整和优化，最终形成精彩的节目内容。播客内容更强调创作者以自主性身份"我"进行分享，而非电台那种由主播播送"成型"的内容，所以自媒体时代人人都可以成为播客主，人人都可以借助播客这一轻量化的文化形式来表达观点、传播意见。

播客创作者来自社会各行各业，身份背景各异，这使得他们能够基于独特的专业立场做出风格各异的节目内容。同时，播客所秉持的 RSS 分发机制不受算法推荐规则的影响，播客创作者能自主选择节目主题，以优质的内容赢得用户的信任，提高用户的黏性，不至于沦落为网络文化中的数字佃农。正是因为播客主们能够不受主题、题材限制而自由创作，为此播客节目呈现出的话题或是深刻尖锐，直击社会上存在的诸多乱象，触发用户的思考；或是新颖有趣，富有灵性与幽默感，引发用户的会心一笑。① 当前，国内播客内容涵盖了科普、体育、经济、医药、新闻、旅游、艺术、电影、美术、人文艺术以及包括心理学在内的多个学科门类，多元化的主题构建了播客内容宇宙，在大量播客节目中，你总是会遇到一个会讲故事的文化名家，或碰到一个随时给予你人生忠告的知心好友。②

播客的第二个特征是社交性和互动性并存，即时性与开放性共在。播客平台用户不仅能够对单集节目进行点评，还可以通过时间戳功能实现不同播放时段的跳转和前后切换，这意味着音频产品的线性传播特点被打破。播客的价值在于它可以快速地把所有志趣相投的用户都拉到同一话题点和交流场中，帮助听众们迅速寻找到志趣相投的朋友。这种新型的交互关系使得播客成为强互动性媒介。③ 此外，播客平台能公开显示各个用户的关注列表及粉丝人数，不仅能为其他节目导流，给用户营造"心理社交"的氛围感；同时，播客创作者还可以通过用户点评快速了解到受众群体的感受与评价，由此调整节目内容、更新主题方向，甚至能够从听众的反馈中获得全新的创作灵感，促进创作者和用户形成良性互动循环，而粉丝之间的交流仅基于节目评价而展开，这有助于

---

① 谢啸轩. 国内播客产业兴起的动因与挑战研究 [J]. 新媒体研究, 2021, 7 (5): 60 - 62 + 74.
② 曹希民. 传播学视野下的当代中文播客 [J]. 新媒体研究, 2021, 5 (7): 72 - 74.
③ 孙鹿童. 作为音频产品和交流空间的网络播客——以小宇宙为例 [J]. 现代视听, 2021 (6): 59 - 62.

用户获得私密化的个人空间。

播客的第三个特征是具有陪伴感。声音本身就具备沉浸性和亲切感，为此音频型媒介可极大地满足用户的情感需求。我国播客大多采用多人对谈、闲聊等泛文化形式，主播们围绕一个主题对聊，就像与老朋友的谈话一样轻松活泼。随着时间的流逝，播客具有其他媒介内容所无法比拟的趣味性及亲和力，使听众能身临其境，身心放松。一期播客节目的时长一般在一小时以上，听众在聆听时能够得到有效的深度陪伴与心理按摩，特别是年轻人在宅文化和社交恐惧环境下长大，被现代社会快节奏的生活方式所支配与束缚，希望借助互联网与新媒体实现一定程度上的"自给自足"。在《播客如何变成诱人的——有时候是狡猾的——说话的方式》一文中，作者米德将播客的吸引力概括为"将古代口述历史的传统文化和最近的科学技术相结合"。她认为人是一个生来就爱讲童话的生物，人在童话里发现了道德和感情上的正确导向，但同时人的声音里又自带了某种远古的催眠特性，它的感染力远远超过其他媒介。[①] 播客是有内涵、有温度的媒介，播客的声音之于生命像是一种具象般的存在，让孤独的观众在这一冷寂的人世间也可以感到些许温暖。

播客的第四个特征是趋于年轻化。年轻听众群体是我国播客产业的核心用户，播客中国（PodFest China）于2020年5月公布的《2020中文播客听众与消费调研》报告显示，中文播客受众的年龄分布在22～35岁之间，90后用户是我国播客收听活动的主力军。[②] 一方面，年轻人的生活节奏较快，他们会充分利用通勤、吃饭、家务、运动、睡前等碎片化的时间收听播客；另一方面，由于国内播客诞生时间较晚，一部分中文播客听众往往是欧美留学生，随着中国音频文化产业发展壮大，这些异乡人纷纷回国创立、运营自己的中文播客，打下了播客产业的半壁江山。青年用户群为播客产业带来了新鲜活力，无论是热点话题还是公共议题，这些年轻人都能够通过声音来传达自己的观点，彰显自己的态度，为此播客在都市年轻人中广受追捧，具有较高的用户

---

① 陈赛. 播客再度流行："加速社会"的解药 [J]. 三联生活周刊, 2021 (44): 29 - 30.
② 中国播客网. 2020中文播客听众与消费调研 [EB/OL]. (2020 - 7 - 27) [2023 - 6 - 27]. ht-tps: //podfestchina. com/portfolio/podcast-audience-report/.

黏性。

（二）我国播客的发展现状

目前国外播客平台有 PodBean，Anchor，BuzzSprout 等，这些平台上活跃着 76 万个不同类型的播客节目；有别于国外较为成熟的播客产业，中文播客目前尚处于发展阶段。2004 年我国播客文化开始萌芽，中国糖蒜广播播客宝典、中国播客网等是产业最早的入局者。[①] 随后中国人民广播电台也推出了自己的播客网站——银河台，但始终处于探索阶段。[②] 直至 2013 年喜马拉雅 App 上线后，国内互联网音频产业才开始受到社会各界关注。[②]随着音频市场规模逐年上升，为了争夺目标用户、提高用户黏性和活跃度，各大音乐平台不断拓展内容边界，中文播客成为其中的一个关键板块，喜马拉雅 App、蜻蜓 FM、荔枝 FM、网易云音乐等音频平台成功汇集了众多音频内容和听众。[③] 但中国播客内容的生产、上传和发布主要依附于托管的音频平台，这些平台为播客制作者提供发行和推广服务，但播客之于这类平台却只是边缘化的存在，通常被淹没于各类音频节目的汪洋之中，影响力非常有限。随着新一轮播客浪潮的到来，无论是播客主或播客听众，都迫切需要一个内容垂直、服务精良的专业运营平台。

2020 年新冠肺炎疫情席卷全球，出人意料地为播客和其他文化内容的传播提供了契机。疫情之下，隔离、远程学习、网课教学等使得人与人、人与世界、人与环境之间关系的加速异化，进一步强化了现代都市人的焦虑感和孤独感。各类公共空间被迫关闭，展览、讲座、论坛、课堂和其他文化活动也随之叫停，这让人们不得不重新思考如何利用碎片化时间接收信息、获取知识、表达观点和进行沟通，在此背景下，播客等泛娱乐文化形式开始走入公众视野。

2020 年 3 月，中国国内首个基于 RSS 的播客 App "小宇宙" 上线，主打"轻量、纯粹的播客产品"，不但收获了一大批忠实的粉丝，更是吸引了大量

---

① 田爱. 大陆播客的兴起、发展和影响 [D]. 长沙：湖南大学，2010.
② 王慧敏. 移动音频媒体发展的几个转变：对播客的再界定 [J]. 中国广播，2017 (6)：42-46.
③ 赵航. 基于 4I 理论的中文播客营销分析 [J]. 新媒体研究，2021，7 (12)：54-56+60.

有潜力的业余创作者加入其中。以小宇宙 App 的火爆为契机，头部音频社区"荔枝"将旗下播客产品拆分成独立的垂直播客 App "荔枝播客"；喜马拉雅 App、蜻蜓 FM 这类移动音频平台也积极主动地投入中文播客的浪潮之中，并对旗下播客内容产品作出重大调整；各个互联网大厂也推出自己的音频平台，如酷狗音乐的酷狗广播、字节跳动的番茄畅听、快手的"皮艇"、B 站并购猫耳 FM 等；同时，中央广播电视总台推出了云听 App，《第一财经》和《三联生活周刊》等也纷纷入局音频赛道。

根据播客搜索引擎 Listen Notes 的数据，截至 2020 年年底，累计有 16448 档中文播客被记录在案，新增播客节目累计达到 6500 个。其中不乏一些金牌播客节目，如涉及历史、政治、人文的《忽左忽右》，关注经济、投资话题的《疯投圈》，和影视文化相关的《展开讲讲》，泛文化阅读类节目《文化有限》，叙事性节目《故事 FM》，体现驻美记者观点碰撞和思想交流的《声东击西》，夫妻谈话类节目《沈奕斐的播客》，脱口秀演员们带来的《谐星聊天会》等节目，这些金牌播客节目有着独特的风格和调性，聚拢了高黏性的受众社群。如今，人们对新媒体内容需求水涨船高，在未来播客将继续保持强劲的发展势头。

二、我国播客的治理现状

（一）我国互联网内容的治理现状

1. 我国互联网内容治理的责任部门

随着新媒体内容的大量产制与广泛传播，国家网信办、工业和信息化部、公安部、文化和旅游部、广电总局、市场监管总局等政府部门都必须行使应有的监管权，对特定文化内容进行审查与规制。尽管如此，各级政府和各管理部门之间依然缺乏有效的协调与信息沟通，这正是当今中国网络内容治理在实践中面对的一大难题。目前，我国地方行政机关及网络内容监管主体的数量较多，作者对主要监管主体的职责做了归纳与梳理，具体内容见表 10。

表10　网络内容治理的主体及相关职责

责任部门	主要职责
国家网信办	落实互联网信息传播方针政策和推动互联网信息传播法治建设，指导、协调、督促有关部门加强互联网信息内容管理，负责网络新闻业务及其他相关业务的审批和日常监管，指导有关部门做好网络视听、网络出版等业务的布局规划，协调有关部门做好网络文化阵地建设的规划和实施工作，在职责范围内指导各地互联网有关部门开展日常工作等
工业和信息化部	工业和信息化部是指导和监管互联网信息服务提供者的行政主管部门，负责制订和实施互联网信息服务管理的法规规章和技术标准
国务院新闻办公室	规划网络新闻事业，并指导网络新闻宣传工作。在网络内容的产制与传播中若涉及新闻信息的传播，国务院新闻办公室和新闻出版署需对其中涉及新闻或出版的有关内容进行监管
文化和旅游部	文化和旅游部作为指导和监管互联网文化市场的行政主管部门，负责制订网络文化发展的方针、政策和规划，监督管理全国网络文化活动；依据有关法律法规和规章，对经营性互联网文化单位实行许可制度，对非经营性互联网文化单位实行备案制度；对互联网文化内容实施监管，对违反国家有关法规的行为实施处罚
国家广播电视总局	负责起草新闻出版广播影视和著作权管理的法律法规草案，制定部门规章、政策、行业标准并组织实施和监督检查；拟订新闻出版广播影视宣传的方针政策，把握正确的舆论导向和创作导向；制定新闻出版广播影视领域的事业发展政策和规划，组织实施重大公益工程和公益活动
公安部	公安机关公共信息网络安全监察部门运用行政手段，依法监督、检查和指导信息网络安全保护工作，依法查处信息网络领域的违法行为，维护互联网公共秩序，保障网络信息安全

2010年，国家政府把信息管理的职能逐渐收拢，使原来相对分散的权力逐渐集中，并在2011年5月组建了国家互联网信息办公室，简称"国家网信办"，主要职责是贯彻网络信息发展战略方针，促进网络信息发展的法治建设；2014年，中央网络安全和信息化委员会成立，下设中央网络安全和信息化委员会办公室，简称"中央网信办"，同年，国务院授权重新组建国家互联网信息办公室，负责全国互联网信息内容管理工作，并负责监督管理执法。至此，中国网络内容的管理进入一个全新的阶段，网络管理机关与公安机关分别负责互联网行业的监督管理工作和违法治理工作。

2. 我国互联网内容治理的法律环境

在政府的推动与协调下，互联网技术在各行各业不断延伸，使公众的生活、学习和工作发生了一系列深刻变化，大大加速了国民经济的发展、科技的进步，有效提升了社会服务的信息化进程。为了推动网络事业的健康发展、保障国家安全、维护公共利益，我国开始重视对互联网内容的有效管理，为此中央和地方各级政府出台了一系列相关法律条款和规章制度，如 2016 年出台的《中华人民共和国网络安全法》和 2019 年出台的《网络信息内容生态治理规定》等。目前，在音频内容创作方面，我国政府并没有出台明确具体的法律内容，但在规范网络信息传播、优化媒体产业发展方面，我国存在一些通用的条款，能够为播客内容的治理提供借鉴和参考。目前我国的网络内容管理规定主要由法律、行政法规、政府部门规章等构成，具体内容见表 11 至表 13。

表 11 我国互联网内容治理相关法律

名称	颁布时间	责任部门
《全国人民代表大会常务委员会关于维护互联网安全的决定》	2000 年 12 月	全国人大常委会
《中华人民共和国网络安全法》	2016 年 11 月	全国人民代表大会

表 12 我国互联网内容治理相关行政法规

名称	颁布时间	责任部门
《互联网信息服务管理办法》	2000 年 9 月	国务院
《信息网络传播权保护条例》	2006 年 5 月	国务院
《国务院关于授权国家互联网信息办公室负责互联网信息内容管理工作的通知》	2014 年 8 月	国务院

表 13 我国互联网内容治理相关部门规章

名称	颁布时间	责任部门
《互联网出版管理暂行规定》	2002 年 6 月	原国家新闻出版总署、信息产业部
《互联网文化管理暂行规定》	2003 年 5 月	文化部

（续表）

名称	颁布时间	责任部门
《互联网视听节目服务管理规定》	2007 年 12 月	国家广播电视总局、信息产业部
《关于加强网络信息保护的决定》	2012 年 12 月	全国人大常委会
《即时通信工具公众信息服务发展管理暂行规定》	2014 年 8 月	国家互联网信息办公室
《网络出版服务管理规定》	2016 年 2 月	国家广播电视总局、工业和信息化部
《互联网直播服务管理规定》	2016 年 11 月	国家互联网信息办公室
《互联网新闻信息服务管理规定》	2017 年 5 月	国家互联网信息办公室
《具有舆论属性或社会动员能力的互联网信息服务安全评估规定》	2018 年 11 月	国家互联网信息办公室、公安部
《关于推动广播电视和网络视听产业高质量发展的意见》	2019 年 8 月	国家广播电视总局
《网络音视频信息服务管理规定》	2019 年 11 月	国家互联网信息办公室、文化和旅游部、国家广播电视总局
《网络信息内容生态治理规定》	2019 年 12 月	国家互联网信息办公室
《互联网用户公众账号信息服务管理规定》	2021 年 1 月	国家互联网信息办公室

3. 我国互联网内容治理现状

近几年，互联网技术在我国取得了长足的发展与进步，网络治理也初步取得实效，特别是网络环境和综合治理领域的相关技术日趋完善。在管理方面，《关于加快建立网络综合治理体系的意见》的制定落实与《网络信息内容生态治理规定》的发布旨在切实充分发挥多重力量，以强化国家对于网络信息内容的治理能力。目前，国内各级网络管理主体扎实执行网络综合治理制度，政府部门依法管网治网的水平日渐提升，大大促进了行业自律，提升了媒介公司、平台型企业的责任意识。

（二）播客内容把关的主体

所谓"把关"，是指文化监管主体对信息进行筛选和过滤。播客内容的把关者主要包括四大主体，分别是政府、播客平台、内容生产者和公众。政府部门是最重要的"把关人"，是网络内容传播中强有力的一道安全防线。政府能够通过组织制定法律法规，以保证各类传播活动的良性运营与有序传播，确保文化内容不逾越法律和道德的底线。播客平台发挥着把关的重要职责，一方面要借助技术手段对违背国家法律、伦理道德的内容进行过滤；另一方面要对违规节目和内容进行审查处理，平台拥有删除、下架劣质节目的权力。内容生产主体可分为普通用户和专业机构两类，普通用户的内容生产往往是播客制作者基于其兴趣爱好而完成的自主创作，专业机构的加入使得播客内容质量更有保障，且影响着公众的价值认知，无论是普通用户还是专业机构都可以发布并传播播客内容，因此在实践中播客的内容质量首先应由生产者自行把关。公众作为播客内容的接收者，一方面要做好自我管理，不传播可疑或违法的内容；另一方面用户如果发现具有不良价值导向的内容时应及时举报，主动承担监督责任。

（三）我国播客内容把关的模式

目前，我国播客内容在治理过程中缺乏统一明确的标准，现阶段播客内容的审核一般包括内容创作者的自查、平台方人工智能（AI）把关、平台审核人员把关等诸多环节（见图3）。

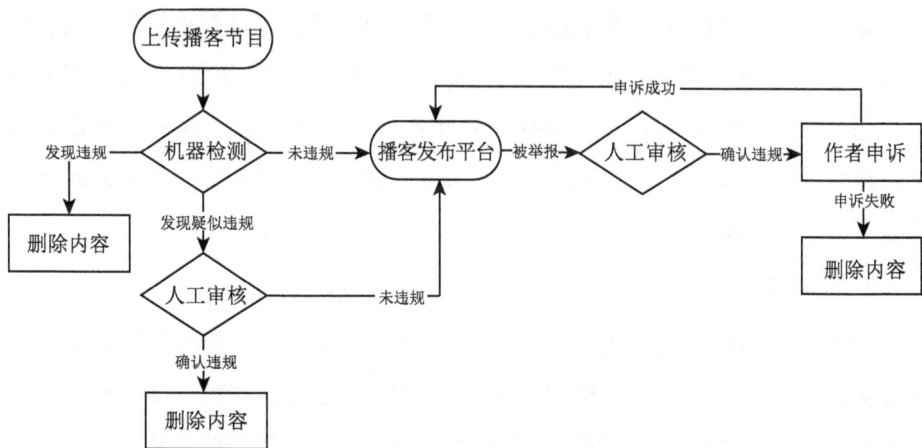

图3 播客平台审核流程

1. 内容创作者与用户的自查行为

在播客平台的用户守则或公约中，均明示了内容的发表者需对所发表的内容负责，如果其所发表内容产生了任何争议，相关发布者要负担全部法律及连带责任。所以，播客的内容创作者和使用者要对其所发布的文字、图片、音频以及其他信息严格进行自查，营造文明、理性、友善、高质量的播客氛围。

播客平台运行条例明确指出，用户不得利用运营方的产品和服务制作、复制、发表、传播不良信息内容（包括但不限于通过发布评论、修改昵称等形式），例如小宇宙 App 在《小宇宙社区公约》中形成了如下规制条例：

（1）不得发布、传送、传播、储存国家法律法规禁止的内容；

（2）不得发布、传送、传播、储存侵害他人名誉权、肖像权、知识产权、商业秘密等合法权益的内容；

（3）不得未经他人同意或授权，擅自发布涉及他人隐私、个人信息或资料信息；

（4）不得发表、传送、传播骚扰、广告信息、过度营销信息及垃圾信息或其他同类信息。

除了法律中明确禁止的行为外，部分平台对公共道德秩序也有所涉及，例如小宇宙 App 明确了对冷嘲热讽、恶俗玩笑、攻击引战、垃圾广告等不良行为的惩处规定；荔枝 App 对违背社会公序良俗的内容进行了限制，视违规情况对涉事账号采取警告、限制或禁止使用全部或部分服务功能、暂时或永久封禁账号等惩罚措施。

2. AI 审核

AI 审核，通俗地说是指利用海量数据来培养机器对内容的价值认知。AI 能够研究违规内容与正常样本之间的关系，引导智能设备研究、抽取和记录相关数据，并组成数据库，其后通过数据库的比较、识别与过滤，从而找出违规内容。在这一过程中人工智能的识别能力经学习优化后可达到极高的精准度，大大缓解了人工审查的压力，使更多的人力能够被投放在急需复核的内容上。

　　在播客平台的审核实践中，企业先通过 AI 将音频内容转换成文字，进而通过机器识别系统完成对敏感词汇的审核甄别。该系统主要采用了 AI 听觉识别技术，通过提取和标注审核内容中的敏感词，最终得出敏感词频率、占比等数据。此外，人工智能还能结合上下文语义对音频内容进行综合判断，进而提高审核的准确率和灵活度；同时它还能够通过音色识别的方法判断主播的性别，进而判断该内容是否违规，语境分析和音色识别技术能够协助平台完成更为细致的审查工作。另外，在当前技术条件下，人工智能不但能识别普通话的音频内容，还可用于其他语种的分类及识别，以保证审核管理工作的全面性。小宇宙 App 的负责人曾在接受采访时表示，在音频内容缺乏监管标准的情况下，平台多采用音频内容文字化的审核手段，再参照文字内容的管理尺度进行把关。

　　除了对音频内容进行审核外，播客平台还会对标题、评论、社区互动等内容进行审查，审查过程也是主要依靠 AI 技术来屏蔽敏感词语，如听友若在小宇宙 App 中发表带有辱骂他人词语的评论时，相关评论发表后会自动将该词语修正为"喵呜""小笨蛋"等略带撒娇可爱语气的词语，以防止"键盘侠"们的恶意评论造成人身攻击。

　　但不少业内人士表示，音频文字化的过程中会存在信息丢失等问题，为此未来仍然需要进一步完善审核办法和审核技术，以提升内容审核的效率和质量。喜马拉雅 App 的管理人员曾表示："平台拥有'大数据＋人工审核'团队，但也难免存在遗漏之处，特别是部分非商业传播的自分享内容……"由此可见，在审核技术还不完全成熟的当下，音频内容的监督与管理工作还存在一定的盲点和局限性。

　　3. 平台人员审核

　　人工智能审核虽然能帮助平台审查出部分违规内容，但仍有一些内容创作者抓住 AI 审核机制的漏洞而发布违规内容，在这种情况下，人工审核就显得尤为重要，特别是在出现内容语义、价值取向等方面的错误时，人工审核可以有效弥补缺陷。

　　第一，平台在向用户分发节目内容时，会先通过 AI 审查内容信息，之后再进行人工审核，只有审核员对信息进行浏览后证实内容不存在违规现象，该内容才能公布于众。第二，对于用户举报的相关内容，审查员需甄别核实举报信息，并将处理情况反馈到举报人手中。对于涉及危害国家安全、扰乱社会秩序的举报材料，审核员要及时向相关主管部门汇报；对不真实的举报内容和违法违规行为，平台则需根据不同情况采取适当的处理措施；平台也需雇佣专员及时将举报受理和处置中形成的材料整理归档。

三、我国播客的治理困境

目前，我国播客产业发展迅速，但也出现了诸多困境。在政府层面，治理环节缺少强有力的法律条文支撑；在内容层面，作品的质量参差不齐；在用户层面，公众网络监督意识薄弱。此外，播客创作的低门槛致使内容搬运、抄袭文案、宣传虚假信息等恶性事件频发。在信息制作和传播极为便利且审查制度不完善的情况下，播客节目中不良信息扩散的速度令人咋舌；但如果过度干预内容产制与分发活动，亦会对播客的发展造成一定影响，治理环节的复杂性与矛盾性使得播客产业面临极大的治理困境。

（一）播客内容治理的法律法规待完善

1. 音频内容治理立法滞后

近年来，我国针对网络内容治理发布了多项政策文件，有效地规范了网络内容的管理和发展，但是，播客和在线音频作为新兴的网络产业，还存在一些亟待解决的问题和风险。从网络内容监管立法的情况来看，最突出问题就是法律和行政法规的数量较少，部门规章制度数量占比较大，且主要集中于视频内容的治理，几乎没有针对音频内容治理的适用性条款。

在网络内容治理方面，我国政府出台的政策方案大多数以部门规章等规范性文件为主，暂未形成一部体系完整、权威性高、涵盖范围广的基本法。这也使相关法条及文件只能解决阶段性问题，治理过程侧重于事后监管，而非事前防范；且部门规章并未设定严格的处罚条款，因此对于各类违规行为无法实施有效的处罚与惩戒，降低了监督效力。

2019 年，中国网络视听节目服务协会就短视频内容存在的诸多问题，颁布了《网络短视频内容审核标准细则》《网络短视频平台管理规范》。明确规定了短视频内容的红线，为规范短视频制作与传播提供了重要依据，但音频内容的治理却长期受到忽视。音频的制作与传播更加轻量化，受众以年轻群体为主，一旦传播内容涉及违法和不良信息，往往会造成严重的社会影响。

2. 管理标准难以把控

对播客内容的把关目前只能依据网络内容管理的相关法律法规和规章制度，这会导致在具体监管工作中，审核人员难以界定内容是否违法违规、是否违反道德准则，审核员态度的摇摆会导致违法内容和不良内容流出。而如果以"一刀切"为准则下架所有问题内容，又容易因为干预过度而影响播客行业的发展。

（1）播客内容的管理缺少专门统一的标准文件。现阶段播客违法内容的定义和解释大多散落在网络内容治理的部门规章和规范性文件当中，而这些规定是各个监管主体根据各自的责任范围和工作特点而制定形成的，对违规内容的类别、特征和处置方式等缺乏统一判定标准。

（2）对于不良内容的划分，道德分类标准较为模糊。目前，我国对互联网不良内容的描述主要集中在法律体系已经界定的范畴内，例如危害国家安全、损害国家利益、宣扬色情淫秽、暴力血腥等内容是绝对禁止的。但关于违背社会道德体系和公序良俗的节目，目前缺乏描述性认定。

3. 处罚设置不合理

近年来，随着互联网的不断发展，不良内容的传播愈演愈烈，不仅损害了网民的合法权益，也破坏了社会秩序甚至威胁到国家安全。目前我国对网络内容违规的处罚和打击力度较轻，缺乏有效的威慑作用，导致播客创作者违法成本较低。

（1）播客平台作为网络服务提供方，肩负管理职责。《全国人民代表大会常务委员会关于加强网络信息保护的决定》《互联网信息服务管理办法》等都规定了网络服务提供方有管理信息内容安全的义务，如果出现违规内容，平台必须暂停传播、采取处置措施、保存记录，并向主管机关上报情况。播客平台作为内容把关的重要防线，要时刻对不良内容的传播保持警觉，坚决不能为了流量和利益而默许违法内容的存在。近年来，我国加大了对网络内容平台的整治力度，许多平台都受到了行政处罚。例如 2021 年北京市广播电视局在排查时发现"猫耳 FM"的内容审核制度存在重大问题，大批违反公序良俗的内容在网络上违法传播，严重违反了《互联网视听节目服务管理规定》，公安执法人员依法对平台给予行政处罚、警告并处以人民币 3 万元的罚金。

（2）播客是以 UGC 模式和 PGC 模式为主的信息制作载体，内容制作门槛较低，部分创作者会为了流量和利益链而走险去制作和散播非法信息，或是诱导消费者跨平台进行违规消费。对这些不法创作者，平台或有关部门一般会进行警告、下架或删号，情况较为严重时才会追究当事人的法律责任。但下架或删号等措施难以遏制违法行为的蔓延，这些非法创作者可以注册多个账号另起炉灶，继续开展违法行为；部分非法创作者多地逃窜，这也为执法工作带来了困难。

（二）播客内容生产待治理

播客内容丰富了我们的精神世界，具有较高的审美与实用价值。部分创作者可能最初仅仅是为了吸引流量、争取眼球、满足单个用户的特殊需求，但是他们一旦品尝了"创意"带来的不菲之惠后，"创作方式"与"创意行为"往往变得无法控制，甚至会以病毒扩散般的速度去传播违法违规信息，极大污染了音频文化空间，扰乱了线上听觉场域。

1. 版权保护难治理

（1）在频道多、知识广、内容精的播客产业，部分节目内容趋同现象发生。除了普通创作者的盲目跟风外，部分专业创作机构也会相互借鉴、模仿、抄袭。为了维持热度和关注度，有些账号不放过任何一个热点话题，甚至部分剽窃者比原作者获得了更多的点击量和评论数，如果对这一情况放任不管，会极大地挫伤原创制作者的创意热情，亦侵害了创意发起人的实际利益。此外，跨平台所衍生的内容也同样被视为内容剽窃，不少创作者把其他渠道中高质量的文字内容或视频内容改编成音频的形式进行牟利。

（2）优秀的内容创作者也不乏版权争议的问题。为了提升播客内容的丰富性和收听过程的舒适性，大量的创作者会在节目中穿插音乐来烘托气氛，殊不知这样可能会侵犯音乐人的著作权。《中华人民共和国著作权法》规定：

"未经著作权人、录音录像制作者许可，通过信息网络向公众传播其作品，属于侵权行为，如果追究责任需要删除作品并且赔偿损失。"

播客作为重要的知识内容分享平台，版权保护是播客内容治理中极为关键的一环，有助于维持产业良性发展。如果在治理环节没有重视版权争议并采取有效举措，势必会影响播客行业发展。在信息爆炸的互联网空间以及快速变化的外界环境面前，怎样维护创作者的合法权益并面向所有创作者普及版权相关的法律知识，为播客内容的产制提供一个好的创作环境，是未来播客内容治理工作中亟待解决的重要问题。

2. 虚假信息的肆意传播

除了色情、暴力、恐怖以及内容同质化等问题外，虚假信息的肆意传播也是播客内容治理工作面临的主要难题之一。

（1）部分制作者缺失新闻专业主义，因此加速了虚假信息内容的传播。由于大量播客节目由普通用户制作完成，他们对自己所发布的内容事实来源并不清楚，也许是他们浏览网页时曾看到过的有趣内容，也许是道听途说的传闻，他们便会顺手拿来作为节目素材。部分内容创作者缺乏新闻专业素养，也缺乏内容生产的专业能力，亦不清楚新闻传播的伦理准则，无法甄别信息的真实性、准确性与客观性。

（2）部分制作者缺乏道德感与责任心，会通过制造虚假内容来博取社会关注。为了满足部分用户的猎奇心理，一些内容创作者会根据网络热度故意策划虚假事件，大肆炒作，有意传播虚假信息以吸引流量。随着 AI 技术的深入发展，用户能使用 AI 盗用他人的声音进行合成，这些合成的声音与真人无异，人耳难以鉴别，深度伪造的听觉内容轻则混淆视听，重则可能被不法分子用于诈骗，因此需要引起公众对 AI 生成内容监管的关注。

3. 内容泛娱乐化严重

快节奏的生活方式给人们带来了巨大压力，而浏览娱乐化的内容则可以帮助人们舒缓情绪、减轻压力，但这也应当是有界限、有底线、有原则的娱乐与消遣。娱乐元素若在社会生活中过度泛滥，很可能会导致"泛娱乐化"现象，如若任由泛娱乐化的内容大肆传播，甚至挑战伦理底线，将会给人类社会带来极大的负面影响，特别是会影响青少年的成长成才。

（1）部分创作者会以娱乐化口吻改写其他领域的人物和事件，创作意图在于娱乐大众、吸引流量，这极大地降低了文化市场的严肃性。泛娱乐化的社会思潮旨在将原本没有娱乐元素的内容转变为娱乐资讯，并将历史、政治、经济、科学等众多领域的严肃知识与信息勾勒出嬉戏感，以满足大众的感官欲望，如近年来流行文化中出现的戏说英雄人物和历史事件等内容，以戏谑的方式对革命先烈、民族英雄的光辉形象和英雄事迹进行阐述和传播。这些泛娱乐化的内容导致一批价值观淡漠的网友去寻求更肤浅的狂欢，而忘记了理性价值和道德追求，如某平台的一些播客节目和广播剧在讲述历史故事时会改动情节，给历史人物加上所谓的"感情线"，甚至出现低俗桥段。同时，"泛娱乐化"的信息会触发用户内心的孤独感和空虚感，使得人们的审美理想日益趋于世俗化，从而导致享乐主义、拜金主义等不良社会思潮的加速蔓延。

（2）如果创作者采用娱乐化的方式解读主流意识形态、国家大政方针等严肃议题，可能会给国家意识形态安全带来严重后果。境外敌对势力将大量泛娱乐化的文化内容发表于网络，转发各类违法违规内容，对主流意识形态进行歪曲和误读，刻意贬抑、矮化主流价值观，这种行为无疑给广大网民带来一种寓"毒"于乐的社会倾向。

（三）播客平台管理待加强

现阶段我国网络内容的管理主要采取政府主导、平台配合的方式展开，由于我国《网络安全法》要求互联网经营单位应当履行信息安全监管义务，平台作为第三方内容管理的实际执行者，扮演着"守门员"的角色，是落实网络内容有效管理的中枢神经系统。

1. 举报机制设置待完善

一方面，举报渠道过多，过程烦琐。当前国内举报不良内容的窗口主要有两类。第一类为政府管理部门的举报渠道，以电话举报和官方举报网站为主，大致包括国家互联网信息办公室管理的"中国互联网举报中心"、国家广播电视总局负责的"中国扫黄打非网"、公安部门负责的"网络违法犯罪举报网站"、文化和旅游部负责的"全国文化市场举报平台"、工信部负责的"网络不良与垃圾信息举报受理中心"等。第二类是播客平台内设置的举报按钮，但部分平台的举报按钮设置位置不明显，用户难以快速识别与操作；不少用户觉得举报流程烦琐、操作不便，缺乏参与监督工作的积极性。

另一方面，用户举报后，部分相关部门的信息反馈不及时。举报流程一般是：首先平台工作人员根据举报者所提供的信息，对举报内容分门别类地进行标记，再验证举报是否属实；如果判定属实，则需要在规定时间内进行处理，并将处理决定反馈给举报者，同时对无法处理的内容予以标注和说明。但在实际过程中，部分信息存在滞后现象，会挫伤用户举报的积极性，当他们下次面对不良内容时选择视而不见的概率上升。

2. 缺乏内容治理长效机制

目前国内的播客平台主要是就内容进行监督管理和应急处理，缺乏长期有效的治理体系。国家网信部门每年都会联合其他政府部门，对互联网内容进行专项整治，并采取约谈、警告、下架、关停等一系列处罚措施。但这种冒出一个问题才去治理一个的现象，必将导致此堵彼漏、此消彼长的状况，使得不良信息内容的传播永无止境，更无法从源头上对所有不良信息实施有效控制。由于网络信息内容纷繁庞杂、泥沙俱下，传统媒体的管理理念和管理方式亟须变革，用围追堵截的方法不能建立起规范网络传播秩序的新堤坝。未来，我国的文化管理体制与管理手段都要与时俱进，以便营造出清朗舒心的网络空间，满足人们对建设美好网络文化生活的新期待、新需求。

3. 青少年保护模式难以推广

心智尚不成熟、缺乏自控力的未成年人容易被网络不良信息所蒙蔽，被网络上流传的错误价值观所影响。《中华人民共和国未成年人保护法》《中华人民共和国网络安全法》中都明确了"依法惩治通过互联网进行损害未成年人健康的行为"；《青少年蓝皮书：中国未成年人互联网运用报告（2020）》中显示，现阶段中国未成年人使用互联网的比例高达 94.9%，且触网低龄化趋势正越来越显著，随着新兴的网络娱乐以及社交受众的增加，推进未成年人的网络保护工作，引导青少年在成长中树立正确的"三观"，持续加强互联网的内容治理刻不容缓。

未成年人与播客的联系与接触均应放在更可控的管理框架下进行。目前，众多平台均开发了"青少年保护模式"。例如在小宇宙 App 的青少年模式下，用户看到的内容都是教育类、知识类的资讯，平台还会限制用户使用充值付费、粉丝互动等功能。但在实际操作中，未成年人往往不经过家长同意就直接使用平台，或者借助长辈的身份信息完成用户注册。未来，播客平台应进一步完善未成年人保护机制。

（四）公众监督意识薄弱

互联网内容治理不仅要依靠政府管理机构，还需要调动多方力量协同参与。一方面，播客平台上用户和管理人员在数量上相差巨大，若能充分调动公众监督的积极性，就能形成一股强大的社会监督力量，同时也能发现一些管理人员无法察觉到的问题；另一方面，公众也是违法内容和不良内容的受害者，为了净化公共互联网环境，平台和国家都应该鼓励公众对互联网内容开展监督，并对举报有功人员给予激励。

但在现实生活中，很大一部分用户遇到不良内容都会选择视而不见，这一现象可能源于用户对举报功能不够信任、举报后并未收到反馈而对举报行为产生怀疑、对举报操作流程不熟悉等。此外，还有部分用户没有风险管理意识，对不良内容的敏感度较低，或者粉丝对播客内容具有较高的包容度，也有用户担心内容举报会限制播客的发展。

四、我国播客的治理提升策略

（一）政府层面

1. 完善音频内容治理规定

目前，由于我国互联网内容管理的主要客体是视频产业，音频内容管理的法律规定相对较少，且主要是部门规章和地方政府机构制定的规范性文件。相关条例制度较为零散，不乏相互重合、权限不符的文件导致管理依据不明确。

目前重中之重是缺乏一部权威的、系统的、规范性的音频内容管理基本法。

一方面，法律法规应明确非法音频内容的范围和标准。目前平台在界定音频是否非法时，一般评判标准来自审核人员的主观感知，易导致把关松紧程度不均。但如果标准设定极其严格，又会侵犯公民的言论自由。未来，希望在国家网信办领导下，政府部门和监管机构能与各大音频媒体平台、行业协会等进行商议探讨，确保所拟订法律条文公平公正、适用性好、可操作性强，从而更好地规范音频行业的发展。

另一方面，立法时应明晰监管主体的权利与责任。现行有关音频内容管理的规定较少或甚至没有明确各个管理部门的职权范围及责任大小，未来只有明确管理部门的权限和责任范围，才能有效地对音频行业进行规范管理。其一，多个相关部门具有管理播客行业的职权，会导致权力分散，职能分工不明，遇到重大问题和突发状况时无法快速达成统一意见。其二，网络平台应该承担的法律责任未有明确说明，因此有必要在法律层面予以明晰，使具体问题有法可依、违法必究。

在网络信息技术和视听媒体蓬勃发展的今天，国家在音频产业方面的立法迫在眉睫，法律法规的出台能促使媒体行业健康有序发展，让听众有更多的获得感。

2. 协同治理模式

音频内容的治理需要跨部门的协同与合作，以实现不同机构和领域的效能最大化。网络发展具有快速性与复杂性等特点，仅仅依靠某一个部门，或是依靠几次的联合整治行动，是难以高效地解决和处理各类复杂问题的。所以在互联网音频内容治理中，构建跨部门、跨领域的长效合作机制是有必要的。特别是遇到重大或突发问题时，不同部门应认真履行各自的管理职责，有效促进各个部门间的信息交流和协作，争取使协作办公走向常态化、规范化、制度化。

针对互联网音频内容的管理，各部门不仅要履行监督、检查和指导等职责，还需要加强信息的互动性以及管理的联动性。通过组织联席会议、设立专项特别整治小组等，建立跨部门的协作网络。在处理音频内容服务的违法违规行为时，各部门要彼此配合，制定出相应的协调措施和行动计划，建立信息共享机制，从而提升监督效能。

3. 官媒加强议程设置，发挥舆论引导

在新媒体时代，面对海量的信息，公众普遍会有自己的选择和理解，媒体不应将态度强加给公众，而应通过议程设置来引导公众，告诉他们"应该怎么去想"。播客作为新兴的音频媒介，已经成为年轻一代表达思想、抒发见解的重要工具，也同样具备舆论引导的作用。目前，已有《三联生活周刊》《第一财经》等部分知名媒体加入播客的行列，尝试通过解析社会现象来传播正能量的观点和态度。

（二）社会层面

1. 强化行业自律意识

播客类平台要严格遵循国家有关法律规定和政府有关规章政策的要求，并以此规范企业行为、开展产业活动、整肃行业内不正之风，共同促进播客行业的健康发展。目前，中国网络视听节目服务协会是经我国民政部批准成立的全国性协会，既是全国唯一的网络视听行业组织，也是规模最大的网络内容行业协会。中国网络视听节目服务协会应该在政府和企业之间起到桥梁与纽带作用，不断推进行业自律，提高国家网络视听节目的服务水平。

为了营造安全健康的播客环境，政府要加大对播客行业自律公约的建设，推动行业协会进一步完善与发展；播客创作者应该主动遵守行业自律公约；平台则要遵守行业自律条例，降低政府在管理过程中的成本。

2. 营造社会全民监督的氛围

网络的高速发展催生了越来越多内容创作平台的出现，公众参与网络内容创作的类型与丰富度也在不断提升。在网络内容监管中，政府要引导和鼓励社会力量积极介入相关的审查与监督工作。同时政府也可以转换治理思路、完善治理手段、优化治理机制，进一步健全社会监督体系。如针对播客用户在日常督查工作中发现的问题，政府可以从这些领域切入，优化播客行业治理方式，提高内容管理效率。社会各方在具体监督过程中也要以法律和社会准则为依据，形成相对共识。用户要清楚地认识到公民享有的权利和必须承担的义务，

确保责任和义务既不缺位又不越位。

（三）平台层面

1. 提高"把关"能力，强化审核人员素质

"技术过滤＋人工审核"是目前播客平台内容"把关"的重要方式。随着人工智能的发展，音频辨识技术已经高度成熟，具备极高的识别准确率，大大提高了内容审核的效率。

人工审核的工作人员是内容管理的重要角色之一，是传播链条的关键"把关人"，是关键内容的审查者。《网络视听节目内容审核通则》中明确指出，各级网络视听平台应按照业务规模来组建审核人才队伍，且审核人员应具备基本的思想政治素养和专业知识素养。一方面，审核员要有职业道德感和社会责任心，具有较强的专业能力和敏感度；另一方面，审核人员在研判节目是否违规时必须慎之又慎，如果节目不符合播出标准，审核员要如实阐述禁止理由，并提出相应的改进意见。

审核员的工作水平直接影响平台内容的质量。内容审核人员在上岗前，必须首先接受业务培训，系统地了解平台的审核机制、人员部署、审核标准等信息，并需要顺利完成业务考评。其次，平台需进一步考察审核人员的思想道德素养，确保其拥有积极向上的价值观和道德观。另外平台还应定期为各个分组的播客审核人员组织业务培训，尤其是在专业化和时效性的内容分区，如军事、法律区等，平台要帮助审核人员不断开阔专业视野、丰富知识积累。另外，对已通过播客审核员审查的播客节目，平台也应抽取相应比例进行质检，将检查结论列入公司的绩效考核中，有助于促进播客内容审核人员不断开展自主学习，提高工作能力。

2. 实行实名认证制度

互联网实名认证制度促进了我国网络内容治理工作向法治化方向过渡。目前，我国网络内容存在诸多乱象，如虚假消息泛滥、身份被盗用等，正是一些缺乏职业素养的内容创作者发现了互联网信息传播的隐秘性，他们才敢在网络上肆意发布各种不良信息以获取非法利益。

在互联网技术日益成熟的今天，网络已经成了公众生活中不可或缺的组成部分，因此互联网内容治理显得重要且迫切。实名认证制度是监管工作的一大推手与利器，将虚拟身份与真实身份绑定，能降低内容创作者发布不良信息的概率，使违法内容有迹可查，也能从侧面起到提醒和威慑作用，使不法分子对违法所承担的责任有所顾忌。此外，实名制也可以大大保护内容创作者的版权，有效减少网络侵权行为的发生。因此，播客平台需要加快对所有用户的实名认证，敦促已完成登记的旧用户进行实名验证，否则将限制或终止他们在平台上留言、点赞的权限；对于新注册用户，平台要确保他们在注册时已登记姓名、手机号等信息，且每名用户只可注册一个实名制账户。

3. 严格"准入"规则，加强用户注册管理

对于平台而言，首先应在用户注册账号时就对使用者进行法规宣传，强化用户注册程序的规范性。新用户在平台注册过程中，首先要学习相关注册条约和须知，了解平台的操作规范、社区公约、未成年人保护条例等。但在实际的注册操作中，新用户只需要等待几秒再点击"同意"或"已阅读并接受"的按钮即可完成注册，无须详细阅读具体的规则内容就能注册成功。如今，平台的各种条例展示形同虚设。

平台为保证用户能够仔细阅读每条内容，可以采用技术手段侦测用户在有关界面的逗留时间、滚动速度等。如用户希望获得评论、留言等互动权限，平台就要引导用户进一步了解各项规则条例。例如我国知名视频平台哔哩哔哩（B站）就通过答题测试来加深用户对法律规章和道德规范的理解，只有达到规定的分数才可以开放对应的权限及功能。

（四）个人层面

1. 自觉遵守各项网络制度

各个播客平台都制定了播客社区公约和管理条例，包括"遵守互联网信息管理办法，禁止传播违法违规内容，倡导平等、友善、真诚的互动交流"等几大方面。在收听播客前，公众应自觉地阅读各项公约，健康地传播和获取信息。同时有意识地反思自己的言行举止是否符合伦理道德标准，树立"理

性、尊重、自律"的网络约束理念。特别是扮演"意见领袖"的内容创作者在发布作品时，应避免传播违反道德准则的内容，同时要以自律、友善的态度和真诚、有礼貌的言行发挥引领作用。普通用户要独立思考，辨别是非，切莫盲目随大流、不明真假地进行主观臆断。

2. 善用举报机制

如今，网络平台上充斥着海量的信息，虽然可以依靠 AI 技术以及人工审核等手段进行初步筛选，但是难免总有漏网之鱼，因此平台应充分发挥用户的积极性，引导用户也参与播客的内容审核。目前播客平台均设有举报机制，且举报违规的分类也十分齐全。例如小宇宙 App 在播客节目和评论区中设有举报按钮，并分类为：侮辱谩骂、垃圾广告、违法诈骗、虚假信息、色情低俗、政治相关、血腥暴力、版权盗用等。用户如果遇到违规评论可以通过长按该条评论将其标注为"不友善"评论。用户举报的内容在得到内容审核人员的复核确认后，则会被下架或删除。为了提高用户对违规内容进行举报的积极性，平台要对举报人给予一定奖励，如可设置有奖举报机制，根据不同举报情况奖励一定数量的积分，而积分累计达到某一数值后就可以兑换纪念品或购买付费内容等。对于恶意举报的用户，平台也要出台管制措施，如可强制清零其账号累计积分，如果某一用户有重复恶意举报的情况发生，平台可冻结其账号。

对管理部门而言，未来应拓宽举报途径，当前传统的电话、官网举报已不能适应时代发展现状，要建立微信公众号举报、小程序举报等新渠道、新通路，还需要完善不良内容的有奖举报机制，比如通过现金、积分等奖励形式来鼓励用户主动参与网络内容的日常监督工作。

第三节　脱口秀演出的治理策略

一、脱口秀演出的内容特点、传播特征与行业现状

脱口秀是一种常见的文艺表演形式，由英文"Talk Show"（口才展示）音

译而来。定义是"一种电视、广播上的谈话节目，嘉宾、观众聚集在一起讨论主持人提出的话题"，亦称为电视谈话节目。典型代表性作品包括《拉什·林堡秀》（Rush Limbaugh Show）等。2017 年，另一种被公众广泛接受的"脱口秀"的表演艺术形式逐渐开始占据市场主流，即"单口喜剧"（stand-up comedy），其特征是由一名喜剧演员在舞台上通过语言表演而完成与观众的互动和交流，演员讲述中的梗、段子往往都来源于生活中的真实经历，目的是引人发笑，内核是促人思考。2017 年是"单口喜剧"类脱口秀在我国崛起的元年，这类节目以 47.69% 的高支持率位列最受欢迎的网综节目类型之列，且取得了第四名的好成绩。近两年，语言类节目领域现象级综艺频出，成功带动脱口秀表演走出荧屏、走向线下，成为国民喜爱的日常休闲娱乐活动之一。

（一）脱口秀演出的发展历程

脱口秀的发展历程与社会思潮、文化演变密不可分。20 世纪 60 年代，美国社会处于政治争议和文化转型的浪潮中，人们对于现实问题的反思与关注日益增多。在这样的背景下，脱口秀艺人们开始运用自嘲、讽刺和幽默等手法、通过夸张的表演和机智的言辞，来调侃社会、政治和文化议题。这种独特的表演形式很快成为美国文化的有机组成部分，并在全球范围内得到了广泛的传播和扩散。相较于西方脱口秀对政治问题的针砭时弊，中国的脱口秀内容更多取材于日常生活，较少涉及政治议题。

一系列国字号脱口秀节目如朱军的《艺术人生》、李咏的《咏乐汇》、陈伟鸿的《对话》等陆续登台与观众见面，均产生了一定的社会影响力，部分节目甚至具有较好的国民美誉度。[①] 2015 年《金星秀》开播，节目主持人金星和邀约嘉宾以轻松幽默的方式讨论社会热点和娱乐八卦。这些综艺节目融合了不同的喜剧元素，表演形式新颖，演员个性鲜明，大大推动了电视谈话类脱口秀这一表演门类的形成与扩张。

---

① 陈冰. 中国荧屏上的脱口秀进化史 [J]. 新民周刊, 2021 (3)：24 – 25.

1990 年，香港喜剧演员黄子华以单口喜剧的形式演出"栋笃笑"。舞台上的他句句针砭时弊、引人思考，为此演出几乎场场爆满，创造了香港喜剧界的票房神话。[①] 至此，黄子华也成为最早将单口喜剧搬到华语世界的中国演员。但单口喜剧类节目在我国出现较晚、频次较低、发展较迟，为此用户对其一直保持着模糊认知，内容生产者也未能对节目类型进行有效分类。[②] 2007 年《大鹏嗷吧嗷》横空出世，这是中国互联网上第一档也是当时影响力最大的脱口秀节目。2012 年《今晚 80 后脱口秀》等脱口秀节目开播，真正将单口喜剧类表演这种独特的演出形式带入公众视野中。

与此同时，脱口秀线下演出在国内风靡流行起来。2010 年北京诞生了第一家线下脱口秀俱乐部；同年上海也创办了本地第一家线下脱口秀俱乐部"笑道俱乐部"，为脱口秀的发展奠定了基石。

2017 年之后，脱口秀节目陆续开播，倡导选手们自由发挥，让观众在欢笑中感受到了语言的奇妙与魅力，一经推出便受到了广大观众的喜爱和追捧。部分脱口秀节目在热映期间不仅时常将"脱口秀"带上热议话题榜，同时也成功培养出了一批极具商业价值的优秀演员。目前，脱口秀在年轻人中的知名度与美誉度已经超过传统综艺节目，成为都市生活中不可小觑的流行文化活动之一。

（二）脱口秀演出的内容特点

1. 语言表达具有幽默性

脱口秀演员通过语言表达剖析社会、探讨人性，将故事与话题转化为一个令人捧腹大笑的段子。这种幽默感不仅仅是单纯地令人发笑，更多的是表达演员对生活、对社会、对人性的深刻剖析，让观众在欢笑之余也能有所思考。幽默是脱口秀最为重要的元素之一，它可以缓解紧张气氛，引发观众的笑声和掌

① 滕威. 中国脱口秀（单口喜剧）的发展简史与路径选择 [J]. 中国现代文学研究丛刊, 2023（5）: 67－98.
② 郑石, 张绍刚."单口喜剧"类节目的概念辨析及文化思辨 [J]. 文艺评论, 2017（8）: 108－113.

声；幽默不仅能够增加演出的趣味性和娱乐性，还能够让观众更好地理解和接受演出内容。

2. 话题选择具有独特性

脱口秀演出通常以其独特的视角和幽默的表现形式，聚焦并讨论了生活中不同寻常的各类话题，这些话题通常是大众关注的热点，但又不是常规的新闻报道，因此如何抓住并讲清楚一个独特话题成为一场脱口秀成功与否的关键因素。脱口秀演员在阐述观点时会兼顾观众的兴趣点和关注点，同时也会表达自身独有的观点和态度。独具个性又有深度的话题不仅能够吸引关注与讨论，还能够引发观众思考和共情，从而达到了娱乐和启发的双重效果。

3. 表演形式具有高度互动性

脱口秀节目非常注重与观众进行互动与交流，观众可以通过回应、喊口号等方式参与到演出中来。通过互动，演员们得以更好地了解观众的需求及感受。事实上，观众不仅仅是被动的听众，而且是主动的参与者、共同创造者。脱口秀的高度互动性体现在许多方面，比如演员与观众之间的对话、演员与观众之间的互动游戏、演员与观众之间的即兴表演等。

4. 内容表达强调真实性

脱口秀演员通常会将自己真实的经历和观点融入演出内容与细节之中，这种真实性不仅能够让演出更加生动有趣，也能够增加观众对演员的信任感和认同感。观众可以在众多脱口秀演员中找到自己喜欢的风格和类型，从而对演员产生信任、尊重与共情。此外，脱口秀的素材往往来源于生活中的热点、痛点，这点也让脱口秀的内容表演更有时代感与生活感。脱口秀演员并不是完全即兴表演的，为了确保段子的数量和质量，演员会在演出之前收集生活中的真实素材、写好段子逐字稿，先后经历读稿会、开放麦、个人专场等流程一遍遍打磨，设计好一个个直击人心的包袱和表演节奏。这种来自真实生活的"爽点"不仅能够增加表演的真实感和活跃度，同时也能够让演员更好地传达自己的观点和态度。

（三）脱口秀演出的传播特征

1. 社交媒体传播

社交媒体的普及为脱口秀的传播提供了便利。《罗辑思维》是网络视频脱口秀的成功典范之一，节目在社交媒体平台上有了更多推广机会，能够更加精准地定位目标受众，吸引更多观众参与到节目中来，从而提高了节目的收视率和影响力。此外，观众也可以通过微博、微信等社交媒体平台随时随地关注脱口秀节目，分享自己的观点和感受，从而促进了脱口秀的传播。许多网友通过微博分享自己对节目的感受，促使节目的话题讨论度大幅提升。社交媒体平台为脱口秀与观众互动提供了更多机会，观众进一步与演员进行交流，强化了节目的参与感与认可度。

2. 口碑传播

脱口秀节目的火爆也来自观众的评价与口碑，这是因为脱口秀节目往往涉及社会热点及话题，观众观看后会感到兴奋和愉悦，为此愿意与他人分享自己的观感和感受。这种口碑传播的方式不仅可以提高脱口秀节目的知名度，还能够增加受众的参与度和忠诚度。高质量的脱口秀节目会在受众群体中口耳相传，广受好评，形成良性发展循环。部分脱口秀节目借助专业的喜剧创作能力和高品质的内容输出，吸引了大量观众的喜爱与追捧，创造了大量的营收和娱乐口碑，触发了强大的口碑传播效应。[①]

3. 短视频传播

短视频传播具有直观、鲜活、易于交互等特点。随着移动互联网的普及，人们可以随时随地通过手机观看短视频，这为脱口秀传播提供了良好的媒介平台。同时短视频制作门槛较低，用户通过简单的拍摄和剪辑就能制作出有趣的短视频，为此脱口秀节目的传播有了更多的用户基础。个别脱口秀演员通过日复一日上传演出视频，在视频中尽显个人才华，逐渐积累粉丝与人气，将观众

---

① 李娟. 解构性表达下的正能量赋权：《脱口秀大会》的文化批判分析 [J]. 浙江学刊，2021 (4)：183 - 192.

吸引到线下剧场观看演出。此外，用户通过分享、评论等方式参与到短视频传播中来，也为脱口秀内容的宣传和推广提供了更多的契机。

4. 跨界合作传播

脱口秀节目往往会邀请嘉宾来到录制现场，这些嘉宾不仅来自演艺圈，还包括体育、商界、科技等各个领域的精英人士，这种跨界合作的产制模式不仅可以吸引不同背景的观众，还使脱口秀节目呈现了多元化的风格。这种跨界合作的形式丰富了节目内容，不仅扩大了脱口秀节目的影响力，也为其他媒体或品牌带来了更多的曝光机会。

5. 演出传播

随着脱口秀节目的爆火，一方面，爱优腾等国内头部视频平台对脱口秀节目持续给予了资金、流量等资源支持；另一方面，也衍生了脱口秀巡回演出、脱口秀演员个人专场演出等形式。这些脱口秀演员纷纷启动个人专场巡回展演，他们在不同地区表演时融入当地的风土人情等文化元素，延伸了脱口秀表演的内容边界，扩大了表演的受众人群。厂牌本身具有集聚效应，优质内容又拓展了受众圈层，脱口秀明星以其独特的个人魅力不断吸引着大量"追星人"到场围观。

（四）脱口秀演出的行业现状

1. 节目类型丰富

单人表演是脱口秀演出中最为常见的一种形式，它通常由一名脱口秀演员独自上台，通过口才和表演技巧向观众传递自己的观点、经历和感受。单人脱口秀可以是纯粹的个人表演，也可以是针对某个主题或事件的专题表演。例如，《以德服人》《罗辑思维》《夜夜谈》等一批文化意味浓厚的脱口秀节目都是以主播讲述为表现形式，主播通过讲述自己的观点、经历和感受，借助幽默、夸张和讽刺的语言和语气来吸引用户的注意。

群体脱口秀是由多名演员在舞台上进行表演，常常通过互动、对话和角色扮演等形式呈现出来。群体脱口秀通常需要演员之间有良好的默契和配合，才能够呈现出精彩的表演。例如，美国著名喜剧团体"第二城"（The Second

City）就是以群体脱口秀为主要表演形式而闻名的，他们的表演通常涉及社会、政治和文化等方面的话题，并通过幽默和讽刺来引起观众的共鸣。脱口秀节目中部分演员呈现的漫才表演也是借助两人组合互动中的冲突、矛盾来制造笑点的。

情景脱口秀则是模拟特定情境，让演员在其中表演和互动。情景脱口秀通常需要演员具备一定的想象力，在创意氛围的烘托下才能够呈现出精彩的表演。例如，美国著名情景脱口秀节目《周六夜现场》（Saturday Night Live）就是以情景脱口秀为主要表演形式而闻名的，演员以幽默和讽刺的手法来展示自己的才华，在节目所模拟的各类情境中表演与互动，从而形成较好的表达效果。

脱口秀作为一种富有创意和表现力的艺术形式，在全球范围内广受好评，无论是单人脱口秀、群体脱口秀还是情景脱口秀，都散发着自身独特的魅力和价值。

2. 观众群体广泛

脱口秀节目受众群体广泛，无论是年轻人还是老年人，无论是男性还是女性，都可以找到自己喜欢的脱口秀节目。这得益于脱口秀节目的多样性和灵活性：年轻人喜欢脱口秀节目中幽默风趣的元素，脱口秀表达的观点能切实反映年轻人的生活方式和价值观；老年观众喜欢脱口秀节目中所包含的智慧和情感，演员风趣的谈吐往往令他们会心一笑。不同的脱口秀节目有着不同的主题和风格，其分别从不同的角度呈现出人们关心的话题和热点问题，因此导致其受众圈层不断延伸与扩张。

除了吸引不同年龄、性别的观众外，脱口秀节目还吸引了不同职业背景的人士。部分节目的主题涵盖社会热点、文化现象、科技创新等不同领域，吸引了各行各业的粉丝，这些职场人士通过节目了解到不同领域内的最新动态和发展趋势，从而拓宽了自己的知识与视野。此外，个别有身体缺陷的演员也用脱口秀的方式分享自己的亲身经历，将命运的重压变成一个个"包袱"，以幽默消解苦痛，一定程度上唤起了社会对残障群体的关注。

脱口秀节目的受众群体还包括海外观众。随着中国文化的国际影响力日益提升，越来越多的人开始关注中国文娱产业，为此脱口节目也开始走向世界舞台并在海外市场取得了极高的人气与收视率。

3. 行业竞争激烈

近年来随着脱口秀节目的兴起，脱口秀演出行业的竞争愈发激烈。脱口秀节目以其独特的表现形式和内容吸引了大量观众，成为当下最具有代表性和影响力的综艺节目之一。然而随着市场逐年扩大，越来越多的电视台和网络平台加入了这一行业，使得目前竞争形势加强。各大电视台和网络平台都纷纷推出自己的脱口秀节目。部分取得了不俗的收视率和口碑。这些节目借助不同的主题、嘉宾阵容和表现形式来收割用户注意力，形成了专有的特色和优势，也赢得了特定受众的喜爱。同时，其他电视台和网络平台也不甘示弱，纷纷推出自己的脱口秀节目，市场竞争越演越烈。

随着一大批明星和名人开始涉足脱口秀行业，他们自身的粉丝也被引流至脱口秀节目之中。这些演艺明星不仅为脱口秀节目带来了更多国民关注度，也为明星个人争取了更多曝光率。

激烈的行业竞争也带来诸多挑战。一些电视台和网络平台为了收视率及流量，过于追求热点话题，导致节目质量和内容深度受到重创。此外，脱口秀演出行业目前还没有统一的行业标准和从业规范，为此产业泡沫中夹杂着大量乱象。

（五）脱口秀演出的市场规模

近年来，随着脱口秀节目流行，脱口秀演出市场也得到了快速发展与壮大。据统计，目前全球脱口秀演出市场规模已经达到了数十亿美元。根据国际市场研究机构 IBISWorld 发布的报告，2019 年全球脱口秀演出市场规模已达 20 亿美元，预计在未来几年内仍将保持高速增长。美国作为全球最大的脱口秀市场，每年的票房收入也超过 10 亿美元。在中国，脱口秀演出作为一种新兴文化形式，市场规模也在迅速扩大。根据智研咨询集团发布的数据，2021 年中国脱口秀行业市场规模为 3.91 亿元，同比增长 35.8%。同时，商业演出数量也在不断增加，2021 年中国脱口秀行业商业演出数量为 1.85 万场，同比增长 37%。①

脱口秀演出市场火爆得益于多重因素。首先，脱口秀作为一种新兴的文化形式，其吸引力和影响力皆是有目共睹，随着观众对于脱口秀节目的认知和喜爱程度不断提高，公众对于脱口秀演出的需求也不断增加。其次，社交媒体和互联网技术的普及让脱口秀节目有了更多的曝光机会，市场规模得以进一步扩大。此外，脱口秀演出也受到了国家文化政策、营商政策的支持。如我国政府出台了一系列文化产业扶持政策，为脱口秀演出的发展提供了有力保障。

然而，随着市场规模的扩大，脱口秀演出市场也面临着一些挑战。一是内容的创新困难重重，节目质量难以获得保障。随着越来越多的演员加入脱口秀行业中，如何保证内容的创新和质量的提升成为一个亟待解决的关键问题。二是文娱市场的白热化竞争，由于市场需求旺盛，脱口秀演出公司层出不穷，市场竞争异常激烈。

脱口秀演出作为一种新兴文化形式，具有广阔的发展前景和市场潜力。演出市场规模的不断扩大，为脱口秀演员和相关从业人员提供了更广阔的发展空间和演出机会，但同时也需要行业内各方共同努力，严控内容质量，强化节目创新，不断提高自身实力，共同维护演出市场的良性运转。

二、脱口秀演出的治理现状

（一）我国演出市场的管理责任部门

我国演出市场的监管涉及多个部门，包括国家广播电视总局、国家互联网信息管理办公室、文化和旅游部、地方广播电视行政管理部门、公安机关等。不同部门在演出市场监管工作中担任着不同的职能与使命，各部门需通过协同与配合来保障我国演出市场的良性运转。

国家广播电视总局是我国广播电视行业的主管部门，负责全国广播电视节

① 观研报告网.2022 年中国脱口秀市场分析报告——市场运营态势与发展前景研究［DB/OL］.(2021-1-1)［2023-6-27］.https：//www.chinabaogao.com/pdf/37/55/563755.pdf.

目的审查和管理工作。其主要职责是对语言类节目进行审查、监督、检查，包括对脱口秀、综艺节目等语言类节目进行审核，确保其内容符合法律法规和社会主流价值观。同时，国家广播电视总局还对语言类节目的制作、播出、传输等环节负责监管，确保语言类节目的内容符合相关法律法规和政策要求。此外，国家广播电视总局还积极推进语言类节目的规范化、标准化和品牌化建设，提高语言类节目的制作水平和市场影响力，共同推进语言类节目的健康发展。

国家互联网信息管理办公室是维护我国网络行业健康运行的行政管理机构，负责互联网信息安全、内容管理和技术规范等方面的监督管理工作。在规范表演行业发展时，国家互联网信息管理办公室主要负责对网络演出活动进行监管，确保演出活动内容健康、合法、有序。

文化和旅游部主要负责制定和实施演出市场监管政策，落实演出市场监管职责，对演出市场进行整顿和规范。文旅部还要对演出从业人员加强培训和提升，提高演出服务质量，同时对广播电视、电影、网络等节目进行审查和监督，确保节目内容符合社会主义核心价值观。

地方广播电视行政管理部门主要负责对本地区的广播电视节目进行审查和管理，确保广播电视节目符合相关法律法规和政策要求。地方政府要对演出市场进行有效监管，对演出活动的场地、设备、票务等方面进行合理规制，确保演出活动安全和顺利地进行。

公安机关主要负责对本地区营业性演出、广播电视节目等语言类节目进行安全检查和管理，确保节目内容不含危害社会公共安全、侵犯他人合法权益等违法违规信息。

（二）我国脱口秀演出市场的法律环境

随着我国电视、广播、网络等大众媒体的普及和发展，脱口秀演出市场呈现出快速发展的态势，吸引了大量演出者纷纷入局，同时也赢得了众多粉丝的追捧。然而脱口秀这种文化演出活动具有较强的社会影响力和传播力，因此需要在严格的监督与审查下开展表演活动。部分相关法律法规及规范文件见

表 14 至表 16。

表 14　我国互联网内容监管的相关法律

名称	颁布时间	制定机关
《中华人民共和国广告法》	2021 年 4 月	全国人民代表大会常务委员会
《中华人民共和国网络安全法》	2016 年 11 月	全国人民代表大会
《中华人民共和国文化产业促进法》	2015 年 11 月	全国人民代表大会常务委员会

表 15　我国互联网内容监管的相关行政法规

名称	颁布时间	制定机关
《广播电视管理条例》	2020 年 11 月	国务院
《营业性演出管理条例》	2020 年 11 月	国务院
《互联网信息服务管理办法》	2000 年 9 月	国务院
《文化市场管理条例》	2005 年 6 月	国务院

表 16　我国互联网内容监管的相关部门规章及其他规范性文件

名称	颁布时间	制定机关
《演出经纪人员管理办法》	2022 年 12 月	文化和旅游部
《广播电视行政处罚程序规定》	2021 年 12 月	国家广播电视总局
《文化和旅游市场信用管理规定》	2021 年 11 月	文化和旅游部
《未成年人节目管理规定》	2021 年 10 月	国家广播电视总局
《关于开展文娱领域综合治理工作的通知》	2021 年 9 月	中共中央宣传部
《国家广播电视总局办公厅关于进一步加强文艺节目及其人员管理的通知》	2021 年 9 月	国家广播电视总局
《文化和旅游部关于规范演出经纪行为加强演员管理促进演出市场健康有序发展的通知》	2021 年 9 月	文化和旅游部
《网络表演经纪机构管理办法》	2021 年 8 月	文化和旅游部
《网络综艺节目内容审核标准细则》	2021 年 2 月	中国网络视听节目服务协会
《广播电视管理条例》	2020 年 11 月	国家广播电视总局
《关于深化"放管服"改革促进演出市场繁荣发展的通知》	2020 年 9 月	文化和旅游部
《互联网文化管理暂行规定》	2017 年 12 月	文化部（已撤销）
《文化市场综合行政执法管理办法》	2011 年 12 月	文化部（已撤销）

脱口秀演出中的言论表达时常引发社会争议。作为一种特殊的表演形式，脱口秀演出通常以幽默、讽刺等手法为主要表演表达的形式，但言论自由并不意味着可以肆无忌惮地畅所欲言。《中华人民共和国宪法》第三十五条规定："公民有言论、出版、集会、结社、游行、示威的自由。"言论自由并不等同于无限制的言论权利，应当在法律法规的范围内行使。在脱口秀演出中，言论自由只有不违反法律法规、社会公德和文化良好风尚的前提下才能得到官方保护与认可。

（三）我国脱口秀演出市场的治理现状

脱口秀演出作为一种备受大众欢迎的文化传播形式，近年来得到了广泛关注。然而随着脱口秀演出市场的迅速扩张，一些内容低俗、表演拙劣的演出形式也开始涌现，引发了社会各界的广泛担忧。因此，国家需要对脱口秀内容进行严格把关与审查。

1. 我国脱口秀演出市场内容把关的主体

政府在内容审查方面扮演着至关重要的角色。在具体实践中，政府可以出台相关法律法规，明确脱口秀演出市场的行业准入标准和内容审核标准，加大对演出场所的监管力度，严格打击违法违规行为。

新闻媒体也在内容把关方面扮演着重要的角色。新闻媒体通过对脱口秀演出市场进行有效宣传及报道，引导观众正确看待脱口秀演出，从而强化了市场监督和舆论引导。同时，媒体还要对不健康、低俗的脱口秀演出进行曝光和批评，促进市场健康有序地运转。

行业协会也是内容把关的主要力量之一。行业协会通过制定行业标准和规范，引导脱口秀演员们树立正确的价值观和审美观，为观众带来健康向上的节目。同时，行业协会要定期开展培训活动和主题教育，提高脱口秀演员们的文化素养和专业水平。

观众作为脱口秀演出市场的消费者，可以通过反馈和投诉等来促进市场向善向好的发展，观众既要为优质、正能量的脱口秀演出点赞，也要向不健康、低俗的脱口秀演出说"不"。

脱口秀演出市场内容把关需要政府、媒体、行业协会和观众等力量的参与，合力将脱口秀演出市场建设成为一个健康文明的艺术平台，为广大观众带来更多优质的文化盛宴。

2. 我国脱口秀演出市场内容把关的模式

文化管理制度是指政府以及专业机构要对脱口秀演出的内容进行监督与审查，包括节目审核、节目审批、节目备案等诸多程序。严格的管理制度可有效保护观众权益，避免错误文化内容产生不良影响和负面效应；但这也可能会限制脱口秀艺术的自由和表达，影响艺术家们的创作热情。

自律管理指脱口秀从业者自行制定并执行的管理模式，包括建立行业标准、制定自律公约、成立自律委员会等。这种模式可以更好地保障艺术和创作自由，促进行业合规发展。但自律管理缺乏权威性和强制性，容易被少数不守规矩的从业者破坏。

社会监督模式是一种由公众和社会组织共同参与的监督模式，包括建立评价机制、开展舆论监督、组织专家评审等，公众和社会组织可以通过举报、投诉、评价等方式对脱口秀节目进行监督。这种模式能够促进民主监督和公众参与，同时也能够增强行业透明度和公信力。但社会监督模式易被个别人士利用，形成不利的社会舆论风气，影响脱口秀节目的正常创作和表达。

多元共治模式是一种由政府、从业者、公众以及社会组织共同参与管理的全新模式，各力量通过协商、合作等共同监督审核脱口秀节目。这种模式可以更好地协调各方利益和诉求，提高管理效率和效果。多元共治模式需要各方力量之间的信任和合作，如果缺乏有效的协调机制，易带来管理混乱和冲突。

三、脱口秀演出的治理困境

（一）脱口秀行业的特殊性给管理带来的挑战

脱口秀行业有其自身的特殊性，脱口秀节目通常采取即兴表演的形式，内容往往涉及社会热点话题等，表现形式又具有较大的自由度，这些独有特征给相关部门的管理工作也带来了压力及挑战。

1. 内容多样化

脱口秀节目的主题具有多样性和复杂性，既包括对社会热点事件的评论，也包括对个人生活经历的分享，议题囊括政治、社会、文化等方面，表演形式直白、幽默，甚至具有挑衅性。监管部门要对节目内容进行全面、细致的审核和监管，确保内容表演不会违反相关法律法规及公序良俗。

2. 表演个性化

脱口秀演员通常有独特的个人风格，他们的言谈举止和表达方式也比较个性化，这种人格化的表演方式使得监管难度更大。监管机构需要在保障言论自由和艺术表现的前提下，确保表演过程中不会出现侮辱、歧视等不当言论。

3. 节目知名度高

脱口秀节目的社会知名度较高，脱口秀节目往往具有较高的收视率和关注度，一旦节目中出现了违规行为或内容，就可能产生较大的负面影响。监管部门要对节目进行严格的审核和管理，及时发现并下架不良内容，避免造成负面影响。

4. 时效性强

脱口秀演出的时效性非常强，为了获得用户的共鸣，脱口秀节目通常涉及社会时事和网络热点。不少脱口秀演员时刻走在互联网冲浪第一线，他们不仅复述热点事件，还会引入个人观点进行评价与分析，这就需要监管机构及时对节目进行审核，以确保内容的合法性。

5. 审核难度大

与其他类型的节目相比，脱口秀节目的审核难度较大。这主要是因为脱口秀节目通常采用更为自由、开放的演出形式，演出语言也更加生动、直白，演员和观众之间的互动也比较频繁。这种风格让监管部门的审核工作变得更加困难，特别是监管部门需要对语言风格、涉及的话题、表演自由度等每一个环节进行仔细把控，以确保内容符合相关法律法规。

（二）脱口秀内容管理制度有待完善

脱口秀节目在广泛流行的过程中也出现了一些问题和争议，例如部分脱口秀节目内容过于激进、低俗、煽动性强等，但监管部门的执法力度难以有效约束上述问题。由于脱口秀行业起步晚，相关法律法规尚不完善，导致监管标准难以把控或者处罚设置不合理等问题。例如，麦西恩文化传媒有限公司因违反《营业性演出管理条例》被罚款5万元、没收违法所得2549元；还有脱口秀文化公司因为旗下脱口秀演员在演出中的不当言论多次被处罚。违法行为的处罚结果包括警告、没收违法所得、高额罚款和暂停演出活动等，同时也提醒其他演艺公司在演出活动中要严格遵守相关法规和规定。

1. 监管部门执法力度相对较弱

执法标准待进一步明确。脱口秀节目的内容涉及政治、社会、文化、历史等多元议题，这就给监管部门带来了极大困难，他们很难根据一个统一的标准进行监管。对于某些社会话题，不同的人会有不同的理解和看法，也导致监管部门在处理这些问题时缺乏明确的标准和依据。

执法手段待进一步充分。监管部门在对违规脱口秀节目进行处罚时，只可采取行政手段，如警告、罚款等，但是这些方式方法并不能完全起到约束作用。因此，监管部门需要进一步拓展执法手段，采取更加有效的措施，如建立脱口秀从业人员黑名单制度，对违法失德的劣迹演员实行行业禁入，从而对行业内其他人员产生震慑，维护脱口秀市场良好秩序。

执法方式待进一步高效。今天，脱口秀演出内容不断更新迭代，呈现出增量多、平台广、形态新等特点，加之线下演出机构、点位、从业人员的增加，传统的人工监管方式已满足不了全域监管的需求，大数据、信息化技术在文化监管领域的普及率远远跟不上信息量的暴涨，脱口秀演出的监管工作更显得困难重重。

2. 监督标准和治理原则相对模糊

随着脱口秀节目在中国的兴盛及扩散，相关法律法规的不完善问题也随之浮出水面，特别是脱口秀节目的内容标准和治理原则在制度建设方面相对模糊，这给脱口秀节目治理带来了一定的困扰。

脱口秀作为一种新型媒体形式，与传统媒体有着很大的不同，然而我国现有的广播电视管理体制暂时不能充分调适这种新型媒体的发展步伐。特别是现存的《广播电视管理条例》和《互联网信息服务管理办法》等法律法规文件无法对脱口秀节目做出具体的机制审核与内容限制。为此脱口秀节目在内容和形式上存在着一定自由度，而这种自由度又很容易被一些不良内容创作者拿来"钻空子"。此外，脱口秀节目的制作和播出都需要创作者具有一定的专业技能和素质，但是现有的培训机制和人才储备也存有不足。

除了法律法规的不完善外，脱口秀节目的内容标准也不完善。由于缺乏明确的准则和原则，脱口秀节目的内容存在较大的波动性，有些节目为了争夺收视率和话题度，可能会使用低俗、恶意攻击、曝光他人隐私等手段来博取观众的笑声，这种行为不仅违背了娱乐节目应有的价值取向，侵犯他人的合法权益，也容易引发社会公众的不满和抵制。

脱口秀节目在制作和播出过程中，还可能会涉及版权争议、商业竞争等问题，执法过程与取证过程难点重重。

（三）脱口秀内容生产有待治理

随着互联网和社交媒体的普及，脱口秀节目中的不当言论会被广泛传播，造成恶劣的社会影响。为此，内容治理是当前脱口秀内容生产治理和行业监管工作中的重要环节。脱口秀的表演形式比较自由，内容也比较开放，因此若存在低质、低俗的内容等不良信息不仅会影响观众的心理健康，还可能触发社会争议。因此，需要加强对脱口秀内容的规范和治理。

1. 侵犯他人隐私或侮辱他人的问题难以控制

部分脱口秀节目存在侵犯他人隐私或侮辱他人的现象。如主持人和嘉宾们常会针对某些人或事件进行调侃和批评，从而侵犯他人隐私，或是公开曝光明星及普通人的个人信息，或是使用侮辱性言语来进行人身攻击，上述行为可能会给当事人的名誉带来负面影响。

2. 泛娱乐化问题日益严重

脱口秀行业泛娱乐化问题严重，部分节目为了迎合观众口味，甚至不惜牺牲内容的质量和价值。受到市场竞争和商业利益的影响，一些脱口秀节目因为过度追求收视率而推出了一大批娱乐化、低俗化的内容。此外，一些脱口秀节目为了避免被审查，会用"打擦边球"的方式来规避审查，为监管工作带来了不少困扰。

（四）脱口秀平台治理有待加强

今天，越来越多的脱口秀节目通过网络平台进行公开传播，为此国家要对网络平台加强监管。例如，《营业性演出管理条例》规定企业若想通过互联网为公众实时提供文艺表演活动，就应当按照相关规定办理报批手续，并取得网络文化经营许可证。此外，在线传播服务单位应当安排专人对演出内容、弹幕评论等进行实时审看，若发现违禁内容就要立即采取删除、屏蔽、断开链接等必要措施，同时平台还要留存视频资料至少 60 日。目前，各大视频平台纷纷涉足脱口秀领域，如优酷、爱奇艺、腾讯视频等视频平台都有自己的脱口秀节目，同时也开辟了内容分享专区和板块以便用户上传自己的脱口秀作品。

1. 平台反馈机制不完善

脱口秀平台的反馈机制缺乏透明度，给用户带来了不必要的猜忌和担忧。反馈流程的烦琐、回复延迟等让市民的反馈与投诉形成无形的阻力，脱口秀演出中不文明的言论甚至是挑战伦理道德底线内容为此难以得到遏制。

脱口秀平台的反馈机制存在着一定的滞后性，一些违规行为可能需要一段时间才能被发现处理，这给违规行为的出现留下了可乘之机。

脱口秀平台的反馈机制还存在着一定的主观性。公众对节目内容的认定存在一定的模糊性和歧义性，为此平台需要在专业人员的协助下才能更好地识别和处理违规行为。

现有的治理手段主要包括用户反馈和平台自我审查。然而用户反馈往往受限于用户自身的知识和判断能力，而平台自我审查活动则存在能力局限和利益冲突，这些因素都使监管手段在实际操作中效果有限。

2. 监管力度不足且措施缺位

脱口秀平台的监管机构主要包括文化和旅游部、国家广播电视总局等部门，然而由于脱口秀是新兴行业，对于脱口秀平台的监管难以做到全面深入。文化和旅游部曾发布《关于深化"放管服"改革促进演出市场繁荣发展的通知》，强化了对脱口秀、说唱类等重点演出类型的监管，但监管力度不够强劲，监管平台的反应速度和处理效率也并不理想，平台对于一些违规行为的处罚难以起到震慑作用。

（五）公众监督意识薄弱

1. 娱乐化倾向导致公众缺乏监督意识

脱口秀节目以幽默、搞笑、娱乐为主要特点，这种娱乐化倾向能够提升节目的吸引力和传播效果，但同时也会弱化听众的监督意识，即观众在感受到节目带来的快乐时，往往会忽视其中存在的问题和隐患。

2. 信息不对称导致公众难以获取真相

脱口秀所传递的信息可极大地影响公众的价值认知，然而不少脱口秀内容存在着信息不对称的问题。一方面，表演者往往会有意或无意地隐瞒或篡改事实，只强调事件最具冲突性的一面来吸引用户；另一方面，观众往往只通过有限的渠道来了解相关事件的整体轮廓与来龙去脉，无法全面地获知事件的各个细节，这种信息不对称现象导致公众难以获知全部真相。

四、脱口秀演出的监管效能提升及对策建议

（一）政府层面

1. 加强法律法规的制定和执行

在脱口秀演出领域，我国法律法规建设尚不完善，监管力度也相对较弱。未来要逐步完善相应的法律法规，明确脱口秀演出的底线和界限，同时要明确各方主体责任，制定脱口秀内容标准和审查机制，进一步完善监管机制和处罚方案，加大对违规行为的惩罚力度。同时，学界和业界还需要加强对脱口秀节目内容的研究及探讨，确保法律法规的科学性和可操作性。

2. 建立健全的脱口秀节目评估机制

政府应当建立专门的节目评估机制，对脱口秀节目的内容和言论进行审核

和评估，及时发现和处理不良内容。特别是要强化从业人员和制作公司之间的沟通与合作，充分听取专家与从业者的意见，建立明确的评估标准和流程。评估标准应该包括内容、形式、风格、表现手法等多元要素，并且需要基于节目类型对标准进行细化，以便更好地防范各类演出风险。评估流程应该包括节目提交、初审、复审、终审等多个环节，评估结果将作为政府对脱口秀节目的审查和监管依据。

3. 加强对脱口秀从业人员的培训和管理

脱口秀演员的言论和表演直接影响到脱口秀节目的质量及效果，因此政府应当建立健全从业人员培训机制，对从业人员加强专业训练，提高其专业素养、职业道德与演艺水平。对于演员的各类违规行为，政府应当及时采取相应的处罚措施，以维护脱口秀演出的规范和秩序。

4. 加强对脱口秀节目制作公司的监管

演艺制作公司是脱口秀节目制作过程中的重要一环，其负责策划、制作和推广脱口秀节目。加强对制作公司的规范与管理，可以确保从业人员在遵守法律法规和行业标准的基础上，制作出符合公众需求和审美的高质量节目。

5. 加强公众意识的培养

脱口秀节目作为一种新兴的文化形式，其宣传和引导工作至关重要，政府加大对脱口秀节目的宣传力度，提高公众对脱口秀节目的认知度和理解度；同时建立起公众反馈渠道，听取公众意见并及时处理相关问题。公众对脱口秀节目的评价及反馈直接影响到整个脱口秀产业的发展，引导公众正确看待脱口秀节目，避免盲目追捧低俗内容，能够让整个行业迎来向好向善的发展局面。

（二）社会层面

1. 加大社会监督力度

媒体和观众可以通过对脱口秀节目的监督和批评来促进整个行业的良性发展，媒体可以通过报道和评论等方式，引导公众关注脱口秀演出中的乱象及问题，推动社会舆论向正面方向发展。观众可以通过举报不良内容和不当言论等方式，提高脱口秀节目的质量和信誉度。

2. 加强行业自律和管理

行业自律与规范也是推动脱口秀演出监管的重要手段。为此可建立脱口秀演艺协会，制定行业标准和规范，对从业者进行培训和考核，提高从业者的素质和专业水平；建立脱口秀行业自律机制，对违规行为进行通报，以示警诫；加强脱口秀行业交流，促进业内的信息共享和经验交流，提高行业整体水平，推动行业规范化发展；建立演艺公司及演员的信用管理体系，对违规行为在业内进行公示。

（三）平台层面

1. 加强技术手段

平台可以利用人工智能等技术手段对脱口秀内容进行自动监测和识别，及时发现违规内容并进行处理。平台可以基于语音识别技术、情感分析技术等对节目内容进行监测和分析，一旦发现不良内容立即处理。平台要结合实际情况来选择技术手段以确保监测和识别的准确性和有效性。此外，平台还需要加强对技术手段的研究和探索，不断提高技术和应用水平。

2. 加强平台与政府、行业协会等的合作

平台可以与政府部门、行业协会等建立合作关系，共同制定监管标准和规范，以促进脱口秀行业的健康发展。平台可以与政府部门建立起稳定的沟通渠道和合作机制，及时了解行业动态和政策变化；平台还可以与行业协会建立起合作关系，共同完善行业标准和规范，推动脱口秀演出市场向着更加规范化、健康化的方向发展。

（四）个人层面

为了提升脱口秀演出的监管效能，要提升脱口秀从业人员的人文素养和职业道德，同时增强观众的法律意识和监督意识，双管齐下，以确保脱口秀行业健康有序地发展。

1. 提高脱口秀从业人员的素质

脱口秀演员应接受专业的法律法规培训，明确自己的法律责任和义务，避免在演出过程及演出内容涉及违法违规元素；脱口秀演员应增进自身的社会责任感培养，了解自己应尽的社会义务，避免在节目中出现不当言论；脱口秀演员应接受专业伦理培训，了解职业道德和行业规范的重要意义，从而避免在节目中出现不当言论；脱口秀演员应相互分享自己的实践经验和教训，更好地理解脱口秀表演的特点及规律，掌握更多的实践经验和技能。

2. 提升观众的监督意识

观众可以善用社会监督机制以提升脱口秀监管的效率，从而保障社会的公共利益和公共安全。当我们发现某个脱口秀节目存在不当言论或违规行为时，可以主动向相关监管部门反映问题，同时通过社交媒体等平台对脱口秀节目进行舆论监督，促进脱口秀节目的规范化发展。这些措施可以帮助监管部门更加及时地发现和处理不当言论，提升脱口秀节目的监管效能。

第三章　文化新消费治理

第一节　电商直播的治理策略

互联网的迅速发展为平台经济开启了全新的时代，其中短视频直播平台凭借其多样化的内容和对碎片化时间的充分利用，成功吸引了人们的注意力。直播带货作为一种新兴的电商购物方式，在消费市场中扮演着重要的角色。通过直播带货，主播们能够利用短视频直播平台的优势，将产品展示和销售融为一体，有效激发消费者的购买欲望，推动了消费市场的快速发展。

然而，网络文化市场作为新兴事物，内部机制尚不成熟，而电商直播更是网络文化市场中的新概念。网络文化市场的虚拟性和开放性给政府在相关文化管理方面带来了重重困难，电商主播们在直播推广产品的过程中也面临诸多问题和挑战。因此，政府部门在大力支持新兴文化产业的同时，还应利用法律、行政等多种手段对电商直播进行文化监管，从而促进电商直播行业的良性发展，为用户提供更优质的消费体验，同时也为品牌商家带来更广阔的市场机遇。

一、政府对电商直播的治理现状

（一）电商直播监管的相关概念

政府监管在学术界又被称为政府管制，即政府为了实现一些公共政策的效果和目标，利用法律、行政等多种手段对监管对象进行规范及管理。政府监管是政府实现社会管理职能的首要行为。[1]

随着互联网的快速发展，政府对互联网治理的方式也在逐渐走向成熟化。从互联网刚兴起时的"无政府主义"网络治理，到中期政府作为唯一的管理主体，再到现在多元化主体共同管理的方式。[2] 网络文化监管也在不断优化并跟随市场的变化发展做出调整。刘维在研究中指出，直播电商的监管主体包括政府、社会组织、新闻媒体、直播行业等，其中政府是最主要的监管主体。监管对象主要指直播过程中的人和物，即主播、平台以及直播过程中的产品和信息等。[3] 监管主体通过经济手段和法律手段对监管对象进行监督，以保护消费者的权益，同时对数据造假、虚假宣传、低俗营销等内容进行管理，确保行业良性发展。当下，政府等公权力部门对电商直播等网络文化市场进行监管具有两方面好处：一方面是政府能够发挥主体作用，保证网络文化市场健康有序地发展，进而促进整个社会经济的繁荣；另一方面则可以从宏观角度调整网络文化的价值导向，为我国的社会意识形态发展提供方向引导。

（二）政府对电商直播监管的法律政策

近些年来我国政府对于电商直播的监管逐渐清晰，监管主体也逐渐多元化，广播电视总局、市场监管总局、网信办、公安部等多个部门均持有不同纬度的监督管理权。目前，政府高度重视电商直播的发展情况，与时俱进地颁布了多部法律法规来规范电商直播行业的发展，具体如表17所列。2016年，国家互联网信息办公室发布了《互联网直播服务管理规定》，对直播行业进行约束性管理。2019年《中华人民共和国电子商务法》开始施行，电商直播属于电子商务范畴，也受到了该法的约束并面临更加严格的监管。2020年以来，在新冠疫情的背景下，电商直播迅猛发展，但也暴露出诸多问题。国家广播电视总局、市场监管总局、商务部等多个部门从不同方面对互联网直播行业进行规

---

[1] 张胜永.我国网络文化市场政府监管问题研究［D］.济南：山东大学，2019.
[2] 宋正怀.新时代网络文化市场监管路径研究［D］.荆州：长江大学，2021.
[3] 刘维.我国直播电商政府监管问题研究［D］.北京：中共北京市委党校，2021.

范，同时政府监管部门也开始联合各方力量对电商直播开展专项整治行动，具体如表18所列。2020年8月，国家网信办对主播行为进行了规范，并对违规直播间和主播账号进行了封禁和处罚，总计共处理了10.5万个违规主播账号。[①]

表17　电商直播相关法律法规

时间	部门	名称	主要内容
2016年11月	国家互联网信息办公室	《互联网直播服务管理规定》	1. 不得利用直播从事危害国家安全、破坏社会稳定、扰乱社会秩序、侵犯他人合法权益、传播淫秽色情等法律法规禁止的活动 2. 不得利用互联网直播服务制作、复制、发布、传播法律法规禁止的信息内容
2020年6月	中国广告协会	《网络直播营销行为规范》	为从事网络直播营销活动的商家、主播、平台、主播服务机构（如MCN）和参与营销互动的用户等主体提供行为指南
2020年11月	国家广播电视总局	《关于加强网络秀场直播和电商直播管理的通知》	开办网络秀场直播或电商直播的平台要切实落实主体责任，着力健全网络直播业务各项管理制度、责任制度、内容安全制度和人资物配备，积极参与行风建设和行业自律，共同推进网络秀场直播和电商直播活动规范有序健康发展
2020年11月	市场监管总局	《市场监管总局关于加强网络直播营销活动监管的指导意见》	对网络直播营销活动中的三大主体（网络平台、商品经营者、网络直播者）的责任进行梳理，分层次进行责任划分
2021年2月	国家互联网信息办公室、全国"扫黄打非"工作小组办公室等七个部门	《关于加强网络直播规范管理工作的指导意见》	进一步加强网络直播行业的正面引导和规范管理，重点规范网络打赏行为，推进主播账号分类分级管理，提升直播平台文化品位，促进网络直播行业高质量发展
2021年5月	国家互联网信息办公室等七个部门	《网络直播营销管理办法（试行）》	对直播营销平台提出了明确要求：直播营销平台应当建立健全账号及直播营销功能注册注销、信息安全管理、营销行为规范、未成年人保护、消费者权益保护、个人信息保护、网络和数据安全管理等机制、措施

---

① 梁楚雄. 网络文化市场监管中存在的问题及对策研究 [D]. 广州：华南理工大学，2017.

（续表）

时间	部门	名称	主要内容
2021 年 8 月	商务部	《直播电子商务平台管理与服务规范》	1. 规定了直播营销平台应该具备的资质、经营条件及合规性基本要求 2. 规定了其应对商家和直播主体入驻及退出、产品和服务信息审核、直播营销管理和服务、用户以及直播主体账号的管理和服务要求 3. 规定了其应对消费者隐私保护、交易及售后服务等消费者权益保护的要求；明确了信息安全管理要求
2021 年 10 月	商务部、中央网信办、发展改革委	《"十四五"电子商务发展规划》	鼓励电子商务模式业态创新，推动社交电商、直播电商、内容电商、生鲜电商等新业态健康发展
2022 年 3 月	最高人民法院	《最高人民法院关于审理网络消费纠纷案件适用法律若干问题的规定（一）》	正确审理网络消费纠纷案件，依法保护消费者合法权益，促进网络经济健康持续发展
2022 年 3 月	国家互联网信息办公室、国家税务总局、国家市场监督管理总局	《关于进一步规范网络直播营利行为促进行业健康发展的意见》	对网络直播营利行为加强规范性引导，鼓励支持网络直播依法合规经营
2022 年 5 月	中央文明办、文化和旅游部、国家广播电视总局、国家互联网信息办公室	《关于规范网络直播打赏加强未成年人保护的意见》	禁止未成年人参与直播打赏、严控未成年人从事主播、优化升级"青少年模式"、建立专门服务团队、规范重点功能应用、加强高峰时段管理等
2022 年 6 月	国家广播电视总局、文化和旅游部	《网络主播行为规范》	1. 对于需要较高专业水平的直播内容，主播应取得相应执业资质 2. 对网络主播划定了 31 条红线和网络主播在提供网络表演及视听节目服务过程中不得出现的 13 种行为 3. 将利用人工智能技术合成的虚拟主播列入了参照执行的范围
2022 年 12 月	中共中央、国务院	《扩大内需战略规划纲要（2022—2035 年)》	支持线上线下商品消费融合发展，支持社交电商、网络直播等多样经营模式，支持线上多样化社交、短视频平台规范有序发展
2023 年 2 月	中共中央、国务院	《质量强国建设纲要》	规范发展网上销售、直播电商等新业态新模式等要求

表18　网络直播领域的整治活动

时间	活动名称	活动内容
2019 年 11 月	"双十一"网络集中促销活动行政约谈会	督促电商企业落实有关要求，规范促销行为
2020 年 6 月	网络直播行业专项整治行动	针对网民反映强烈的网络直播"打赏"严重冲击主流价值观等行业突出问题，坚决有效遏制行业乱象，科学规范行业规则，促进网络生态持续向好发展
2020 年 7 月	公布九个新职业名称	"互联网营销师"职业下增设了"直播销售员"，电商主播、带货"网红"有了正式的职业称谓
2020 年 8 月	八部门联合深入推进网络直播行业专项整治	行动旨在提升直播平台文化品位，引导用户理性打赏，规范主播带货行为，促进网络直播行业高质量发展
2021 年 6 月	网络清朗活动	包括打击网络水军、流量造假、黑公关专项行动、未成年人网络环境整治专项行动
2022 年 3 月	"清朗"系列专项活动	打击网络直播、短视频领域乱象专项行动，全面清理"色、五、怪、假、俗、赌"等各类违法违规直播和短视频

（三）政府对电商直播的治理手段

法律政策是政府进行文化治理的手段之一，但并非唯一手段。在电商直播的监管治理工作中，李亚兵等人指出电商平台作为直播带货的主要载体，应该承担一定的监督责任。电商平台应及时处理不良的主播行为，维护平台应有的秩序，并保障消费者的权益。[①] 张俊英等人指出政府监管的重点应从事后监管转向事前的管理和控制，并建立网络实名制和黑名单制度，以便更加便捷地识别违法对象。同时，要加大对违法违规主播的惩处力度，提高主播和平台的违法成本。[②] 除此以外，还应积极创新监管技术手段，利用大数据和人工智能等技术实现对网络流量数据的识别和监控评估。通过应用新兴科学技术实现对直

① 李亚兵，张家瑞. 网络直播治理策略的演化博弈——基于利益相关者视角 [J]. 经济与管理，2020，34（2）：25-31.
② 张俊英，唐红涛. 网络市场价格形成机制及监管政策探讨 [J]. 中国价格监管与反垄断，2018（9）：29-35.

播内容的源头控制和治理，为直播带货提供良好的环境。①

政府对文化的监管可以按照监管形式和监管环节进行划分。按照监管形式，政府的文化监管行为可以分为法律手段、行政手段、技术手段等；按照监管环节分类，则可以分为事前监管、事中监管和事后监管（见表19）。事前监管是指在网络文化市场的主体进入之前，对其准入规则和准入门槛进行设置，以确保准入主体符合相关标准。政府部门通过行政审批等方式对准入主体进行监管，根据其提供的材料判断其是否具有从事相关活动的资格。即使电商直播和电商主播属于新兴事物，但我国政策制定部门也在逐步完善相关法律法规，不断提高电商直播的准入标准，避免网络直播市场出现鱼龙混杂的现象。事中监管是指在电商主播进行直播带货的过程中进行监管。通过对直播内容、直播话术和展示的产品等进行全程监督管理，利用实名制、举报反馈工具以及新兴科学技术，对在网络直播过程中的违法行为和具有不良影响的行为画面进行识别和处理，过滤有害信息，净化网络环境。事后监管是保证电商直播过程中产生的不良影响以及行为仍然有长期的反馈渠道和维权措施。政府根据造成的损失依法对主播和直播平台进行责任追究，督促其定期进行整改，并对已经产生不良社会影响的主播进行封号处理（见表20）。

表 19　政府文化监管手段分类

按监管形式划分	按监管环节划分
法律手段	事前监管
行政手段	事中监管
技术手段	事后监管

表 20　政府文化监管环节的主要内容

监管环节	具体内容
事前监管	对进入网络市场的主体进行准入规则、准入门槛设置，并进行相应的行政审批
事中监管	对直播内容、直播话术以及直播产品等进行监督管理
事后监管	通过长期的反馈和维权渠道，对直播过程中的不良行为进行监督

---

① 徐家松."强监管"时代网络直播走向成熟之路——武汉网络直播发展调查报告［J］.长江论坛，2019（1）：39－42.

二、电商直播的行业特征及问题

（一）电商直播的概念

网络直播是一种在事件发生时，网络主播利用手机或电脑等设备在网络直播平台上实况发布内容，并与观众通过弹幕或评论进行互动、双向沟通的形式。[①] 网络直播依托视频技术，构建出了一个个炫目、个性化的虚拟购物环境及社会场景，将影像升级为"真实的存在"[②]。

电商直播是网络直播领域的一个垂直细分类目，也是电视直播购物、电子商务在媒介技术动态演变中融合发展的结果。它借助开放和多元化的时代背景，把产品服务直观地呈现给观众，以视觉形象营造出比真实更为真实的情景，从而影响着人们对身份的想象，以一种诱导性的形式让观众进入消费狂潮。[③] 燕道成和王彤等人在研究中将电商直播按主播的形式分为五种模式：网红直播、明星直播、网红＋明星直播、商家直播以及虽不具有直播经验但有一定影响力的个人或团队开设直播，如县长的农产品直播等特色直播。[④] 结合前人研究，笔者将"电商直播"定义为：基于电商或短视频直播平台，以网络直播为技术手段，主播基于媒介向消费者展示产品，运用互动、话术、亲自试用等多种方式吸引用户的注意力，激发用户对产品的兴趣并促使其购买的一种商业模式。[⑤]

近年来，由于网络技术的不断发展以及4G移动网络和WiFi的普及，各个网络直播平台迅速崛起，用户数量也大幅度增长。国内直播行业最早以YY、六间房等为代表而广为公众所知。2013年，4G牌照的发放标志着我国电信产

① 谭畅，贾桦，杜港，等．浅析网络直播的定义、特点、发展历程及其商业模式 [J]．现代商业，2018，(19)：165 – 168.
② 董方．基于移动电商直播情境的消费者购买意愿研究 [J]．营销界，2019，(25)：137 + 162.
③ Debord G. Society of the Spectacle [M]．London：Bread and Circuses Publishing, 2012.
④ 燕道成，李菲．场景·符号·权力：电商直播的视觉景观与价值反思 [J]．现代传播，2020，42 (6)：124 – 129.
⑤ 曹依武．电商环境下直播营销的现状、挑战及趋势 [J]．山西农经，2017，(18)：40.

业正式进入了 4G 时代，同时也为网络直播的快速发展奠定了基础。在这一时期，网络直播主要以游戏直播为主。2016 年，网络直播市场迎来了爆发期，各大网络直播平台呈现井喷式发展。同时，网络直播向垂直领域不断深入发展，"直播＋"成为网络直播新的开拓方向，网络直播和赛事、游戏、医疗等多个行业、多个领域深度结合。电商、短视频等平台也积极进军直播行业，利用直播技术带来的红利推动自身平台的发展，拓展了"直播＋"的范围。

（二）电商直播的行业特点

1. 市场准入门槛低，主播多元化

随着各类电商平台和直播软件的兴起，以及各大平台用户量的激增，以带货为主要目的的主播开始不断入驻平台。为了积极推广直播带货这一新兴事物，各大平台对于主播的入驻门槛，设定的标准相对较低。《网络直播营销行为规范》中对于主播的标准仅仅是"商家入驻网络直播营销平台时，应提供真实有效的主体身份、联系方式、相关行政许可等信息，信息若有变动，应及时更新并告知平台进行审核"以及"主播应当了解网络直播营销的基本知识，掌握一定的专业技能，树立法律意识"。在这样的标准下，只需要一部手机便可实现直播带货，因此出现了很多业余主播。目前，带货主播可以分为职业带货主播和非职业带货主播。职业带货主播的主要工作是在各大电商平台和直播平台进行带货服务。非职业带货主播的范围更广泛，包括明星艺人、网红主播、运动员、助农干部等。他们在工作之余进行带货，形成了"全民直播"的壮观场面。

2. 带货产品种类多，品类多元化

直播带货最初主要以美妆产品、服饰和日常家居用品等消耗品为主。消费者对这类物品的消费需求较高，因此其在带货市场中容易成交。之后，一些农副产品也陆续进入了直播带货的范围，直播产品的种类开始逐渐趋于多元化。尤其是在 2020 年新冠疫情期间，此类现象更加明显。美食产品、数码产品、农副产品甚至还有运载火箭发射服务产品都纷纷进入直播带货的范围。除此以

外，国潮品牌也成了直播带货的新宠。《2022 年国潮品牌发展蓝皮书——"国潮"崛起正当时》中提到，近十年来以"国潮"为主题词的搜索热度上涨了528%。[①] 90 后和 00 后是主要消费群体，李宁运动、安踏等国货品牌在直播平台的助力下深受消费群体的青睐。

3. 互动参与范围广，受众多元化

直播带货搭载抖音、快手等短视频平台发展迅猛，吸引了各个年龄段的受众群体，包括儿童、青少年、中年人和老年人。广泛的受众群体也使得这些短视频平台上的用户数量不断增加。不同于传统电商的购物方式，直播带货购物方式的一大特点是具有互动的即时性与购物的便利性。在主播对产品进行讲解时，消费者可以通过评论区随时与主播进行互动，询问产品的信息，并及时获得主播的回复。这种互动过程极大地满足了消费者的情感体验，同时互动过程也提升了用户黏度，吸引大量用户停驻在直播间继续观看。

（三）电商直播存在的问题

1. 产品质量良莠不齐，同质化现象严重

徐颖、赵树梅等人在研究中指出，当前直播带货过程中存在诸多产品质量问题，如展示过程中的产品与消费者实际收到的产品货不对版，许多产品甚至是"三无"产品和假冒伪劣产品，严重危害到消费者的个人权益与生命健康。[②] 由于主播准入门槛低，电商主播只关注带货过程而忽视了产品的质量，导致消费者的利益受损。还有部分产品在售后环节无法得到应有的保障。为了追求直播数据和销售量，一些主播在直播过程中承诺了一系列售后担保行为，但在直播结束后却消失了。当消费者在维权时就会发现许多商家拒不承认，甚至直接关闭购买链接和店铺，使消费者无法联系到事件负责人，维权渠道变得更加困难。

此外，直播带货还存在严重的产品同质化现象。在不同的直播间中，经常

---

① 朱茜，时佳，等 .2022 年国潮品牌发展蓝皮书——"国潮"崛起正当时［EB/OL］. https：// bg. qianzhan. com, 2021 - 12 - 22.
② 徐颖 . 网络直播带货乱象的治理问题研究［D］. 合肥：安徽大学, 2021.

出现完全相同的产品、类似的直播场景和直播形式以及无差异的产品介绍。有时候，消费者会从两个不同的直播间购买产品，收到货会发现发货地和产品包装毫无差异。有的直播间还利用了同质化现象将相同的产品定位为不同的价格，严重影响了消费者的合法权益。这样同质化的直播间和产品，一方面让消费者产生审美疲劳，无法持续吸引消费者长时间停留在直播间，难以继续刺激拉动消费者的购买力，导致直播间和主播也失去了竞争优势；另一方面，同品不同价的现象消耗了消费者对直播间和品牌的信任，损害了消费者的个人权益。品牌方和直播间要想在众多相似产品中展现自身的与众不同，就需要创造出更好的内容来抓住用户眼球。如果主播只是简单地模仿和借鉴其他品牌的直播创意，不仅会影响品牌的推广，还可能对品牌形象产生负面影响。

2. 直播数据弄虚作假，夸大现象屡现

电商直播平台通常会利用大数据算法，将人气值较高的直播间和主播不断推送给更多人群。然而，部分主播为了流量数据，会采取造假的手段。他们摸准了平台的算法规律后会购买水军进行点赞、评论等服务，制造直播间的火爆气氛。同时，他们也对直播间产品的购买人数、产品库存数量、销售额造假，促使平台为他们的直播间进行导流方便带货。比如在 QQ 上搜索"人气""互粉"等关键词就可以找到大量有关互粉、互赞、控评等业务的结果。这些数据价格并不高，80 元可以买到一万真机的浏览量，50 元便可以买到一万虚拟机浏览量，并且点赞不受限制，因此不到 5000 元就可以营造出百万人气的直播间。有些直播间的主播则会与品牌方进行剧本互动，他们按照"砍价表演""低价捡漏"等早已提前设计好的剧本进行表演。消费者在观看直播的时候全然不知这是主播与品牌方之间的剧本，会误以为品牌方在亏本销售，主播也在为消费者谋福利。

还有部分主播在直播过程中为了追求人气和流量，会采用虚假宣传的手段来夸大产品的实际效果。他们可能声称某些保健品具有治疗疾病的功效，或者将一些产品的"改善"作用夸大为"根除"，以引起消费者的高度期待和冲动消费。这些惯用伎俩的目的都是为了"带货"，让消费者被"卷入消费"并且

"沉迷直播"。这种造假、虚假宣传的带货方式不仅损害了消费者合法权益，还严重影响了直播间的风气，破坏了整个直播行业的平衡，损害了真实宣传和诚信经营的主播及商家的权益。

3. 主播专业性不足，情感关怀缺乏

电商直播行业发展态势迅猛，市场对电商主播的需求也日益增加。然而由于缺乏专业性的培养和固定的行业准入标准，电商主播的进入门槛较低，任何人都能随时转行成为电商主播。加之直播行业带来的暴利也吸引着更多的人纷纷加入直播市场，导致直播间的主播质量参差不齐。部分主播缺乏专业的直播技能，对直播流程不熟悉，对产品信息了解不深，特别是无法对一些专业性较强的产品进行全面细致的介绍，甚至出现了乱科普等现象。这非常容易误导消费者，也会导致带货效果不佳，影响直播间的整体运作和消费者的购买意愿。一场成功的直播需要主播能够与品牌方提前进行详细沟通，熟悉产品各方面的细节信息以及售后服务等环节，并借助多方协作来完成。

另外，在电商直播中，存在主播和消费者无法进行深入有效互动的问题。消费者在直播间中无法得到主播的回应，或者主播无法和不同类型的消费者进行针对性的情感化交流。主播只是单纯地介绍产品，无法将产品与时事热点、情感诉求等联系在一起。与线下实体购物不同，线上购物缺乏与导购员或者其他消费者进行面对面交流的机会。这使得消费者在购物时因缺少互动环节而削弱了对产品的了解，或者降低了进一步购买的欲望。直播带货的过程是一个利用科学技术催生情感联系并构建消费者与主播情感互动的过程。积极的情感体验有利于流量价值的正向转化。[①] 情感互动不仅可以增加用户的积极性，为直播间获取流量，还可以增加用户黏性，提升用户常驻直播间的频率。主播通过"虚拟在场"的形式与消费者在评论区、留言板等处互动，新奇或氛围热烈的互动形式与环境吸引消费者停留在直播间。而消费者进入直播间后会在屏幕前通过文字与屏幕后的主播进行沟通交流，强化了自身对于产品的基本信息和性能的认知。直播通过互动构建了虚拟与现实交易环境的联结，潜移默化地提升

---

① 梁爽，喻国明. 移动直播"新景观"：样态演进、情感价值与关系连接［J］. 苏州大学学报（哲学社会科学版），2021，42（4）：162-171.

了用户的情感体验，不断拉近了主播与消费者之间的距离，使得消费者对产品产生了更多兴趣或其他情感。①

在电商直播中，主播作为意见领袖是整个直播过程中最关键的角色。他们占据绝对主导的地位，拥有极大话语权，对于用户的消费意愿产生了重要的影响。主播的专业性、知名度、产品涉入度、互动性等特征都会对消费者的行为和态度产生复杂影响，进而影响了整个电商直播的互动过程。因此，培养优秀电商主播是目前电商直播平台亟待解决的关键问题。

4. 直播内容低俗不良，平台监管疏忽

直播间的运营情况与平台的算法机制息息相关，流量高的产品会获得更高的曝光度，从而被更多用户看到、关注到。直播内容是影响流量的主要因素，同样的产品在不同直播间中的收看人数存在差异，这是因为直播内容也存有不同。只有具有一定趣味性和个性化的直播内容才能成功吸引消费者的注意。但是，有些电商直播急功近利，选择播放一些低俗不良的内容来吸引用户。严重影响了直播平台的健康环境，也给未成年消费者带来了不良引导。这些不良低俗的直播内容影响了直播行业的发展趋势，同时影响了消费者的情绪与态度，极大地扰乱了电商直播的市场秩序。

三、我国电商直播的治理建议

（一）政府部门：加大文化管理力度，引导电商直播正向发展

1. 推进技术治理的网络体系建设

网络文化市场是当前国家社会意识形态发展的主要阵地，加强网络文化市场的技术治理能够引导与形塑网络发展的新形势。在全媒体时代，应该将新兴技术手段作为有力支撑，强化网络文化市场的建设，构建多层次的传播体系。网络直播凭借传播速度快、准入门槛低、产品内容丰富等特点迅速赢得了消费

---

① 郭小钗，孙灿，陈蓓蕾，等. 门户网站品牌忠诚度影响因素的实证研究 [J]. 技术经济，2008，(9)：111 – 117.

者的喜爱。尤其是随着抖音、快手等短视频平台的出现，电商直播购物方式被推向全民化，出现了"全民直播带货"现象。虽然在政府部门以及社会各界的监督之下，直播带货被规制在法律的牢笼中，但是仍有直播间出现了虚假宣传、低俗营销、刷单数据造假等不良行为，扰乱了网络文化市场的秩序。

在网络文化市场的管理与监督方面，政府部门应积极利用发现技术升级治理方式方法。比如大力发展大数据、算法推荐等技术，将具有正能量的主播和品牌推送给用户；构建人工智能、云计算等高新技术平台，将网络劣迹主播与不良行为同步至云端，实现对网络直播带货等行为的一键管控；提升抖音、快手等短视频平台的自我净化能力，依托平台技术实现对于劣迹低质主播的及时预警；智能过滤并识别拦截低俗直播带货行为与"三无"产品，通过精准检测实现对直播带货隐患的事前治理，推动电商直播行业的健康发展。

2. 营造以法治网的文化监管环境

电商直播的过程涉及多个市场主体，如网络主播、平台、品牌方等。一方面，这些主体在利益的驱使下处于同一条产业链中，彼此首尾相连且占据整个直播生态链的主导地位，而消费者不仅处于生态链末端同时也处于被动地位。由于市场主体的多元化和消费者的被动地位，直播市场需要更多监管。另一方面，直播带货中的网络主播与传统广告中代言人的身份有着相似之处，他们利用与消费者之间的信任关系来推销产品，此类行为将经济行为与情感共识做了嫁接与捆绑，具有一定特殊性。

政府部门应积极履行监管职责，构建完整的监管链条，全面维护网络直播的空间秩序，推动网络直播做到有法可依、有法必依。直播带货与主播均属于新生事物，此领域的法律条例尚不完善。虽然《中华人民共和国广告法》《中华人民共和国反不正当竞争法》中对此内容有所提及，但对于网络意见领袖、平台等各方应承担的责任义务并不是很明确，尤其在直播带货和网络主播的管理方面存在法律空白，缺少对应的单行法。

针对以上问题，笔者认为应从几方面入手。第一，政府管理部门应进一步明确数据造假、过度营销、虚假宣传等恶劣行为的处罚力度，并严厉抵制曾经有过偷税漏税等其他造成社会不良影响的劣迹网络主播，坚决遏制其违规复出。第二，法律部门应当从电商直播的实际发展出发，不断细化相关法规，根据实际需要对其进行补充完善，确保法律法规的动态性与可操作性。第三，监管部门应积极建立电商直播平台的评价体系与监管体系，将各类不诚信行为纳入平台和网络意见领袖的信用评级体系中，并定期进行检测评估，借助社会监督与公众的力量来强化市场监管，畅通反馈渠道，健全公众维权机制。

3. 打造具有专业水平的文化监管队伍

当前网络文化市场由于其自身的复杂性与多样化受到多方部门的监管，包括网信办、公安部门、文化宣传部门等，因此出现了各部门之间职能交叉、监管空白的情况。首先，在设置网络监管机构方面，政府可以学习其他国家先进经验，比如韩国目前拥有专门的网络监管机构名为"互联网安全委员会"，德国联邦内政部负责全国的网络监管事宜。在我国可以根据自身特点设立专门的网络文化监管部门，从而提升网络文化监管效率，统一监管职责与目的，并避免职责不清等现象的发生。其次，为了提高监管队伍的专业性，政府可以在日常工作中加强对于监管队伍的考核以及专业培训工作，培养复合型人才，并不定期开展集中整治行动以提升监管队伍的实践能力。最后，各部门应建立有效的多方联动协调机制，利用大数据和云计算等技术手段打造信息共享智慧平台，实现不同部门在网络监管行动中的协调与合作，有效整合各方资源信息。同时要加强相关领域的信息化建设，对电商直播各平台和主播实施动态监控，对破坏直播环境的行为进行惩戒。

（二）电商主播：提升自身能力，加强职业操守

随着新媒体更新换代的速度越来越快，网络用户的注意力可以转换为流量并进行价值变现。新媒体平台纷纷添加了社交功能来赚取用户的注意力，社交功能已经成了互联网产品的必备要素。2020 年，新冠肺炎疫情极大地改变了人们对于消费场所的选择与媒介使用的习惯，大部分线下消费转向线上消费，"宅经济"应运而生。直播带货作为一种在线的网络社交消费活动，打破了时间与空间的限制，实现了消费信息的大范围实时传播。它推动品牌与消费者实现实时交互，拓宽了用户获得商业信息的渠道。然而，直播带货是一个复杂的

过程，消费者的注意力是有限且不可共享的资源。如果网络意见领袖能够赚取更多的注意力，就意味着他拥有更多的资源，进而可以凭借注意力资源进行议价，为此直播也具有一定的"马太效应"。

1. 打造沉浸式场景体验，营造情感共鸣

在直播过程中，电商主播们发挥着至关重要的作用，用户被吸引进入直播间多是出于猎奇心理和理性判断。一方面，用户容易被电商主播的名气、外貌、审美感、直播间火热的气氛以及产品风格特征等吸引。另一方面，网络意见领袖具有良好的议价能力，直播间能够提供契合消费者需求的便宜商品，这些都能够吸引消费者的兴趣。而消费者停留在直播间则是因为直播间能够给用户提供独特的归属感与购物的便捷性，用户可以通过互动形成情感共鸣。

首先，用户的消费行为主要是出于对电商主播的信任。因此电商主播在直播带货的过程中首先需要深入分析了解品牌受众，对受众的年龄、地域、观看时间、产品需求等进行分析，与团队一起精心挑选适合受众品味及需求的商品。第二，主播应努力营造具有亲近感的直播场景，这有助于建立用户对主播的信任。欧文·戈夫曼在拟剧理论中将社会现实视作舞台，并将其划分前台和后台。在直播过程中，主播所涉及的环节都是前期安排的"前台表演"行为，而产品的生产、制作等环节则属于购买情境中的"后台"。电商主播在直播过程中可以采用后台场景前台化的操作，在展示商品的同时向消费者展示产品的制作过程，让消费者能够看到产品生产、加工等整个流程。第三，电商主播应积极通过情感性的互动活动来获取流量，提升用户的黏性。主播与消费者的互动不应局限于评论区的文字互动，而可以将 VR/AR 等技术与直播带货活动进行融合，让消费者通过身临其境的体验感受到线下购物的参与感与真实性。直播时电商主播以"虚拟在场"的形式存在，可通过言语话术与用户进行情感交流，进而增加主播与用户的亲密性和联结性，为后续价值变现提供情感基础。当消费者意识到与电商主播在价值观、兴趣爱好等感性方面有更多的相似之处时，他们就会对主播的所言所语产生更多信任感。第四，主播在直播带货过程中可尝试进行"人格化的营销宣传"，即打造属于自身的独特性格魅力、

语言风格以及动作姿势，并以此刻画、塑造自身的人格。比如有些主播在带货过程中通过搞笑夸张的动作以及独具风格的话术来激发消费者的好奇心与购买欲，以独特的风格牢牢吸引粉丝。

2. 关注品牌文化动态，提升用户情感转化

直播带货的过程能够为各个小众品牌、老牌国货品牌提供曝光机会。尤其是新冠肺炎疫情加速了"宅经济"的形成，为更多老字号、国潮品牌、新晋美妆品牌等带来新的发展机遇。近年来，许多品牌愈发注重承担社会责任，在疫情支援、河南洪灾等社会事件中积极捐赠了大量物资。比如国产运动品牌鸿星尔克在河南郑州特大暴雨灾害时期，向灾区捐赠了5000万元物资，并通过微博向外界宣布了这一行为。这条微博发布后，网友们纷纷对鸿星尔克的行为表示赞赏，并于次日涌入鸿星尔克的电商直播间进行消费以示答谢与支持。据媒体报道，当晚品牌的销售额突破11000万元，商品销量超7.9万件。主播们可以借助品牌热点事件来吸引用户，比如将国货品牌与近年来我国国际地位的抬升、国民文化认同感的增强等相结合，或是将中华传统文化有效融入直播内容中。如2021年7月随着"双减"政策的落地，新东方作为教育机构的巨头，开启了直播带货的转型。董宇辉作为新东方在线高中英语教研部的主管，成为第一批入选的电商主播。一开始董宇辉的直播效果并不尽如人意，但是通过研究思考，他在直播中开始讲述产品背后所蕴含的历史故事、人文情怀以及诗词歌赋等，观众被其吸引并驻足新东方的直播间。这样的直播方式极大地满足了消费者的精神文化需求，有知识、有内涵的主播也越来越受到公众的喜爱。未来电商主播们应巧妙地对品牌文化内涵、历史典故知识等方面进行介绍与阐释，让消费者在电商直播收看与互动的过程中产生情感共鸣，进而助力品牌实现活化存量、沉淀流量、情感变现的目的。

3. 保证诚信直播带货，提高职业道德素养

在流量和数据为王的互联网时代，一些网络主播为了自身利益进行数据造假，所推荐的产品质量参差不齐，营销方式也极其低俗。网络直播的经济来源一方面来自品牌方；另一方面则来自"佣金""打赏费用"等。为此部分网络

主播的纳税意识较弱，或存有侥幸心理，加上平台设定的规则便于主播对收入提现，就出现了主播逃税漏税的恶劣行径。这些行为扰乱了整个直播行业和商品市场的秩序，破坏了诚信经营的市场准则，极大消耗了消费者的信任，也造成我国税收资源的损失，不利于构建公平公正的税制环境。

网络电商主播想要更好地为消费者提供服务，一方面需要强化自身的本领和才能，不断学习产品讲解的话术技巧、语速的掌控、互动形式等直播技能，加深对产品的了解，提升自身与消费者的共情能力，为消费者提供个性化的购物体验；另一方面，网络电商主播要不断提升自身的职业道德素养，增强法律意识与道德观念，遵守相关法律法规和行业规范，积极接受政府部门和行业组织的监管，参照国家有关部门发布的政策法规来提升自身的职业操守。

（三）品牌行业：注重品牌升级，实现精准营销

1. 加快产品创新，打造差异化产品

各个品牌花费大量时间进行独特性、差异化的产品定位以及各种类型的营销宣传，是为了在消费者心中构建出不可替代的独特地位，这对于品牌巩固粉丝群体、占领消费者心智具有重要意义。为了在消费者心中占据稳固的地位，品牌需要紧紧围绕用户需求，进行自我优化与提升，不断创新产品服务，努力提升品牌的"硬实力"。

当前许多小众品牌借助电商优势已经具有一定的社会知名度，但他们在后续发展中缺乏内生动力，产品的质量和内涵也有待提升。同时，各类品牌凭借电商直播平台纷纷进入市场，产品大同小异，相差无几。未来，凭借电商平台火起来的品牌要牢牢守住质量的关卡，并注重产品的文化内涵，在深入挖掘产品特点的基础上进行创新转化，传递品牌的价值观和故事，推出具有差异化和独特性的产品。同时，企业应在产品细节方面精益求精，形成具有市场竞争力的优质单品。通过打造优质单品来带动全品牌的跃升，进而保证品牌拥有可持续发展的动力与吸引力。

2. 丰富营销创意，强化持续关注

当下品牌直播同质化现象严重，企业要想在电商直播平台站稳脚跟，就需要打破同质化的发展困境，丰富营销形式，为直播注入创意。与图文营销相比，直播营销需要受众群体投入更长的时间。但在信息爆炸的时代下，用户处于海量内容之中，稍不注意就可能错过自己想了解的资讯。此外，由于直播的即时性，用户难以对直播环节的内容更新做出预测，一旦长时间没有发现感兴趣的内容时，就可能迅速切入其他直播间。更重要的是，由于消费者的时间大多是碎片化的，为了利用好碎片化时间，平台的直播间切换方式也极其容易，这导致用户黏性也在持续降低。因此，电商直播间需要有更具吸引力的直播内容和形式，以吸引并留住受众群体。

直播平台主要由直播场景、直播主题和直播人物构成。有趣的直播场景能够迅速抓住消费者的注意力，比如一些农产品主播在直播间卖水果时直接将直播场景设置在了果园内，真实又罕见的直播场景迅速吸引了消费者的注意力，为用户带来了强烈的视觉冲击感，极大增强了他们的购买意愿。因此品牌应该依据产品的特点打造创意场景，通过具有代入感和创意特色的直播间来吸引用户的关注。

除此之外，直播人物也尤为重要，优秀并且契合产品内容的电商主播能够发挥出意见领袖的引领作用，提高品牌口碑，进而维护整个市场的商业秩序。因此品牌在选择主播时应注意以下几点。第一，企业在选择主播时可综合考虑企业形象、品牌气质和主播的个人能力等要素，尽量选择与品牌自身形象相匹配且深受目标用户喜爱的主播。第二，品牌应做好用户画像分析，根据目标用户的性别、年龄、职业等具体特征进行营销内容设计，以便为用户提供精准化的个性产品和服务。第三，互联网是信息收集和筛选的平台，消费者可以根据自己的需要和爱好选择浏览不同的直播间，品牌可以根据用户评价、反馈等来增强和改进产品，以增加用户的黏性。

未来的电商直播行业将会是更加精细化运营的商业趋势，而在白热化竞争中，品牌要将直播形式与自身擅长的领域相结合，形成自己的特色优势，打造独一无二的直播内容和风格，实现精准营销。

（四）直播平台：提高准入门槛，加强内容管理

1. 增强运营规范，保障绿色环境

主播在直播过程中的一举一动都会影响到广大用户，因此品牌要加强运营规范和内容管理，保障直播平台的绿色环境和用户权益。

第一，电商直播平台要及时响应新出台的法律法规，运营环节与细节均要落实政府的管理规定，在相关法律法规的限制下发展业务。第二，基于群众力量对平台进行治理，完善用户举报机制，设立用户监督员，提升用户举报的处理率，不断优化群众监督的途径，保障直播平台健康发展。第三，除人工审核外还可以积极利用 AI 算法模型来提升识别率，减少人工的主观判断，加快审核效率。第四，平台可以直接取消一些低俗主播的直播资格，关闭其直播间，并进行封号处理。将不合格的直播内容和视频内容进行下架，同时对能给消费者带来正能量的直播间进行奖励，提高其曝光度，让网络直播平台的经营活动更加规范化。第五，严格按照《中华人民共和国消费者权益保护法》等法律法规打击"三无"产品的售卖，完善售后和维权渠道。平台可以与官方举报平台、当地政府等力量共同建设绿色通道，帮助消费者快速获得维权渠道，解决消费者在购买产品服务时遇到的侵权现象，确保广大用户在网络直播平台上获得良好的体验。

2. 设置准入门槛，完善监测体系

电商直播平台的最大便利之处在于任何人都可以随意注册账号，并随时随地进行直播带货。各行各业都希望在直播红利时代分一杯羹，因此电商直播平台出现了一批业余主播。这些主播并不具有专业的直播技能，甚至屡次出现了不良低俗的直播内容，致使用户权益受损。对此，各大直播平台需加大对平台主播的审查与监管力度。

直播平台要设立准入门槛，提高主播素质。对于参与直播的各类主播，平台首先要建立实名制，这是平台进行有效监管的基础。同时，应设置直播准入门槛，如对主播的粉丝量、注册时间、互动程度、违规历史等进行严格控制。其次，平台可以设立直播试用期，定期对主播进行考核，在试用期内如果出现

违规现象或者其他违反平台规定的劣迹，平台要立即对主播的账号进行处理。最后，平台还可以与部分高校相关专业进行合作，引进经过专业培养的学生入驻直播平台，不断优化直播主播的整体素质，督促主播及时进行知识更新。

此外，直播平台应完善管理和监测体系。平台要与时俱进地更新管理规定和相关机制，将违反规定的人员列入黑名单，使此类人员无法在平台中发布违规信息。同时，平台应建立健全的监测系统，提升系统的监测效率。采用先进的技术监测系统对网络直播平台进行全天实时监管，随时了解和掌握平台上发生的各类突发状况，利用数据不断优化系统监测功能。

第二节　时尚古着店的治理策略

随着全球化时代的到来，时尚产业发展迅猛，"古着文化"作为时尚生活方式的一部分也逐渐在中国市场上崭露头角。近年来，古着店在北京、上海、杭州等城市迅速扩张，但是由于国内古着行业起步较晚，古着店的监管状况并不完善，更因其时尚行业的特殊性使其面临较大的监管难度，在消费者权益的保护和行业健康发展方面均存在较大风险。以下将围绕时尚古着店的运营特征和行业现状展开研究，探讨我国时尚古着店的发展现状和监管模式，为时尚古着店的良好运营提供路径参考。

一、时尚古着店的概述以及行业现状

从 20 世纪 80 年代开始，随着时尚文化的全球扩张和国际化市场的形成，快时尚带来服饰消费的高速增长。[1] 社会节奏的不断加快让人们对服装的个性化需求日益增多，与此同时，快时尚品牌却面临风格同质化问题，质量不高且款式雷同的服装已经无法满足大众尤其是年轻群体的消费需求。[2]

此时，"古着文化"作为一种新兴的生活方式逐渐进入大众视野，古着店

---

① Fletcher K. Slow fashion: An invitation for systems change [J]. Fashion practice, 2010, 2 (2): 259 –265.
② 王倩. H&M 关店，快时尚进入"慢时代"[J]. 商学院, 2022, (8): 113 –119.

的流行恰好满足了人们追求服饰个性化、独有性的心理需求。古着店的商品每件都是独一无二的，不仅具有独特的时尚魅力，还有着历史印记，可以引发消费者的情感共鸣。欧美古着行业迅速发展，复古、怀旧、高品质的古着店不断涌现，但是我国古着行业起步较晚，仍然存在不少经营问题与消费隐患，不乏非法营业者混入其中。这给消费者的权益保护和行业运转带来了一系列负面效应，消费者、古着店经营者、交易平台的多元性和不可控性都给古着行业的运营带来了较大挑战。

（一）古着店的内涵、发展过程及特征

1. 古着的内涵

"古着"是一个舶来词，来源于日语"ふるぎ（旧衣服）"；英语中的"Vintage"一词源于法语的"vin（葡萄酒）"，指某一红酒的具体年份和产地。"Vintage"单词来源于葡萄酒术语，本意形容酒类饮品经过 30 年后的陈酿后达到最佳饮用时期，最终形成经过时间考验的优质的、上乘的葡萄酒。"古着"中的"Vintage"用来指代过去某个时期做工精细、款式具有时代特征的单品。"Vintage"更通俗的意思是"old"，但不是普通意义上的二手衣服、旧衣服，而是体现了一种经久不变的魅力。如 20 世纪 50 年代奥黛丽·赫本（Audrey Hepburn）穿的瘦身裤、20 世纪 60 年代 Emilio Pucci（璞琪）设计的有植物图案印花的女衬衣，以及贯穿那个年代始终的 Chanel 套装裙，都是最标准的"Vintage"——特指有历史价值的、现在已经不再生产，并且制造工艺已经随着时代发展失传的孤品。

严格来讲，古着（vintage）的时间跨度是 1920 年到 1980 年之间。这类服饰本身极具代表性，其使用的风格、面料、剪裁都具有那个时代的缩影，具有特殊的历史意义与文化印记。然而，不是所有年代久远的衣服都能称作"古着"。1920 年之前的服饰叫作"Antique"，在中文释义里更符合"古董"；1960 年到 1980 年的服装叫作"Retro"，是指灵感来源于古着文化但利用新型科技材料进行产品再造，仅代表具有复古风格的衣物。古着不等同于二手物品（second-hand），二手包含中古和古着，但是三者不能画等号。"二手"泛指使

用过的物品；"中古"来源于日本，只要在流通的二手奢侈品都可以称为"中古"；"vintage"不一定是贩卖过的，即包括一些带着原包装和标签、未经过市场交易的单品，它们一直囤积在仓库的某个角落，在这些被遗忘的滞销品中也可能存在绝版的时尚精品。

2. 古着店的发展过程

"古着"这一概念实际上是由二手衣物演变而来，最早发源于欧洲，后来传入日本，得到迅速发展。古着店的概念并没有一个严格的定义和时间界定，但是古着文化的发展始于20世纪初。很多人认为日本是 vintage 的发源地，其实不然，古着店可溯源至20世纪早期，也就是二战后的欧洲，那时在英国和美国等发达国家已经形成了一定规模的古着市场。一方面是因为战争遗留了大量军用物资，设计师将物资改造后加以利用，促进了美国二手市场的蓬勃发展；另一方面，在二战后全面萧条的欧洲，消费趋于内敛化，年轻的艺术家和年轻人迫于拮据的经济条件开始在旧货店寻找旧衣服，便出现了街头古着店（Vintage Shop）。他们通过从二手市场、旧货市场等渠道采购商品，再进行打扮、改造等处理后售卖。这些服装包含了一定的历史和文化内涵，具有独特的品质和风格，深受年轻人的喜爱。随着英国摇滚天团披头士（The Beatles）、英国朋克教母维维安·韦斯特伍（Vivienne Westwood）等名人巨星将旧衣服与新衣服混搭起来，引起普通公众的效仿，慢慢形成了独特的古着文化。

日本是亚洲地区古着文化的先驱者。20世纪70年代，日本经济处于高速发展期，国民消费水平较高。但到了80年代，日本受到泡沫经济的冲击及影响，日本民众开始大量变卖自己的非生活必需品，以求通过物资变现而改善自身经济状况；与此同时，美国的朋克、嘻哈和摇滚文化在日本繁荣发展。因此，日本青年为了追逐潮流和节俭，用二手服装展现自我，形成了全球最大的古着市场。日本第一家古着店"极乐岛"创立于1972年，之后相似的店铺也陆陆续续开张，包括山崎真行的奶油苏打古着店（CREAM SODA），其在当时主打美式摇滚风格，盛极一时，日文中的"ふるぎ"① 一词也是在这时出

---

① 　ふるぎ：原意为"旧衣服"，包括普通旧衣服和在二手市场淘来的经典款式服装，"古着"一词由其演化而来。

现的。

20世纪80年代的日本，是古着文化发展的重镇。日本有很多"古着猎人"专门不远万里去往美国的各个商场、集市购买便宜的古着，而旧货店（Thrift store）[1]是他们最常去的地方，日本古着猎人在此回收旧衣物，之后运回日本去贩卖。到20世纪90年代，日本的古着文化已经发展得很成熟了，甚至"古着"还延伸出了更多的产品分类。发展至今，日本的古着已经超越产品本身而成为一种新的理念和生活方式，并将这一文化理念推广至全世界。此外，日本的古着行业有着非常严谨的回收、筛选、上市体系，日本政府对古着店的管控十分严格，在某种程度上这种完善的监管体系保护了古着店的生存与发展。

随着消费升级和年轻人审美观念的变化，古着店逐渐成了一种新型的时尚文化。它所代表的不仅仅是一种购物方式和文化趣味，更是对于二手环保、可持续消费和个性化时尚的深刻探讨及实践。

3. 我国古着店的特征

近年来，中国的古着市场迅速膨胀，越来越多中国人开始接触古着文化。中国台湾、中国香港等地受日本文化和欧美文化的影响，古着店起步较早，之后古着文化传入我国大陆地区，古着店主要分布在北上广深等年轻人较多的一线城市。在中国人的固有思维里，"花钱去买别人穿过的旧衣服"是难以接受的事情，为此我国本土古着文化不仅起步较晚（在旧衣服回收利用上比国外晚了10年）[2]，同时这一理念的推广也颇为不易。国内古着店大多是进口海外古着商品，这些经过时间浸润的旧衣服经过层层挑选，经由经销商、店主和收藏家等带回国内，在通过严密的洗涤、消毒、整理后才能上市流通，成为我们现在看到的"古着"。但其中也有不法商家，把新生产的衣服故意做旧，甚至将来历不明的衣服翻新售卖，伪造成"古着"商品来获取高额利润。古着店进入中国市场，从无人接受到受人追捧，其原因一方面是古着店为传统服饰观

---

① Thrift store：慈善二手商店，专门回收人们不需要的东西，再重新上架，以较便宜的价格二次出售。它一般由教会或其他非营利性机构开办，意在帮助低收入的穷人，并为慈善机构筹款。
② 王云峰. 旧衣服如何走上循环利用之路 [N]. 辽宁日报，2013－09－11 (011).

念提供了新的文化刺激，消费者的时尚观念从"追求潮流"慢慢向"追求个性表达"转变①，古着店因此在众多同质化严重的店铺中脱颖而出；另一方面是古着店蕴藏的文化内涵和独特魅力被年轻人认可和接受，给消费者提供了解和接触不同文化的机会，逐步凸显了青年亚文化的相类属性。我国古着店有如下特征。

第一个特征是商品独特且多样。古着文化承载着极其特殊的历史文化意义，这些服饰数量稀少且具有独特性，不易被流行趋势所淹没。与此同时，快时尚产业规模迅速膨胀带来的弊端初步显现，"快时尚"影像总是试图操纵"美"的定义②，用流行趋势引导群体审美，而消费者越来越追求个性化表达和购物中的"具身化"（Embodied）体验③，对当下众多同质化商品感到厌倦。古着商品与快时尚相反，每一家古着店都有不同的装潢风格，每一件商品都是独一无二的。无论版型、剪裁还是印花，都具有较高的收藏价值，很多人迷恋古着是因为那些旧时代的衣服与饰品拥有着现在无法复制的工艺，不同年代的服饰有着不同的美学风格和艺术价值，它还是时代变迁的见证者，这种浸染岁月、耗费时间和精力的手艺活葆有年月的味道。

第二个特征是环保。人们逐渐意识到快时尚消费一直在追求形式变化，会带来资源浪费、消费主义、环境污染等问题，此时，古着店作为一种代表"循环时尚"④的可持续消费理念被大众接受与认可，与其当下所倡导的环保文化具有一致的价值内核。古着店所售卖的物品大都是 20 世纪的经典款式或稀缺品种，有效缓解了新衣服生产过程中带来的环境压力。由于古着具有环保价值，为此欧美国家二手市集、古着店铺都得到了政府的支持，政府支持店主

---

① 张昆，陈雅莉. 时尚传播与社会发展：问题和反思 [J]. 社会科学战线，2015，（3）：168 – 175.
② 陈雅莉. 消费文化的传播密码："快时尚"传播中的价值生产研究 [J]. 东岳论丛，2023，44（3）：174 – 183 + 192.
③ "具身化"是指人们既依赖身体表达/反馈社会经验与认知，又依赖身体体验感知社会世界的现象。梅洛-庞蒂认为，身体是人们与世界联系的手段，既是人们认识世界、体验世界的主要场所，也是反映世界、反馈人们对世界认知、折射人们社会经验的载体。
④ 循环时尚理念及未来发展计划是在一份名为《新纺织品经济：重新设计时尚的未来》的报告中被系统地提出，2017 年哥本哈根峰会的六个月后由艾伦·麦克阿瑟基金会与斯特拉·麦卡特尼合作发布。参见：戴娜·托马斯. 时尚都市：快时尚的代价与服装业的未来 [M]. 刘丽萍，译. 重庆：重庆大学出版社，2020：227 – 247.

参加官方市集，店铺也可享受优惠的税收财政政策。古着服饰的品质通常比快时尚品牌更优良，且具有较长的寿命。在消费主义盛行的今天，部分消费者在思想上接受并认可"断舍离"的理念，而古着店的存在就满足了这种趋势变化，其强调衣物的品质和设计价值，引导消费者喜欢做旧的东西，让消费者寻找和珍视那些代表着历史、文化和时尚的服饰，不再为那些淘汰快速且会带来巨大污染的快时尚品牌浪费大量时间与金钱。

第三个特征是彰显生活态度。让·波德里亚指出，"在时尚氛围中，所有文化都在完全的混杂中作为仿象而起作用"[1]。古着店作为一种亚文化潮流，代表着一种反对消费主义的思潮和重温旧时代的理念；古着消费之于年轻人，不仅成为一种为环保事业出力的选择，更成为一种探索个性、彰显个性的潮流活动。[2] 古着的流行打破了"时尚是最新的"惯例，消费者利用反潮流的饰物来展示自己与众不同的品位、生活方式和价值观，如在古着店中，消费者可以将服装进行创意搭配、创意改良，使自己的造型更加与众不同，而古着独有的魅力也吸引了许多年轻群体的加入和关注，进而带动了古着文化的推广与散播。虽然线下零售古着店与线上平台形成竞争，但实体古着店提供的"空间感"无可替代[3]，试衣过程极大塑造了用户的个人身份及他们对时尚消费的独特理解。同时，古着店也成了细分市场和小众文化的代表之一，是青年群体表达身份、标榜个性、彰显态度的一种生活方式。[4] 如今，经典与时尚的跨界融合让古着文化在年轻人的消费话语中占有一席之地，古着本身成为一种文化符号，代表着一种独特的风格和生活态度。

第四个特征是具有探索感。古着店的购物过程像是一幅充满动作的多元场景[5]，重要的消费行为包括搜寻（searching）、讨价还价（dickering）和社交

---

① 让·波德里亚. 象征交换与死亡 [M]. 车槿山，译. 南京：译林出版社，2012：116.

② Guiot D, Roux D. A second-hand shoppers' motivation scale: Antecedents, consequences, and implications for retailers [J]. Journal of Retailing, 2010, 86 (4): 355 – 371.

③ Pugh E. Serendipitously Ludic Spaces: Vintage fashion fairs through the Lens of Critical Spatial Theory [D]. Leeds: Leeds Beckett University, 2020.

④ 赵杜灵. 时尚消费与具身化策略：小镇中产青年女性的身份建构研究 [J]. 中国青年研究, 2021 (5): 77 – 86.

⑤ Maisel R. The flea market as an action scene [J]. Urban Life and Culture, 1974, 2 (4): 488 – 505.

(socializing)①。搜寻，主要是消费者在寻找新奇店铺、衣服和饰品的过程中所产生的刺激感，也被称为"寻宝游戏"，包括讨价还价的感觉、协商的可能性甚至是社交、与人互动和体验有趣的经验等。这些在一般的商店中没办法体验到的行为都是古着店独有的特色。② 古着店作为一个消费空间，其店铺设计与环境布置多充满艺术感，通常每家店都有自己独特的空间元素，从装修配色到灯光设计，再到每一个小摆件，都蕴含着店主想表达的时代故事。人们进入古着店，不仅仅是为了购买一个新衣服，更是为了体验一个全新的购物场景。当人们穿上古着时，会感到来自历史的力量，因此探索古着店是一种探寻历史并发现文化魅力的经历，更是一种"怀旧"体验——体验自己未曾经历过的时代的一种方式。古着店所代表的时尚文化不仅仅是一种消费方式，更是具有标志性的文化符号。古着店的衣服不仅涵盖了各个时期的经典款式，更代表了不同时期的文化和风格，具有独特的历史感与文化内涵。在逛古着店的过程中，消费者关于"时间"的共同经验被再造成碎片化、模式化、感官化的"空间感"，从而制造出指向消费的"城市认同"③。古着店所代表的已经不再是简单的消费场所，它更是在向世人展示并表达其所主张的文化价值。

古着店唤起公众消费的本质是历史记忆和美学风格。人们希望在自己未经历过的时代获得遐想，以此找到心灵的避风港，逃避对未来的焦虑④。在现代化进程中，许多城市越来越相似与雷同，缺乏独特的特色和价值，难以为民众带来心灵的放松和静谧。年轻人探索古着店，也是在逃离同质化的现代都市，以及探索城市中不同的文化空间。古着店的服装、饰品、装饰品等都具有艺术感和独特性，不同于全新商品的大规模产制与销售，古着店能够通过营造独特的购物体验来彰显城市的美学格调。古着店的经营方式也为城市经济的多样性

---

① Sherry Jr J F. A sociocultural analysis of a Midwestern American flea market [J]. Journal of Consumer Research, 1990, 17 (1): 13-30.

② 李俐欣. 二手市集作为节庆活动的城市影响——里尔大型二手市集 [D]. 台北：台湾师范大学, 2018.

③ 汪黎黎. 当代中国电影的上海想象 (1990—2013) [D]. 南京：南京大学, 2015.

④ Babula C J. (Re) collecting the past: Fashion, wardrobe, and memory [D]. Houston: Rice University, 2003.

作出了一定贡献。现代城市发展离不开多样化的商业业态，而古着店作为一种新型消费活动也为城市带来了经济收益。随着古着店的扩张和壮大，原本小众的市场也得到了深度挖掘与开发，其在为年轻人提供消费选择的同时，也为城市经济发展注入新动能。

综上，古着店不仅仅是一种消费方式，更是城市文化符号的一部分，它通过发挥自身特有的文化魅力，为年轻人提供了一种内蕴环保理念的消费方式，还具有一定的经济价值，不仅塑造了城市多样性，还激发了城市活力。

（二）我国古着店行业现状——基于 ASEB 栅格分析法

古着文化发源于欧洲，继而延伸到美国，其后在日本兴盛，再逐步传播至亚洲各个国家。古着已经成为欧洲服装产业不可或缺的一部分，英国、法国、意大利等欧洲国家有着发达的货源存储和完整的上市流程，在古着的处理和上架环节形成了完备的监管系统，能够严格对古着进行卫生检查和安全消杀，同时欧洲还推出了完善的供销体系和保障机制，推动古着行业日渐成熟。我国古着文化起步较晚，古着店行业经营没有一套固定的流程可供参考，在充分掌握我国古着店运营现状和发展困境的基础上，笔者通过 SWOT-ASEB 分析方法描绘出了我国古着店的发展轮廓。

1. ASEB 栅格分析

栅格分析法 ASEB（Activity，Setting，Experience，Benefit）是一个矩阵，在分析过程中要将 SWOT 分析中的不同要素相互对应结合起来，形成一种新的管理方法，有利于管理者有效地获知消费者行为。[①] 该矩阵按顺序从 SA（对活动的优势评估）到 TB（对满足的威胁评估）对行列交叉所组成的 16 个单元逐次进行研究（见图 4 和表 21）。该方法主要针对体验型消费引发的问题，因此较为适合古着店经营活动的研究。

---

① 哈里森，赫斯本兹. 国际旅游规划案例分析 [M]. 周常春，苗学玲，戴光全，译. 天津：南开大学出版社，2004.

图4 SWOT-ASEB 矩阵分析模型

	活动 （Activity）	环境 （Setting）	体验 （Experience）	利益 （Benefit）
优势 （Strengths）	SA	SS	SE	SB
劣势 （Weaknesses）	WA	WS	WE	WB
机遇 （Opportunities）	OA	OS	OE	OB
威胁 （Threats）	TA	TS	TE	TB

表21 我国古着行业的SWOT-ASEB 分析

	活动 （Activity）	环境 （Setting）	体验 （Experience）	利益 （Benefit）
优势 （Strengths）	古着店所售卖的商品具有独特性、时尚性；价格比新衣服低；通过社交媒体活动可充分吸引年轻消费群体的关注；古着店可以提供多样化的商品，满足不同消费者的个性化需求	相关政策和法规的出台，引导消费者关注环保事业和可持续发展理念；古着店作为文化消费产业中的一部分，受到文旅、环保等政策的扶持和支持	古着店有独特的环境与氛围，店家可提供个性化和专业化服务；在此，消费者可获得更好的购物体验	古着店满足了消费者个性化需求，从而获得经济收益；古着店的商品为用户提供了一种比快时尚服饰更环保的消费选择；古着店线上化运营可节约成本；越来越多的消费者愿意为体验感和独特文化进行付费
劣势 （Weaknesses）	面对高昂的租金和物流成本，古着店面临一定的经营压力；为了吸引年轻消费者，古着店之间的竞争加剧，可能导致价格战和利润下降；商品货源有限；中国古着市场的管理标准尚不够规范，消费者对于古着文化的认识仍不够全面，消费者的接受度和购买频次都相对较低	环保标准缺失和监管法规滞后，使消费者对于古着店的可靠性和质量存在疑；媒体的报道和消费者的认知仍然存在一定分歧；大量资本涌入二手品市场，但部分商品假冒伪劣问题严重	大众对于二手商品存在较大的偏见和抵触情绪；古着文化是小众爱好，购物体验和时尚趋势不被大众认可；古着商品的管理和养护成本较高，部分消费者认为古着衣服价格偏高；古着行业的专业性存在差异，服装品质、服务水平和人员素质等方面仍有改进空间	古着店的数量有限，远不及新品服装店，可能因此而失去一部分潜在消费者；由于传统的消费习惯，古着店可能会遭到一些消费者的质疑和排斥，从而影响销售额；在品牌框架方面，古着店的口碑可能不及新的服装品牌，知名度和美誉度存有劣势；中国古着市场成熟度不高，政策支持不够及行业间竞争激烈等，也会导致古着店经营受限

（续表）

	活动 （Activity）	环境 （Setting）	体验 （Experience）	利益 （Benefit）
机遇 （Opportunities）	随着可持续时尚观念的普及，消费者对于二手商品的接受程度越来越高；原创设计与古着元素相结合的时尚市场正在崛起，为古着店提供了合作和联合推广的机会；消费升级和个性化需求的增加，提高了消费者对于高品质和独特性的追求，为此他们对古着店的品牌和口碑也有了更高的要求	随着生态环保理念的不断提高，古着行业作为一种典型的旧衣循环模式开始受到重视。古着经营的线上线下联动，加之社交媒体兴起后对古着文化的宣传，也为古着产品的营销与推广带来了新的渠道	大众对服装原创性和独特性的热衷，使得古着购物体验深受消费者欢迎；意见领袖的宣传、古情怀的风靡等为古着店创造了机会；古着店可以从全球市场获得更多的产品资源，从而丰富古着店的产品线和特色功能	古着店开创线上销售和跨界合作等创新营销方式，吸引了更多的消费者；近年中国古着行业的消费需求不断提高，利润空间也逐渐得到了拓展
威胁 （Threats）	跨境电商、二手网络平台的兴起，对古着时尚行业造成了一定的冲击；疫情过后，人们对二手物品的卫生条件更加怀疑；假冒伪劣商品的泛滥，严重伤害了古着店的经营信誉	相较于欧美日本，国内古着市场还没有完全建立起经营规则和检验标准，假货泛滥、货源渠道不透明，鉴定体系不完善；市场监管较为薄弱。加之国内古着市场发展历史不长，消费者对古着行业的认知度不够高	古着店商品存在购买渠道不明、商品鱼龙混杂、货物来源不详等问题，消费体验感较差；古着店若想要提供更好的购物体验，需花费巨大的人力和物力成本，这可能会使古着店的价格也相应上涨；用户的消费动力仍有待提高	古着店面对诸多的挑战，包括市场竞争、政策支持不足等因素，导致其获利风险提高；存在假冒伪劣商品过多、维护成本过高、库存管理不善等问题；商业环境变化具有不确定性，古着店可能面临资金紧张、风险承担能力不足等问题；古着文化宣传力度不足、影响力有限、全国范围内缺乏知名的品牌商店

　　基于栅格分析法对中国古着店行业的经营现状进行分析，可以得到以下结论：古着店作为现代都市的小众文化消费活动，已经逐渐得到年轻人的关注及认可，我国的城市多样性和消费观念的转变使得国内拥有良好的商业环境发展

古着文化，古着店在给顾客带来良好购物体验的同时也为城市发展注入活力，当前我国的古着行业拥有良好的发展机遇和前景，但也存在着一些不足，需要多方共同努力打造有序的商业环境。

2. 行业问题分析

古着店是一种特殊的时尚潮流，它不仅仅是一种购物方式，更是一种文化和生活方式，同时也反映了当前消费者对环境的关注和对可持续发展的呼声。我国古着店行业处于发展初期，未能形成规模化的生产流程和销售网络，但是正在逐渐从小众购物方式慢慢为人所熟知，拥有着良好的市场前景和潜力。通过上述分析可知，我国古着店具有数量多、分布广、类型丰富、特色鲜明等特点，但也存在诸多问题。

第一，行业规范化程度低。古着市场的商业化速度远远超过规范化速度，目前国内古着市场状况良莠不齐，古着店产品的复杂性使得其中存在一些非法营业行为。如部分商家挂着古着旗号卖二手劣质衣服，假冒伪劣和流水线生产的"假古着"层出不穷。"假古着"买卖存在较大的溢价空间。新闻曝出不少古着店都是从淘宝或者批发市场拿货，简单消毒挂烫后就上架，本来十几元的衣服转手就能卖到几百元。另外，令人毛骨悚然的是，部分衣服来历不明，网络上质疑商家用"洋垃圾"冒充古着服饰的声音不少。而即使是真正的古着产品，其卫生风险也不容忽视。古着店是否执行严格的消毒程序，全取决于店家的自律程度，二手衣物进货、消杀和分销等程序上的不规范，不仅阻碍着古着在国内形成良性市场，还进一步加剧了古着的污名化。

第二，商品质量把控不严。尽管我国早已经出台了《禁止洋垃圾入境推进固体废物进口管理制度改革实施方案》，但非法进口洋垃圾的现象始终屡禁不止。从 1999 年北京查获 14 包约 1.5 万件国外进口的旧服装开始到现在，这一产业在国内至少有了 19 年的历史，甚至已经形成了完整的上下游产业链。2016 年 8 月 11 日，广东边防总队成功侦破一起团伙走私旧服装案件，抓获犯罪嫌疑人 6 名，查缴旧服装 549 吨，案值约 1100 万元。2017 年 6 月 7 日，厦门海关查获一起海上偷运走私"洋垃圾"案件，查获来自韩国的旧服装 3596

包、共计500吨。2022年11月27日，天津邮局海关查获一起利用邮寄渠道走私"洋垃圾"案件，查获相关走私邮包162批次，共查获寄自国外的"洋垃圾"旧衣物5.2吨。此类案件层出不穷，嫌疑人以极低廉的价格收购本该被当作垃圾处理的旧衣，并通过偷运等方式走私入境，经过分拣、翻新后以几元、几十元，甚至上百元不等的价格单件出售。这些货物逃过了正规单位的检验检疫，没有经过正经的消毒，极有可能存在致病细菌等有害物质，给消费者的健康安全带来巨大隐患。

对此，行业人士透露，多年前的确有未经检验的衣服从欧美、西亚等地流入我国市场的情况，但近年来海关对二手衣物进口的把控非常严格，"洋垃圾"出现的概率有所下降，但不可否认的是，古着货源仍然非常混乱。目前市场上流通的古着真假难辨、鱼龙混杂，来源渠道与卫生状况令人担忧。网上关于古着的不良舆论颇多，故很多消费者对古着存在一定的误解。①

目前古着行业发展面临大量不稳定因素，古着店的发展过程还面临着诸多问题和挑战，如产品质量把控不足、品牌和知识产权保护力度不够、商品来源环节监管薄弱等。但目前古着店的发展势头迅猛，市场空间也在不断扩大，若加强行业规范与引导，古着店可以借助"可持续发展、环保、时尚、文化内涵"等标签吸引更多时尚潮人的关注。

二、我国古着店的治理现状

（一）我国古着商品售卖流程的治理状况

欧洲、东南亚等地区的古着市场监管相对比较严格，绝大多数的古着衣饰都来自二手商店或旧货店，这些店铺通过统一收购、筛选、消毒等从而获得二次销售的机会。比如，英国、法国、意大利等欧洲国家具有完善的古着供销体系和保障机制，对于衣服的卫生检查和消毒标准等也有着严格的监管。国内虽

---

① 钟晓滢，李满宇，苏琬茵，等．大学生对古着态度的调查研究［J］．现代丝绸科学与技术，2019，34（3）：29−31．

然越来越多的消费者开始关注古着店和古着文化，但相较于欧美日本，我国古着市场基础尚浅，古着市场在国内的管理标准还没有完全建立起来，假货泛滥、货源渠道不透明、鉴定体系不完善等问题较多，导致古着店的监管难度较大，古着行业良性发展尚未得到充分保障。

1. 我国古着店的治理概况

当前国家关于古着店的治理主体多为政府部门，包括市场监管、出入境检疫部门和工商管理等机构。这些政府部门对古着店都有监管权，相关单位以各自担负的责任为依据形成监管方案、建立管理措施，尽管如此，市场监督部门对古着店的监管与对正常服装店的监管无异。各级政府监管部门之间缺乏有效的协调和信息沟通，政府部门和消费者对古着概念的不清晰，加之古着服饰由于年代久远导致其价值难以辨别，政府部门之间、商家与消费者之间存在信息差，这给古着店行业的治理工作带来极大困难。

监管机构的工作范围和工作质量直接影响着监管难度和效果。伴随着商品交易的数字化转型，二手物品交易平台应运而生，因此，古着店已经不再局限于传统的线下交易市场，而是采用多渠道营销的售卖模式，这给监管工作带来了新的难点。由于古着行业具有特殊性，多数时候只能与其他成衣生产、进口或者销售的相关机构共同执法。这种协同监管方式往往由于职能交叉而导致过度监管，或者无人负责使古着店的治理工作处于中空地带。责任机构缺乏有效沟通，相关部门对古着服饰价值的鉴别和消毒环节缺乏把关，是当今中国古着店治理中面临的一大难题。

2. 我国古着店监管的法律环境

2017年，环境保护部、国家发展和改革委员会、工业和信息化部、公安部、商务部、国家工商行政管理总局联合发布《关于联合开展电子废物、废轮胎、废塑料、废旧衣服、废家电拆解等再生利用行业清理整顿的通知》。根据《中华人民共和国环境保护法》《中华人民共和国固体废物污染环境防治法》等法律法规要求，依法查处环境违法行为，引导再生利用行业健康绿色发展，规定依法取缔一批污染严重的非法再生利用企业，其中包括加工利用

"洋垃圾"的企业。①

由于我国"古着"大部分来自进口，需受到我国《海关法》《民法》和《刑法》的管控。环境保护部办公厅2017年印发的《进口废物管理目录》规定，到货途径非法、未经许可的进口商品都属于"洋垃圾"，禁止进口。大部分进口古着服饰借助转运公司运输到中国，但是部分不良商家为了获取高额利润，依靠个人渠道进行走私，没有遵循严格的政策法律和报关程序。此外，一些来源正规的古着衣物，遵循的是商品出口国的法律，在从国外进入中国时只需要通过海关检查，为此古着服饰从进口到上架的中间环节出现了监管断层，服装质量检测、安全检测等环节无人问津。从实际的情况来看，在与古着行业相关的衣物消毒以及古董鉴别等相关领域，我国政府并没有出台较为具体的法律内容，但在规范进口商品检验流程、市场贸易监管等部门规章中存在通用的条款，可在古着店治理中进行参考借鉴。相关可供借鉴的法律、行政规章、政府部门规章等，详见表22至表25。

表22 古着店监管工作的相关法律

名称	颁布时间	责任部门
《中华人民共和国合同法》	1999年3月	全国人民代表大会
《中华人民共和国标准化法》	1988年12月	全国人大常委会
《中华人民共和国产品质量法》	2018年12月	全国人大常委会
《中华人民共和国进出口商品检验法》	2021年4月	全国人大常委会
《中华人民共和国对外贸易法》	2022年12月	全国人大常委会
《中华人民共和国广告法》	2021年4月	全国人大常委会
《中华人民共和国消费者权益保护法》	2013年10月	全国人大常委会
《中华人民共和国专利法》	2020年10月	全国人大常委会
《中华人民共和国商标法》	2019年4月	全国人大常委会
《中华人民共和国海关法》	2021年4月	全国人大常委会
《中华人民共和国电子商务法》	2018年8月	全国人大常委会

---

① 洋垃圾是指国家《禁止进口固体废物目录》中所列境外产生的电子垃圾、生活垃圾、医用垃圾、工业矿渣、旧服装、建筑垃圾等固体废物的俗称。

表 23 古着店监管工作的行政法规

名称	颁布时间	责任部门
中华人民共和国进出口商品检验法实施条例	2022 年 3 月	国务院
国务院关于印发"十四五"国家知识产权保护和运用规划的通知	2021 年 10 月	国务院
中华人民共和国认证认可条例	2020 年 11 月	国务院
中华人民共和国商标法实施条例	2014 年 4 月	国务院
中华人民共和国知识产权海关保护条例	2018 年 3 月	国务院
国务院关于印发"十四五"市场监管现代化规划的通知	2021 年 12 月	国务院

表 24 古着店监管工作的部门规章

名称	颁布时间	责任部门
国家知识产权局关于专利法中假冒专利和广告法中涉嫌专利违法法条适用的批复	2021 年 10 月	国家知识产权局
最高人民检察院关于认真执行《中华人民共和国广告法》的通知	1995 年 1 月	最高人民检察院
国家工商行政管理局关于《中华人民共和国广告法》执行中有关问题的答复	1998 年 1 月	国家工商行政管理总局（已撤销）
国家商检局、国家经委、对外经济贸易部、海关总署关于发布《进口商品质量监督管理办法》的联合通知	1987 年 9 月	国家出入境检验检疫局（原商检局）、国家经济委员会（已变更）、对外贸易与经济合作部（含原对外经济贸易部）（已变更）、海关总署
国家进出口商品检验局、国家工商行政管理局关于印发《流通领域进口商品质量监督管理办法》的通知	1997 年 4 月	国家出入境检验检疫局（原商检局）、国家工商行政管理总局（已撤销）
产品质量监督抽查管理暂行办法	2019 年 11 月	国家市场监督管理总局
中华人民共和国海关关于《中华人民共和国知识产权海关保护条例》的实施办法	2018 年 5 月	海关总署
国家工商总局关于发布《网络交易平台合同格式条款规范指引》的公告	2014 年 7 月	国家工商行政管理总局（已撤销）

表25 古着店监管工作的相关司法解释

名称	颁布时间	责任部门
最高人民法院关于审理网络消费纠纷案件适用法律若干问题的规定（一）	2022 年 3 月	最高人民法院
最高人民法院关于审理商标案件有关管辖和法律适用范围问题的解释	2020 年 12 月	最高人民法院
最高人民法院关于审理侵犯专利权纠纷案件应用法律若干问题的解释（二）	2020 年 12 月	最高人民法院

当前中国古着店的监管主要依据以下通用的法律法规：《中华人民共和国消费者权益保护法》对消费者购买活动时的权益保护、维权措施做出了详细规定，同样适用古着品买卖中的消费者权益保护工作；《中华人民共和国产品质量法》对产品的质量安全和标准做出了规定，亦为古着商品的质量安全管理和监管提供了有力支持；《中华人民共和国商标法》对商标的注册、使用和保护做出了规定，为此可防止出现侵犯服饰品牌版权的违法问题。

三、我国古着店的治理困境

近年来，时尚产业蓬勃发展，时装古着店成为现代都市中一种新兴的消费方式，但其在快速扩张的背后也出现了诸多困境。在政府层面，缺少针对古着商品消毒和鉴别相关法律条文的支撑；在商品层面，古着的质量参差不齐；在消费者层面，尚未建立古着商品鉴别意识。除此之外，古着店开店的低门槛致使伪造服装年代、批量生产、服装打板等造假和恶意竞争事件频发。在服装仿制和批量进货极为便利且审查制度不完善的前提下，商家、消费者、监管部门三者间信息不对称现象严重，极易导致货真价实的古着商品没人买，批量生产、价格低廉的仿制"古着"受人欢迎，诸如此类"劣币驱逐良币"的现象使得古着行业的治理难度加大，但如果政府对此过度干预，也会阻碍古着行业的发展，为此古着行业的治理工作任重道远。

（一）古着店供应标准待完善

古着店有必要对古着商品的质量、交付方式等进行标准化的规范管理。在我国，由于古着市场尚处于初级阶段，商品供应标准尚不完善，问题较多；加之古着生产年代和保存情况存在差异，消费者难以对古着真实价值进行鉴别，只能通过商家的言辞来了解商品细节。由于古着商品质量评估体系尚不健全，很多质量瑕疵的商品以精品古着的名义流入市场，对消费者的财产安全和身体安全造成了危害。比如，广东碣石有很多出名的"洋垃圾村"。官方数据显示，拥有 26 万人口的碣石镇，非法加工经营旧服装门店最高峰时达 5000 多家，从业人员约 3 万至 5 万人。每家店铺都在公然销售着从日本、韩国等国家走私来的旧服装。走私而来的"洋垃圾"衣服不仅带有明显的污渍，还有可能成为诸多疾病的传染源，长期接触这些衣服布料，可能使人感染皮肤病或其他疾病。对于伪造古着的行为，政府要依法进行处罚，日本所有的古着店都要在警局备案，一旦发现卖假货，商家就会面临罚款、刑事拘留甚至吊销营业执照等惩戒。目前，国内古着市场更多是靠商家的自我约束和消费者的自行辨认，在监管领域还存有大片空白。

由于古着商品数量有限，货源供应不稳定，部分不法商家拿 1980 年后生产的二手衣甚至现代生产的新衣服冒充古着服饰。同时，古着店商品来源难以追溯，古着店的商品主要来源于二手市场，且大部分是通过私人转让、捐赠等方式获取的，很难确定这些商品的来源是否合法、是否存在假冒伪劣等问题，为此古着店治理工作举步维艰。

部分古着商品的进口和流通环节缺乏监管，导致其涉及的安全问题无法得到有效解决。很多的古着商品存在造假现象，极大地破坏了市场交易的规范性和公平性，为此用户对古着品的信任也大打折扣。在国内，尚没有公司专门提供古着货源，商家只能靠自己在全球范围内寻找古着批发市场等进货渠道，甚至亲自从海量的货物中挑选款式新颖的品类，商家在这个过程中要自行承担辨别奢牌真假等工作。国内最活跃的古着交易渠道：一是实体店铺；二是微信；三是电商交易平台。在实体店，店主可以随意定价、随意上新，消费者只能通过肉眼观察古着服饰的颜色和材质，无法有效辨别古着的年代和品质、是否经过消毒，难以判断购买的古着服饰是否为"洋垃圾"；在微信上，卖家往往通过朋友圈秀图、私信转账付款以及建立微信群、在群内叫卖的形式贩卖古着商品，消费者看不见实物，更没有售后服务，这种交易形式缺乏保障，只能建立在买家对卖家足够信任的基础上进行；在电商交易平台，诸如闲鱼、转转，平台不会对商品进行检查，只会审核商品上架流程是否符合平台规范，所以古着交易的安全问题仍然得不到解决。

在定价方面，古着行业缺少统一的规则。近几年古着市场迅猛发展，这得益于社交媒体、电子商务的发展与用户消费观念的演变，越来越多创业人士选择古着行业。然而，随着古着店铺数量及规模的扩张，大量问题随之滋生，其中信息不对称问题最为严重。由于二手物品的特殊属性，信息不对称成了古着交易中无法消除的隐患，在古着商品展示时，卖家可以随意编写服装年代和其背后的故事。这些信息无可查证，为此商家可以借由文案炒作随意定价，甚至存在根据用户外貌揣测其消费水平，尽可能地将商品卖至高价的现象。由于古着都是孤品，一般根据商家的个人喜好独立定价，其次是店铺的所处位置、火爆程度也与价格挂钩，总体来说，一线城市的房租和运营成本导致其古着定价高于二线城市，火爆店铺的产品定价也偏高——可以说古着的定价是消费者和商家的情感、审美等主观因素互相协调的结果。不少质量上乘的古着因数量少、稀有，因此供不应求。这让许多不法分子发现了可乘之机，如不良商家会用仿冒、抄袭和价格竞争来搅浑市场。义乌、青岛、广州等地是古着商品造假的重灾区，批量生产出来的"古着品"破坏了市场经济秩序，这也导致古着行业"劣币驱逐良币"的现象频发。

综上所述，古着商品供应标准面临着缺失和不完善的现状，未来国家应加强引入行业标准促使商家合规寻找资源，进一步完善和优化古着商品的供应标准。

（二）古着店治理规范待完善

由于古着店起源于欧美地区，其监管机制和标准并不完全应用于中国市场。当前，中国国内对古着店的监管依旧不够完善，具体表现有：一是信用度不足，当前古着店缺乏必要的信用管理，商家变卖假冒伪劣商品，导致消费者遭受了不少经济损失；二是标准缺失，由于缺乏一套适合中国国情的古着行业标准，因此古着品的质量缺乏一定的保障；三是法制缺失，古着店的经营中，产品消毒、鉴别和定价方面的法律法规并不完善，政策执行和监管措施缺乏针对性，行业监管方式较为随意。

古着店的运营缺乏有效的监管机制。目前国内尚无统一的古着监管标准，各地不同监管部门之间的标准、法律规定和政策制定有所不同，因此乱象丛生。首先，古着店监管法律尚不健全。现有法律条款主要是以消费者权益保护为中心，没有对古着店的经营行为作出明确的规范，古着店游走在法律监管的灰色地带。其次，与古着店相关的法律法规，其专业化程度不够。由于古着店的经营行为较为复杂，涉及的法律议题众多，但当前政策层面尚未针对古着店出台专业性的法规引导，导致古着店监管仍主要依托其他规章制度而执行。最后，古着店监管需进行跨部门的协作联动，但目前相关部门的配合度较为一般。古着店的治理工作涉及多个政府部门，但不同机构间缺乏充分的协作与配合，执行环节的实践步调不够统一，易产生矛盾和冲突。上述问题的存在，导致古着店经营活动的合法性和规范性难以得到有效维护。

古着店商品质量监管主体缺失。我国古着市场是一个新兴行业，易存在产品质量不佳、虚假宣传等问题，调查显示近年来古着商品质量的投诉不断增加，但依然缺乏一个强有力的责任主体对之进行规制。首先，古着行业属于比较特殊的行业，为此，监管工作需要较高的专业性和针对性，但政府机构对古着文化知之甚少，缺乏了解与研究，未能建立起规范化的监管制度，导致市场准入门槛不够严格，许多无资质、无信誉的古着店乘机进入商业领域。其次，市场中缺乏一些独立的品质监测单位。在古着交易过程中，因品质不佳或其他原因发生的售后纠纷比比皆是，但由于缺乏来自第三方机构的检测证明，因此消费者面对商品质量、价格虚高等情况时束手无策。最后，由于古着行业处于快速成长期，行业自律和政府监管存在缺位，不少不良商家虚假宣传、夸大商品价值、价格欺诈等行为时有发生，如果上述情况得不到有效遏制，必然会让消费者对古着行业失去信心。未来，在古着行业的成长和发展中，政府必须加快制定相关的监管制度，推动政府、商家、行业协会等主体协同规制，建立完善的市场监管机制和第三方独立的品质监测单位，确保古着市场真实、公开、透明。

古着店商品质量监管流程缺失。古着包括一部分二手奢侈品，也包括非奢侈品的精品货物。我国二手奢侈品的质量监管相对较为规范，奢侈品行业在全球范围内拥有较为完善的生产管控和销售管理，涉及的主体也比较多，包括生产厂家、验收机构、认证中心等。这些机构有一定的权威性，在质量监管和安全标准方面也有成熟的实践经验。但对于非奢侈品的古着服饰，国内对此质量和价格监管相对较少，存在监管不足的现象。两者间不平衡的监管情况极大地影响了古着市场的发展，使得消费者在购买古着时难以全面保障自己的权益。

（三）古着店平台治理待加强

随着互联网的发展，古着商品的销售已经扩展到了网络空间，电商平台已成为消费者购买古着商品的重要渠道之一。然而，当前我国电商企业的监管工作还未能跟上时代的步伐，存在很多治理困境。

目前电商平台在古着品的销售和管理上还存在诸多盲区。以闲鱼为例，由于存在大量的第三方商家经营古着商品，执法人员难以有效地跟踪所有店铺，导致治理成效不佳。闲鱼的个人卖家比较多，古着种类从不同类型的奢侈品到衣物应有尽有，价格相较其他平台低廉，支持讲价砍价模式，主要以邮寄为主，但往往真假难以判断，特别是存在物品可能与实物不符的情况。电商平台的管理机制极为有限，物品质量难以得到有效保障，因此有时候需要第三方鉴定机构介入（目前闲鱼有小法官程序）。值得一提的是，电商平台会通过虚假宣传、虚假评价等方式来提升古着品的销售量，同时平台的促销活动也会导致商家借由不法手段获利，极大地损害了消费者的权益。由于平台对商家资质的审核过于薄弱，商家诚信和商品质量得不到保障，进而引发了一系列监管乱象。因此，政府应加大电商平台的监管力度，完善电商平台监管机制，同时打击古着商品产业链上的非法行为。

此外，古着市场中公众维权意识的缺失，也是古着店面临监管困境的一大要素。古着市场中存在不少诚信问题，商家往往通过虚假宣传、虚假评价等手段来获取高额利润，这些行为如果得不到制止，将会导致不良商家得寸进尺，甚至在行业内部触发"劣币驱逐良币"的现象。古着市场中的消费者多以青年人为主，为了买到独一无二商品，他们很少考虑商品的真实价值，部分买家维权意识比较薄弱。

四、我国古着店乱象治理的对策建议

经济转型、互联网经济的迅速发展不仅带来了更加多元的消费选择，也在更新着人们的消费观念，改变着人们的消费方式。① 古着行业作为新兴文化消费市场，虽然进入公众视野较晚，却成为当今创意经济的新宠儿，相关规制和治理方面仍在发展及完善中。本研究试探性地探讨了古着店的治理策略，可对相关研究进行补充，同时也为文化消费监管和网络平台治理提供研究的参考与借鉴。

（一）推动古着店治理模式转型

古着店铺经营者众多、交易频繁、交易量庞大，且运营主体遍布在不同的城市，行业治理复杂性极高，单一依靠传统管理方式难以适应古着店的发展步调，为此必须充分调动各主体的力量，打造协同参与、社会共治的管理模式。

古着经济业态丰富、市场主体众多，而界定不同主体的权利、责任和义务，是古着行业健康持续发展的关键。党的二十大报告将"完善产权保护、市场准入、公平竞争、社会信用等市场经济基础制度，优化营商环境"② 作为构建高水平社会主义市场经济体制的重要内容。这表明营商环境的本质是一系列制度变迁的组合，强调了地方政府作为优化营商环境主体的责任。政府监管部门应着手规范古着店经营行为，明确平台、商家和消费者等各类市场主体的履责范围和追责标准。对于线下店铺，商家应履行好工商执照、经营许可证等

① 西南政法大学科研创新项目课题组. 线上二手交易平台非诉讼纠纷解决机制实证研究 [J]. 司法改革论评, 2019 (2)：219-233.
② 习近平. 高举中国特色社会主义伟大旗帜 为全面建设社会主义现代化国家而团结奋斗——在中国共产党第二十次全国代表大会上的报告 [J]. 中国人大, 2022, (21)：6-21.

资质的公示义务，配合监管部门保护消费者合法权益。对于线上店铺，交易平台是海量双方对接的载体，平台应当落实对古着商品提供者和消费者主体资格的审查职责，并对古着商品的质量监控负起相应的责任。除此之外，古着商家应在遵守法律法规的同时守住道德底线，避免伪造古着年代、编造古着背后故事等欺骗消费者的恶劣行径。

（二）完善政府的监管与规制

面对古着行业经营环节中存在的乱象，政府可通过制定法规、加大监管力度、完善举报平台等措施，维护古着行业的健康运转，切实保护消费者的合法权益。

首先，政府要打造公平竞争的市场环境。我国古着市场竞争激烈，营销模式多样，对传统服装业的市场秩序形成较大冲击。为推动新旧业态平衡发展、实现各类主体的公平竞争，一方面政府应鼓励竞争，充分发挥市场经济"优胜劣汰"的作用；另一方面要强化监督管理，严厉打击恶意补贴、哄抬价格等行为，保障企业的公平竞争权与消费者的合法权益。

其次，政府要积极完善古着行业的监管细则。在明确古着店的业态结构、经营周期和经营方式等特征的基础上，政府要确保营业状态的古着店必须具备相关的营业执照和资质证明等，否则不得经营；同时明确古着店的经营范围和服饰的消毒要求，规范古着商家的经营行为。

再次，政府要建立有效的监管框架和审查体系。政府应当根据实际情况建立专门的监管机构，也可以考虑成立多部门合一的监管机构，在古着监管领域实现更协同、更融合的监管方案，进一步提升监管效率。日本的二手市场发展至今，有着较为规范且成熟的市场体系，日本对于中古店监管严格，只有持有古物证的店铺才可以对中古物进行售卖；中古店在收取中古品时不仅要经过严格的价值鉴定，同时要求卖主提供在留卡等身份证明，一旦出现问题能够追溯到货主，这样从货源到售出都有一个完整的体系，极大地保障了商品的质量。

最后，政府要建立评价和反馈平台。政府应该加大对古着店的监管力度，特别是对重点城市和关键地区的店铺要加强巡查，及时制止和处罚违规经营行为，并定期对古着店进行巡检和搜查，发现问题后要及时予以整改和惩处。政府也要通过多种信息渠道对古着留样等难点环节强化监管，提高治理的效果。同时，政府应该建立古着商品的举报平台，引导消费者对商品进行评价与督查，消费者可以在任何时间、任何地点举报古着店的违法违规行为，对此情况政府应该及时处理并追究责任。对于参与举报的公民，政府应该给予一定的激励与保护，从而形成全民参与、共建共享的社会氛围，推动不文明经营行为及时整改。

（三）建设商家信用与声誉机制

随着电商经济的发展，二手交易平台大量出现，为古着品的传播与营销带来了全新商机，很多古着店在经营实体店铺的同时开设线上店铺，但随之而来的是对电商运营、平台规制等新课题的关注及解决。

其一，平台要对入驻商家加强信息披露。交易平台应加强对商家信息的核实，对商家的资质信息进行认证。在交易流程中，平台可以要求古着商家提供运输方式和运输时间、产品质量、退货和售后服务等多重信息，而且所有信息应实时处于公开状态，以筛选不合规商家，切实维护平台健康运营。

其二，平台要构建信息共享系统。电商企业应建立完善的数据监管平台，通过数据挖掘、机器学习等技术和手段对商家的成交数据、销售记录等进行审查及核实，确保古着服饰进口过程、售卖流程始终真实、可靠和公开，从而提高监管部门的工作效率。同时，古着交易平台应健全商家信誉度评测体系，促进商家与消费者之间形成合理、有序的交易模式。

（四）培养买方信息鉴别能力

消费者应加强自我保护，了解古着店的信誉度和经营情况，并按照自己的实际要求进行选择和购买。为了避免较低价格和不明确的来源渠道，用户要多了解产品的生产和销售流程，提高自身对商品的识别能力和判断能力。同时，消费者建立理性购物观念，不要一味跟风、追求低价，要根据自己的经济状况和实际需要选择适合自己的古着单品。

另外，鼓励消费者增强古着鉴别意识，熟悉古着的风格、品质和价值，了解古着商品的基本常识与购买的注意事项。

平台应加强用户评价体系，引导消费者对商家进行评价，让更多消费者快速获知商家的经营情况和口碑。评价系统要设立鉴别功能，通过多方反制和筛选技术来防止恶意评价、刷单行为等，确保评价的真实性。古着店商家应自觉加强自律管理，尊重消费者的权益，强化质量管理和售后服务水平，注重细节管理和形象塑造。在品牌推广和创新方面，古着店应以提高产品质量、提供多种选择和提供个性化服务为先导，增强客户黏性，维护社会声誉。

（五）协调与管理古着交易平台

古着店涉及线上、线下双重销售手段，并呈现自营、第三方等多种运营模式并存的格局，导致古着商品与其背后的文化向多个行业领域广泛渗透，国家要按分类管理的思想实践监管方案，考虑不同运营模式下商品销售的属性及类别，明确不同品类及不同渠道的监管差异，促进各部门各司其职，避免监管空白。此外，合理界定不同运营模式下平台在质量把控、商家管控等方面的责任，形成合理的监管流程，避免让第三方平台承担过多责任。

在古着文化发展初期，店铺分布迅速在中国各个城市扩张，国家难以对海量店铺与商家服务进行有效监管，很可能在投诉解决、资质审查、版权保护等方面存在不足，进而发生消费者权益损害事件。为了进一步落实消费者保障机制，古着平台应畅通消费者维权渠道，完善投诉和纠纷解决机制；同时，平台应主动作为，严格审查古着店商家的经营资质，对海外古着产品审查和溯源，打击各类损害消费者权益的行为。

网络平台作为古着市场的"信用中介"，需要对商家、消费者的信誉进行把关，使交易过程有序进行；提升平台的运行效率和监管强度，推动古着交易平台与第三方支付平台合作，完善二手担保支付功能以降低交易风险。古着交易平台可以与艺术鉴别、认证机构合作，完善古着鉴别制度和价值担保制度，确保可实时追溯古着年代、价值的真实性，切实保护消费者的合法权益。

第四章　文化新空间治理

第一节　网红打卡地的治理策略
——以北京为例

一、网红打卡地概述及研究现状

随着通信技术的日益进步和社交媒体的不断发展，越来越多的人开始在互联网上分享自己的所见所闻，在网络空间中的自我展示与表达也变得更加重要。以抖音、小红书为代表的社交平台不仅造就了一批批网红主播和网红产品，网红打卡地也开始进入公众的视野。2018 年是网红打卡地爆发增长的一年，由携程旅游和百度数说共同制作的《2018 年城市旅游度假指数报告》公布了评比出的十大"网红城市"，这些城市在 2018 年的游客数量增长率均超过了 100%。[①] 其中，重庆荣登榜首，游客数量增长率达到 262%，带来了显著的经济效益和社会关注度，城市的整体形象和知名度得到了很大的提升。这种现象级爆红的网红打卡地也引起其他城市和地区的竞相学习与模仿。

慕名而来的游客对于网红景观来说是一把双刃剑。一方面，巨大的客流可

---

① 马源. 网红旅游地对旅游营销传播的影响及对策 [J]. 当代旅游, 2020, 18 (35): 63-64.

以给当地带来显著的经济效益，促进了地区经济的发展，也能提高当地就业率和居民收入，同时社交平台的大量讨论也会给城市带来极高的关注度，间接推动了城市的未来规划发展；另一方面，大量游客涌入网红景点也带来各种风险问题，比如安全隐患和环保问题等，外来游客和当地居民的空间冲突，同时网红打卡现象的背后亦折射出消费主义话语的狂欢，不少城市为了博取热度出现造假现象。

（一）国外相关研究

国外对于"网红"的研究主要集中在"网络名人"（internet celebrity）领域，可以看作是对名人研究的延伸和拓展。名人时代的开启与消费主义浪潮的兴起和大众传播的发展息息相关。[①] 随着通信技术的进步，TikTok、YouTube、Instagram 等社交媒体的兴起进一步推动了网红文化的传播与延伸，网红的影响力在不断扩大。2004 年是网红文化的第一个发展阶段，很多社交明星开始录制内容，并上传到平台分享播放，这时网红文化及其相关产业还没形成完善的盈利模式。第二阶段是以脸书为代表的社交媒体平台推出完善的分成机制，给"网红"带来了稳定的收入，不少社交媒体也因此日益壮大。第三阶段是专门为网红服务的 MCN 机构开始崛起，垂直深耕产品开发，同时大力开发网红 IP 周边产品，到 2014 年左右，网红产业已经形成非常成熟的行业体系。一些学者对"网红文化"带来的负面影响表示担忧，如阿比丁（Adibin）认为"网红"形成的关键是具有较高的社会知名度，无论是好名声还是恶名。同时在"假消息"泛滥的语境下，媒体也会把"网红"当作武器，向特定的团体提供错误信息，以形成对大众有吸引力和说服力的工具。[②]

国外对于"打卡地"的研究，主要涉及营销学、地理学、旅游学等学科，陆薛展（Hsueh-Chan Lu）对打卡行为给出了较为清晰的概念界定：用户通过

---

① 刘梦冉. 社会化媒体时代"网红"的现状和发展研究［D］. 南昌：南昌大学，2018.
② Abidin C. Mapping Internet Celebrity on TikTok：Exploring Attention Economies and Visibility Labours［J］. Cultural Science Journal，2020，12（1）：77 – 103.

移动设备记录下来当前地理位置和时间的行为。① 在此基础上，瑞兹万（Rizwan）进行了深入的研究。用户除了用手机记录下活动的地理位置和行为外，还会通过社交网络分享记录的内容。② 这些真情实感的打卡内容对其他潜在旅行者而言，有着重要的参考价值。在新技术语境下，吴筱玟（Hsiao-Mei Wu）认为"打卡"行为已经成为一种独特的记录方式，表现出人与媒介不断交缠流动之下的空间感和地方感。③

（二）国内相关研究

1. "网红文化"的兴起

社会变革推动了媒介技术的进步与发展，网络名人作为一种独特的媒介景观，也存在于中国互联网的土壤中。④ "网络名人"是指那些利用互联网平台取得名声的人。随着社交媒体的不断进步，"网红"这一概念开始取代"网络名人"，且在不同时期，"网红"有着不同的特征。在互联网发展的萌芽期，网络社区的写手以自己强大的内容生产能力获得名声，主要依靠网络内容出版和影视改编来进行变现。网红文化进入发展期后，芙蓉姐姐、凤姐等草根红人开始崛起。与文字型网络写手不同，这一时期网红成名的方式以话题性的图片为主，成名也不再靠单打独斗，而是得到了幕后推手的助力。到了以微信、微博为主的社交媒体时代，网红的发展进入了繁荣期，一大批以内容输出和颜值输出为主的网红开始进入公众视野，专业的网红经纪公司和网红孵化器也应运而生。在 2015 年以后，在多方力量的催化下，网红现象从一个偶发行为已经演变成一个成熟的产业。⑤ 伴随着互联网技术和社交平台的不断发展，网红

① Lu E H C, Chen C Y, Tseng V S. Personalized trip recommendation with multiple constraints by mining user check-in behaviors ［R］. In：Proceedings of the 20th International Conference on Advances in Geographic Information Systems. 2012：209 – 218.
② Rizwan M, Wan W, Cervantes O, et al. Using location-based social media data to observe check-in behavior and gender difference：Bringing Weibo data into play ［J］. ISPRS International Journal of Geo-Information, 2018, 7 (5)：196.
③ 吴筱玟. 网上行走：Facebook 使用者之打卡战术与地标实践 ［J］. 新闻学研究, 2016 (126)：93 – 131.
④ 张阿蒙. 网红现象兴起的文化语境研究 ［D］. 西安：西北大学, 2018.
⑤ 胡泳, 张月萌. 网红的兴起和走向 ［J］. 新闻与写作, 2017, (1)：41 – 45.

的存在形态也发生了根本上的转变，由"在现实社会中普通或不具备成名条件，但在网络媒介的传播下具备了一定知名度或影响力的人或群体"泛化延伸成为在网络媒介平台上广泛传播且大受追捧的人或事物。如今，"网红"作为一个定语不仅用来形容人，还可以用来修饰一杯奶茶、一款服饰、一个景区和一座城市。①

2. 打卡文化的盛行

"打卡"原意指上下班时用于记录自己到达和离开工作岗位时间的行为，后来演化为通过移动媒介实时拍摄、记录并分享自己在某时某地体验的行为。"打卡"这一动词已经由最初的实体签到行为延伸到互联网的虚拟签到行为。②随处可见的网络打卡将日常分享融入大众影像实践中，成为人们生活中重要的媒介仪式。③孙玮指出打卡行为从到单位签到引申为新媒体用语后，意味着网民用自媒体记录某些事件，在时间和空间上留下印记，同时打卡也意味着参与者用身体感官去感受城市。④孙宝新还探讨了"打卡"文化盛行的原因，包括："打卡"一词独具韵律之美，"打卡"具有强大的心理作用，是一种利用公开平台的外在监督，借此帮助人们培养习惯。⑤管健认为打卡文化本质上是分享，是一种充满仪式感和效能感的行为，即人们为了展示自我，满足其精神享受而进行各类打卡活动。李嘉晨基于梅罗维茨的"媒介情景理论"，认为打卡是新媒介导向新情境所引发的一种新行为。⑥

在打卡的内容上，韩金将打卡行为分为"阅读学习""运动健身""出行旅游""美食探店"四类。这四类"打卡"从行为意义上又可分为两种。前两类属于同一类别，记录的是长期的计划，是坚持完成某件事，并将自己的完成

① 庞林源. 打卡"网红旅游地"爆热背后的冷思考 [J]. 北京邮电大学学报（社会科学版），2020，（1）：7-13.
② 姚海斌."打卡"新解 [N]. 语言文字周报，2019-03-13（002）.
③ 覃若琰. 网红城市青年打卡实践与数字地方感研究——以抖音为例 [J]. 当代传播，2021（5）：97-101.
④ 孙玮. 我拍故我在 我们打卡故城市在——短视频：赛博城市的大众影像实践 [J]. 国际新闻界，2020，（6）：6-22
⑤ 孙宝新."打卡"新义新用 [J]. 语文建设，2018（25）：71-72.
⑥ 李嘉晨. 国内餐饮打卡消费动机的探索性研究 [D]. 广州：暨南大学，2020.

情况发布在社交网络上，旨在希望网友见证自己的目标，起到监督的作用；后两类属于另一种类别，是对那些在网络上口耳相传的流行事物产生向往之情，为此特意前往体验并分享，打卡的本质是网络环境中的自我呈现与自我书写，是一种追赶模仿潮流的行为。①

3. 网红打卡地兴起的背景

"网红打卡地"作为近年来风靡网络的热门事物，引起了越来越多学者的关注和研究，"网红打卡地"的诞生得益于互联网通信技术的进步和以抖音、小红书为代表的社交平台的兴起。吴玮和周孟杰认为"网红打卡地"是一种因社交媒体推动而形成的现象，同时指出"网红打卡地"不仅在城市推广和旅游拉动层面上有着显著的作用，而且随着社交媒体日益介入城市空间，城市文化及居民生活发生了显著的变化。② 周学军和于开红也认为短视频等社交媒体的传播促进了"网红打卡地"的兴起，并从游客情感感知的角度分析了游客基于社交媒体对旅游目的地产生的情感依赖现象，进而以重庆市为例研究了地方依恋对游客忠诚度的影响。③ 庞林源分析了网红时代下的消费场景和业态，认为网红打卡地的兴起和其他网红衍生品一样，其诞生过程得益于媒体技术的演进与迭代，此外当代快节奏的生活方式也催生了网红打卡式的消费行为。周恺和张海涛等人从时空关系的角度进一步分析了网红打卡地，认为信息沟通再造了资本流、信息流、组织性互动流，形成了"流空间"，这种新的时空关系和社会关系推动了"网红打卡地"的形成。"网红打卡地"创造了新的城市空间，拓宽了城市消费空间层次，展现了强大的空间塑造能力。④ 吴丽云从城市管理者的角度出发认为"网红打卡地"的出现是城市的主政者改变传

---

① 杨依晴. "打卡热"中的青年时尚品位分析——以"打卡网红艺术展"为例 [D]. 上海：华东师范大学, 2020.

② 吴玮, 周孟杰. "抖音"里的家乡：网红城市青年地方感研究 [J]. 中国青年研究, 2019 (12)：70 – 79.

③ 周学军, 于开红. "网红城市"地方依恋对游客忠诚度的影响——一个被中介的调节作用模型 [J]. 企业经济, 2019, 38 (10)：61 – 67.

④ 周恺, 张海涛, 夏依宁, 等. 社交媒体影响下的城市消费空间新特征：以小红书长沙"网红打卡地"为例 [J]. 现代城市研究, 2021 (9)：20 – 27.

统旅游城市的营销方式，即借助新媒体手段传播城市形象的结果。①

综上所述，"网红打卡地"兴起的背景主要有三点。一是技术背景，包括互联网科技和社交媒体技术的发展。通信技术的迭代和社交平台的散播促使人人都可以成为网红内容的创造者，公众接受和分享传播信息的渠道也越来越广泛，为此网红打卡地的传播速度得以加快、传播范围得以延展。二是社会背景。随着经济水平的不断发展，人民对美好生活的追求不断提高。波德里亚指出，人们对于物的消费看中的不是其功能价值，而是非功能的文化符号价值，在消费主义盛行的社会背景下，人们越来越愿意为了符号价值买单，网红打卡地的兴起满足了大众的审美需求和社交场景，满足了大众对美好生活的向往与追求，这些都进一步推动了"网红打卡地"的形成与发展。三是文化背景。如今大众文化对日常生活的影响力日益显现，王一川对大众文化的定义为"以大众传播媒介和电子传播媒介为手段、按照商品市场的规律去运作，使得大量普通市民获得感性愉悦的日常文化体验"②，这与"网红打卡地"的特点不谋而合。"网红打卡地"走红也迎合了大众的猎奇和审美心理需求，因此大众文化的流行也是"网红打卡地"兴起的重要背景。③

4. 网红打卡地的内涵

对于"网红打卡地"的内涵，目前学术界并没有一个明确的标准，蒋晓丽和蒋旭东认为"网红打卡地"是在微博、抖音等移动媒体平台的宣传推广下刺激游客参观游览的旅游空间统称。④ 朱文一从数字孪生美学的视角出发认为"网红打卡地"是现实场所数字孪生美学的数字副本，经历现实场所之美的人在网上表达和分享自己与现实场所互动的感受从而受到网友追捧，而受到追捧的现实空间则会吸引更多人前来参观，因而形成了所谓的"网红打卡地"⑤。王琪指出，"网红打卡地"是在互联网上受追捧的地点和地区，具有较

---

① 吴丽云. 回归旅游本质"网红城市"才可"长红"[N]. 中国旅游报, 2019 – 8 – 19 (003).

② 王一川. 大众文化导论 [M]. 北京：高等教育出版社, 2015.

③ 谢瑞玲. 网红打卡时代背景下建筑的视觉性研究 [D]. 广州：广州美术学院, 2021.

④ 蒋晓丽, 郭旭东. 媒体朝圣与空间芭蕾："网红目的地"的文化形成 [J]. 现代传播, 2020 (10)：12 – 17.

⑤ 朱文一. 数字孪生美学与网红打卡地：数字时代建筑学 (5) [J]. 城市设计, 2020 (5)：38 – 43.

高知名度和话题性，吸引大众前去打卡参观。近些年来，前往"网红打卡地"打卡并在自己的社交媒体上展示，已经成为当代年轻人一种新的社交表达。①黄露和杨敏运用空间生产理论解析了网红打卡地在社会化媒体语境下的空间生产过程，认为网红打卡地连接了物理空间和媒介空间，展示了社会化媒介语境下的空间生产逻辑和社会交往模式。②

基于以上这些研究，笔者将"网红打卡地"定义为基于社交媒体传播和分享而在互联网空间中形成的具有高话题度与知名度的物理空间。

5. 网红打卡地的特征

（1）高度依赖媒介机制

网红打卡地的兴盛离不开大众传播和社交媒体的发展，媒介机制深嵌其中。在移动传媒时代，社交媒体所呈现的信息下沉至生活的方方面面，城市生活中的美食、美景等内容都被社交平台记录并广泛传播，每个打卡地的特性都得到了高度的再现。③网红景点通过社交媒介的传播，吸引游客前来打卡参观；游客又将自己的打卡内容发布到网络空间，丰富城市意象的表达方式，为网红打卡地提供源源不断的活力。

（2）视觉文化的回归

数字时代下视觉文化的回归凸显了图像传播的重要性，视觉是网红打卡地形成的关键所在，游客对网红打卡地的幻想与向往很大程度上都来自网络空间中的影像展示。摄影技术诞生于1840年，且随着摄影技术的发展，旅行的方式与行为发生了翻天覆地的变化，云游四海的摄影师向世人展示着远邦异域的风情，为大众提供模拟的移动经验。时至今日，摄影、手机、网络已经融为一体，民众可以实时获得影像且推动大量图片迅速在全球范围内传播，在屏幕端即刻被消费。④人类是视觉动物，对于好看的食物、可爱的动物、漂亮的衣

---

① 王琪. 社交媒体时代"网红旅游打卡地"现象研究 [J]. 视听，2021（7）：159 – 160
② 黄露，杨敏."网红打卡地"的空间生产与规训 [J]. 青年记者，2022（14）：56 – 58.
③ 杨扬. 制造"网感"：网红城市的形成及其对人城关系的重构 [J]. 编辑之友，2023（2）：71 – 79.
④ 约翰·厄里，乔纳斯·拉森. 游客的凝视 [M]. 黄宛瑜，译. 上海：上海人民出版社，2016.

服、有趣的设计，都会不自觉地青睐有加。伴随生活水平的提高，大众对于美感的追求也在不断提高，我们正在进入美学经济时代，美感成为诱发消费的重要动机。① 消费者的需求不断迭代，迫使生产者需要在产品的颜值上下功夫，视觉文化所具有的独特价值在经济活动的各个环节中都得以彰显，网红打卡地也是如此。高颜值的景观通过图像展示后被消费者重新认识，受到年轻人热捧。夸张地说，如果一个网红打卡地不能被旅客拍出精美的照片，没有很高的成片率，这个地方就吸引不到新的受众。甚至有的网红打卡地就是为了拍照而生，背景灯光、建筑颜色、风格比例都是经过专业设计而形成的，以便到访者可以拍出具有美感和镜头感的图片。但是在过于追求理想化图像的背后，亦存在着图像造假和虚假宣传的现象。

（3）强社交属性

网红打卡地具有很强的社交属性，在互联网语境下，"网红打卡地"已经成为人们自我呈现、自我表达的一种要素。它既能满足受众分享打卡时的炫耀心理，又能加深人们在社交关系中的互动与对话，通过朋友间的点赞和转发而获得群体认同感，同时积累个人的社交资本。但是游客所发布的打卡照片难免会带有个人化的审美倾向，因此映射于网络中的城市形象带有一定的主观性和片面性。

（4）具有高度的"网感"

2016年"网感"一词首次被提出后，学者和专家从不同角度对"网感"进行了解释。王鹏举认为"网感"是对市场、对年轻人的思维和欣赏习惯的敏锐追踪和适应，即网感就是对网络内容的敏感度。② 有网感的人写出的一段话能引发网友的共鸣，有网感的图像也能引起网友的广泛传播。尤其对于网络原住民而言，当这一代人厌倦了人来人往、千篇一律的城市生活后，传统旅游景区的吸引力在逐年降低，年轻人更愿意去尝试新鲜有趣的事物，也乐于在网络空间上展示和表达自己的观点。这些有着高度网感的网红景点具有较

---

① 邱晔. 美感消费论：一种新型消费趋势的探讨 [J]. 北京社会科学, 2016, (5)：41-49.
② 周云倩, 常嘉轩. 网感：网剧的核心要素及其特性 [J]. 江西社会科学, 2018, 38 (3)：233-239.

强的话题度与辨识度，能够引发大众的情感共鸣，吸引人们访问、拍照与传播。

（5）"虚"与"实"的结合

技术的迭代更新使越来越多的活动从实体空间转移到虚拟空间，两者之间边界也日趋融合与模糊。朱文一认为网红打卡地作为人的审美与现场互动所产生的数字副本，可以在实时仿真中得到矫正。冯雨等人以西安为例，对网红打卡行为和西安本地饮食文化进行了实证分析，认为网红打卡地为饮食文化的发展注入了新鲜的血液。① 王昀和徐睿将线下的打卡行为和短视频用户的日常实践结合起来，探讨了网红打卡地的媒介再现现象，强调了社群的重要性。② 陈斌卿以重庆热门网红打卡地为案例，基于景观都市理论分析了网红打卡地如何改变城市形态的分布与构成。③ 网红打卡地连接了媒介空间和物理空间，基于物理空间投射出的媒介景观将人流引入线下空间，同时人们在媒介空间的内容生产也在影响着城市实体风貌的演变。

（三）网红打卡地研究评述

近年来，通讯科技日益发展，社交平台不断繁荣，网红打卡地引起了学界的广泛关注和讨论。当前学术界对于网红打卡地的研究主要集中在传播学、经济学和旅游学领域，从其他学科视角完成的研究成果还极为有限。值得注意的是，对于网红打卡地的研究案例主要集中在重庆、西安等西部城市，缺少对其他地区和城市的研究和分析。

网红属性催生了一系列鲜活的视觉符号，给城市带来很多新的标签，如重庆的洪崖洞和轻轨、西安的摔碗酒和大唐不夜城。这些符号在一定程度上带动了当地旅游形象的出圈和传播，但是网红符号标签过重也会侵蚀地方文

① 冯雨，净卓安，周璐瑶.网红城市现象对饮食文化影响的调研报告—以西安饮食文化为例 [J].产业与科技论坛.2019，18，(2)：81-81.
② 王昀，徐睿.打卡景点的网红化生成：基于短视频环境下用户日常实践之分析 [J].中国青年研究，2021 (2)：105-112.
③ 陈斌卿，徐梦蝶，马玲.重庆，网红城市的背后，景观都市主义理论的显现？[J].美与时代（城市版），2019 (2)：126-127.

化的发展空间，同时网红景观背后所潜藏的消费主义也会侵蚀年轻人的价值观。

网红打卡地在给当地带来显著经济效益和关注度的同时，也为城市带来了汹涌的人群，部分热门地区甚至出现了排队上万人的盛况。收益和风险是并存的，网红景点背后呼之欲出的风险正在给城市形象与民众福祉带来伤害。特别是"网红打卡地"兴起的背后也蕴含着同质化、低俗化、娱乐化、图像造假等社会思潮，需要政府部门和社会各界一同做出努力，进一步规范网红打卡地运营及管理工作。

二、北京网红打卡地的发展现状

近年来，以抖音和小红书为代表的社交媒体开始兴起，部分城市和地区率先抓住风口，打造出了一批网红城市和网红景观，获得了巨大的经济效益和社会关注度，引起其他城市和地区的学习及效仿。北京市从 2020 年开始每年举办网红打卡地的评选，希望借此带动文化和旅游消费，打造城市新地标，以此提升北京的城市形象。

2020 年 6 月，北京正式出台了《关于加快培育壮大新业态新模式促进北京经济高质量发展的若干意见》，明确提出要进一步扩大北京的文化和旅游消费；同时要积极培育发展一批网红打卡地，满足年轻一代时尚消费的需求，以此提升城市的整体形象。2020 年年末，经北京市文旅局、市商务局和市委网信办等部门审议，第一届"北京网红打卡地推荐榜单"正式发布，共评选出 100 个打卡点，划分为自然景区、人文景观、文化艺术、阅读空间、街区园区、餐饮及创新零售、住宿七大主题（见表 26）。2021 年年末，在北京文旅局的指导和策划下，第二届"北京网红打卡地的评选活动"再次拉开帷幕，在 2020 年的基础上又新增了夜间经济、科技创新和数字经济、新消费场景三个主题，评选出新的 100 个网红打卡地（见表 27）。2022 年年末，在前两届北京网红打卡地评选活动的基础上，北京市政府又评选出了"年度最受欢迎的 20 个网红打卡地"（见表 28）。

为了进一步发掘消费潜力，提升城市的影响力，北京市政府出台了《北京培育建设国际消费中心城市实施方案（2021—2015 年)》，提出了包括挖掘文化资源优势、设计开发精品旅游线路、打造重磅文旅消费产品等专项行动，并计划在 2025 年前推出 300 个各具特色的北京网红打卡地。[①]

表 26　2020 年北京网红打卡地榜单

自然景区类	北京温榆河公园、北京植物园（樱桃沟）、城市绿心森林公园、元大都城垣遗址公园（海棠花溪）、北京云蒙山风景区（索道及爱情主题置景）、东郊森林公园、北京百瑞谷自然风景区、平谷桃花海、峪口千亩油菜花田、北寨杏花观赏区、大运河森林公园、梨花、兰花大道
人文景观类	北京大兴国际机场、凤凰中心、北京钟鼓楼、谷山村景区、地铁大兴机场线、北京野生动物园、北京金海湖风景区、司马台长城（夜景）、景山公园（寿皇殿、万春亭）、水峪古村落、紫谷伊甸园、绿野仙踪郊野乐园、北京国际鲜花港、卢沟桥文化旅游区、北京古观象台、古北水镇（望京楼酒店、灯光秀）、周口店遗址博物馆、北京石景山游乐园（摩天轮）、八达岭夜长城、房山蒲洼、宛平城（城墙）、百年火车站（青龙桥）、北京海洋馆、北京欢乐谷、黄花城水长城
文化艺术类	首都博物馆、史家胡同博物馆、北京枫花园汽车电影院、亮相天乐园京剧体验馆、东四胡同博物馆、北京天文馆、中国电影博物馆、红砖美术馆、北京展览馆（莫斯科餐厅、北展剧场）、爱乐汇艺术空间、嘉德艺术中心、北京汽车博物馆、中央美术学院美术馆、清华大学艺术博物馆
阅读空间类	钟书阁、国家图书馆、礼士书房、地图主题书店、角楼图书馆、北京红楼公共藏书馆、春风书院、全民畅读书店（郎园 PARK）
街区园区类	77 文化创意产业园、天宁 1 号文化科技创新园、北京塞隆国际文化创意园、前门大街（悦咖啡、杜莎夫人蜡像馆、北京大城小像）、751D·PARK 北京时尚设计广场、东郎（通州）电影创意产业园、首钢园（三高炉、滑雪大跳台、星巴克）、二七厂 1897 科创城、二河开 21 号艺术区、中粮祥云小镇、华熙 LIVE·五棵松、前门三里河、西打磨厂街、龙湖北京长楹天街
餐饮及创新零售类	故宫角楼咖啡、北京 SKP-S、和·铁板烧餐厅、八达岭长城礼物店、觅 MILOUNGE、北京市珐琅厂、老磁器口豆汁店（天坛北门店）、隆福寺、故宫冰窖餐厅、八达岭奥莱、满恒记、涵·kan 日本料理、同仁堂新零售店铺·知嘛健康一号店
住宿类	新国贸饭店、卢苑、北京乐多港万豪酒店、大城小苑、代舍精品民宿、北京享筑繁星主题帐篷酒店、北京草木缘居、老友季花园民宿、北京阳上花开乡村民宿、云峰山童话树屋、北京山今宿精品民宿、北京金岳台精品温泉酒店、乡志·圣水鸣琴精品民宿

---

① 中华人民共和国中央人民政府.中共北京市委办公厅北京市人民政府办公厅关于印发《北京培育建设国际消费中心城市实施方案（2021–2025 年)》的通知［EB/OL］. 2021 – 09 – 24.

表27 2021年北京网红打卡地榜单

自然景观类	北京植物园（樱桃沟）、八奇洞景区、绿野仙踪郊野乐园、妙峰山景区、北京雁栖湖公园、门头沟龙泉镇龙泉湾、北京温榆河公园、影都花海、玉渡山风景区、丫髻山、北京百瑞谷景区
人文景观类	《新青年》编辑部旧址、北大红楼、北京郭守敬纪念馆、北京鹿世界主题园、北京石景山游乐园、北京世园公园（凯悦酒店、隆庆府、汤泉酒店、万花广场、永宁阁、中国馆、植物馆）、北京野生动物园、白瀑云景田园综合体、北京海洋馆、城市绿心森林公园、凤凰中心、奥肯尼克家庭农场、谷山村景区、黄花城水长城、景山公园、京西五里坨民俗陈列馆、北京环球度假区、来今雨轩茶社、纳波湾月季园
文化艺术类	北京菜百黄金珠宝博物馆、北京湖广会馆、北京罗红摄影艺术馆、北京老爷车博物馆、北京市石景山区文化中心、北京天竺黄花梨艺术馆、和平菓局、吉祥大戏院、前门三里河（颜料会馆）、顺义区文化中心、天通苑文化艺术中心、中国电影博物馆、中间艺术区
街区园区类	798艺术区、北化机爱工场文化科技产业园、北京酷车小镇、二七厂1897科创城、南阳共享际、前门大街（北京礼物店、故宫前门文创店、前门铜器馆、天街冰冰）、石油共生大院
阅读空间类	北京红楼公共藏书楼、北京建工璟玥林汐美学艺术馆、地图主题书店、更读书社（大观园店）、角楼图书馆、礼士书房、首都图书馆春明簃
酒店及精品民宿类	Read and Rest Hotel念念行旅、百花山社、北京金隅八达岭皇冠假日酒店、北京陌上花开乡村民宿、北京天毓山庄、北京朝林松源酒店、白塔之光酒店（莲咖啡）、采薇山舍、大城小苑精品民宿、后院驿站、石玖的院、山今宿精品民宿、森林乡居度假酒店
餐饮及创新零售类	K Bar（北京CBD世界城店）、Malbec & Beef阿根廷牛排馆（中航技店）、北京稻香村零号店、北京国际饭店28层旋转餐厅、角楼咖啡（前门店、神武门店）、美克洞学馆、天坛福饮、温莎KTV（国贸店）、星聚会KTV、智慧长阳美术馆火车文化主题餐厅
新消费场景类	爱乐汇艺术空间时空剧场、修德谷传统文化体验基地、首创郎园station、睿恩小镇
科技创新和数字经济类	北斗卫星导航应用博物馆、北京市档案馆、北京市西城区金融街顺城公园智慧跑道、朝阳规划艺术馆、光科技馆、数码庄园
夜间经济类	北京欢乐谷（梦之光夜光大巡游、奇幻东方万千星光幻影秀）、北京世界公园（五洲奇妙夜——10大主题光影巨秀）、北京世界花卉大观园（缘梦夜游体验记）、东郎通州电影创意产业园、古北水镇（长城音乐水舞秀、提灯夜游司马台长城、无人机孔明灯秀、云端咖啡厅）、亮马河国际风情夜游、老牌LEG餐吧、南宫旅游景区（南宫文化市集）、杨宋综合文化中心+星巢露营区、中央电视塔景区（露天观景台、旋转餐厅）

表 28　2022 年最具人气网红打卡地榜单

最具人气网红打卡地榜单	八奇洞景区、百花山社、白瀑云景田园综合体、北化机爱工场文化科技产业园、北京百瑞谷景区、北京金隅八达岭皇冠假日酒店、北京罗红摄影艺术馆、北京天毓山庄、北京天竺黄花梨艺术馆、北京温榆河公园、大城小苑精品民宿、谷山村景区、国家植物园（樱桃沟）、景山公园、来今雨轩茶社、礼士书房、南宫旅游景区、天宁 1 号文化科技创新园、智慧长阳美术馆火车文化主题餐厅、中央电视塔景区（露天观景台、旋转餐厅）

（一）北京网红打卡地的形成与传播

网红打卡地的兴起离不开媒介技术的进步与发展，社交媒体有效地助力了北京网红打卡地的传播。大部分游客表示自己都是在抖音、小红书、大众点评为代表的社交平台上获取关于网红景观的相关信息，并基于网友们的图片、评论等形成对北京网红打卡地的最初印象。

在游览网红打卡地时，绝大部分游客表示都有拍摄记录自身体验经历。游客们会把拍摄的照片发布到社交媒体上，同时会分享自己对网红打卡地的主观感知和游玩经历。这些体验感知信息会直接影响北京网红打卡地在公众心中的旅游形象。在文旅消费中，绝大部分游客在进行目的地选择时都会预先收集信息，而积极正面的城市形象与优质景点会吸引游客前来打卡参观，负面的旅游形象则会令游客望而却步。

由此可见，北京网红打卡地的形象塑造过程首先是从社交媒体到游客大众的信息传播，游客在经过实地打卡后又将自己游玩的内容和经历发布到社交媒体上，促使景点不断更新旅游形象，最终形成一个闭环。游客在从社交媒体获得对景观的最初印象后，会自发前去打卡地走走看看，且游玩中会不自觉地模仿和收集该地的印象符号，存在着陷入表征循环的可能性，即游客对打卡地的形象感知存在着一定"先入为主"的效应。①

---

① 刘彬，甘巧林. Web2.0 时代下的旅游摄影与婺源旅游地形象研究——基于旅游摄影照片的内容分析 [J]. 旅游论坛，2015，8（2）：54-60.

（二）北京网红打卡地旅游形象的传播内容

1. 打卡要素的形成

笔者通过对社交媒体上游客打卡照片的分析得知，休闲空间、文化艺术与建筑作为北京网红打卡地的核心景观要素，是游客首选的拍摄对象，公众认为其能代表和展示北京网红打卡地的形象与魅力。同时也形成了三种较为固定的打卡要素集合。

第一种打卡分享活动是以休闲空间、文化艺术与建筑为核心要素，体现了人们对多元消费场景与美好生活的向往。

第二种打卡要素集合以人物形象与生活方式为代表，人们运用打卡照片表达个人对其所选择的生活方式的坚持与向往。

第三种打卡活动是对网红景区雪糕、网红奶茶等文创产品的展示，多以相似建筑景观为背景进行拍照展示，将文创产品与建筑景观结合在一起。

当以上固定组合出现在旅行者视野中时，旅行者就会不自觉地拿起镜头，将上述元素组合在一起进行拍摄留念。但是固定的打卡模板也会使得人们的审美出现异化，即为了获得完美的图片展示可能会出现照片造假、抄袭成风等行为。

2. 个体话语权的放大

公民是北京网红打卡地旅游形象感知的主体，给北京旅游景点带来了人气与活力。目前在北京网红打卡地旅游形象形成的过程中，政府话语权的比重在不断下降，公民个体话语权在不断地提升。与政府宏观叙事的宣传角度不同，大众会从更加微观和具体的细节来勾勒出北京网红打卡地的点滴。在宣传表达上，政府的话语表达更加宏观理性，而公民的平民叙事角度更加贴近日常生活，侧重于对生活中小确幸的描述，比如家门口新开出的小花，随手拍出的好看路牌，这些对日常生活的记录和刻画更容易获得普通网民的共鸣与共情。

3. 文旅消费多业态的形成

打造时尚消费的新地标、释放文旅消费的活力与潜力、传播北京优秀的文化与艺术是北京网红打卡地不断发展壮大的核心理念。目前，北京网红打卡地已经形成了新的消费品牌，具有丰富的消费场所，涉及住宿、餐饮、零售、艺术中心等多元业态，有力地拓展了城市的休闲娱乐功能，释放了大众文化消费的潜能，可以满足市民与游客多层次、多样性的文旅消费需求，使北京网红打卡地成为展示城市魅力和时尚消费的新地标。北京网红打卡地将传统消费、文化消费和体验消费相融合，打破了媒介空间与物理空间的边界，促进消费场所不断升级与优化，加速了城市景观的更新与迭代。但是值得注意的是，目前休闲娱乐活动占比过大，不同打卡地之间存在同质化现象，这些问题的存在都有侵蚀城市文化底蕴的可能性。

（三）网红打卡地的景观化

在居伊·德波看来，"景观"是一种被展现的景象，是一种带有主观意识的表演，是由感性的可观看性建构起来的幻象，各种不同的影像为其外部显现形式，不但有展示和显现的功能，亦有引诱、控制与迷幻的作用。①

网红打卡地从诞生之日起就与好看、高颜值、美感等词语紧紧相连。能否拍出好看的照片是网红打卡地成功与否的第一要义。受众在选择网红打卡地时主要是被其颜值吸引，绝大部分游客表示在游览北京网红打卡地时会倾向于记录所有好看、新奇的事物。但是，网红打卡地的意义可能也就只剩下了所谓的"高颜值"，即旅客参观浏览网红打卡地时，仅仅是机械地拍照、打卡、分享，之后网红打卡地的使命也就完成了。这样一来景点的功能就只剩下了视觉消费和自我展示，旅行的意义好像就仅仅变成拍出一张张精美的照片即可。事实上，过度追求颜值和美感使一些北京网红打卡地多多少少带有虚假和欺骗的烙印，不少游客指出，其在社交媒体上看到的照片和自己亲身体验有着显著差别。网络上呈现的景观是在精心设计下展现出来的，不仅扭曲了视觉观感，也会误导人们对城市形象与景观的感受。

对于颜值和美感的过度追求，也造成审美的异化和失序，使得网红打卡地模仿抄袭成风。特色街区的差异性被逐渐瓦解，雨后春笋般冒出的网红打卡地

---

① 杨舒婷.《网红打卡地》的媒介景观探究 [D]. 长春：吉林大学，2022.

呈现千篇一律的伪古风、ins风。各个网红打卡地开始呈现出相同的风格，售卖着相同的奶茶与小吃，几乎相似的空间生产模式在不同的地理空间中传达着相同的利益诉求。① 与此同时，我们的审美文化好像被禁锢和模式化，美学趋同甚至是风格复制使得现在的网红打卡地呈现出低美感的状态。影像世界是在景观的生产中构建出的一个与真实世界相分离的世界。这个世界的呈现不再是对现实社会的客观再现，而是一种经过美化、模仿而来的景观幻象。幻象与现实之间的边界被慕名而来的旅行者打破，就会引起人们的警觉，因此过度美化、抄袭模仿的景观幻象终会迎来破灭的一天。

（四）消费语境下的网红打卡地

1. 网红打卡地的景观消费

网红打卡地通过媒介再现的美食美景、风土人情景观，吸引着大量消费者前去打卡参观，在这个图像的漩涡里，观看远胜于相信。图像不仅是日常生活的一部分，而且是日常生活本身。② 今天，网红打卡地能够轻松引起大众的消费欲望，促使人们在审美冲动下前去参观访问，但这种对于景观的消费也变得流于形式和套路。居伊·德波认为伴随科技和媒介的发展，资本家们通过媒介工具进行宣传和营销，在日常生活中编织出了一个由景观堆积而形成的视觉化社会。在制造出大量虚假需求的同时，还推动了非理性消费理念的传播。在消费主义思潮的影响下，北京网红打卡地的游玩活动中充斥着大量不理智的消费行为。

对于网红打卡地的商业秩序，不少游客表达出了不满，主要问题集中在物价过高、服务质量差、基础设施维护不当和卫生条件堪忧等方面，这些问题直接影响了北京网红打卡地在游客心中的形象。

北京网红打卡地作为北京市文旅消费的新地标，推动了地方经济的发展，尤其是在新冠疫情之后，其给受到重创的文旅餐饮行业带来了生机与活力，其兴盛给文旅行业的复苏注入了强心剂，推动了产业的发展和革新，但是在消费

---

① 袁利. 论旅游空间生产的正义缺失及其治理路径 [J]. 开发研究, 2021 (5): 127-132.
② 尼古拉斯·米尔佐夫. 视觉文化导论 [M]. 倪伟, 译. 南京: 江苏人民出版社, 2006.

语境下，网红打卡地也沦落为了商家和资本牟取利益的工具。未来，不仅游客们要树立正确的消费观念，同时政府部门也要加强对网红打卡地的规制和监管，不能让其野蛮生长。

2. 网红打卡地的景观社交

凡勃伦在《有闲阶级论》一书提出了"炫耀性消费"的概念。[①] 在他看来，随着物质财富的不断累积，大众会开始通过挥霍与浪费的消费行为来展示其财富与身份，从而获得所谓的尊严、荣誉和社会地位。在互联网语境下，网红打卡行为是自我呈现的重要环节，网红打卡地具有很强的社交属性，能满足受众的模仿和炫耀心理。网民们喜欢通过差异化的消费来彰显彼此身份的不同，从而炫耀自己的社会地位，比如网红打卡地的参观就是一个关键性的呈现要素。网红打卡地的参观行为还可以帮助用户积累自身的社交资本、获取圈层认同。正如鲍德里亚所言："人一旦进行消费，那就绝不是孤立的行为了，人们就进入到一个全面的编码价值生产交换系统中，在那里，所有的消费者都不由自主地互相牵连。"[②] 对同一个网红打卡地的游览经历可以使异质化的个体迅速找到共同话题，从而获得归属感与认同感。

（五）网红打卡地热度的潜在影响

热门网红打卡地会在短时间内吸引大量游客前往打卡参观，若巨大的人流超出了物理空间的接待容量，会极大地影响游客的打卡体验，同时参观过程也将伴随着潜在的安全风险。络绎不绝的人流超出了环境的承载限制，会对生态环境造成不可逆转的伤害。而个别游客不文明的打卡行为则破坏了公共空间的秩序，不仅对其他游客的正常游览造成影响，而且还会给当地居民的生活造成一定困扰。

网红打卡地的热度能为城市发展带来显著的经济效益，部分商家通过售卖生活方式、打造网感、蹭热点等操作吸引人群前去打卡，但是没有优质内核的支撑，仅仅是售卖皮囊的经营方式，终有一天会受到游客的抵制。随着越来

---

① 凡勃伦. 有闲阶级论 [M]. 蔡受百，译. 北京：商务印书馆，2005.
② 让·鲍德里亚. 消费社会 [M]. 刘成富，全志钢，译. 南京：南京大学出版社，2014.

多的网红打卡地陆续进入公众的视野，有一部分网红打卡地另辟蹊径，靠着冷门小众的噱头来吸引着游客。如有些网红门店的走红依靠的不是过硬的内容质量，而是通过聘请水军排队、刷好评等营销手段来伪造出火爆全网的假象。这些店铺充斥在城市热门景点的各个角落，部分门店为了热度和利益还会和网络平台勾结，购买排名和推广，因此不少网红店铺存在着虚假宣传、虚假评分的现象。这些依靠营销手段火起来的店铺大多昙花一现，游客发现体验不如人意，甚至感到被欺骗，就会对网红打卡地产生不信任的情绪。这种不信任感会蔓延至整个平台与网络空间中，严重影响了北京网红打卡地在旅客心中的形象。

三、北京网红打卡地存在的问题

（一）视觉造假

网红打卡地的各类"种草"照片，往往都是精美绝伦、仿佛人间仙境的各类图片，但是当人们亲身到达现场后才发现实际景观与网图严重不符，这类景点被称为"滤镜景点"。部分商家和网红博主为了热度会用严重失真的图片对景观进行宣传，当某个打卡景点被层层滤镜和涂层生产加工出来后，图文表现往往与实际情况严重不符。而滤镜涂层下的实质一旦被发现，店家辛苦构造的网红形象也就随之破裂，不复存在。网红打卡地的形象崩塌效应还会不断地蔓延到整个社交平台上，甚至会导致网络空间的内部分裂。

例如在小红书上所流行的"美式农场风"。前几年，中产白领在下班之后纷纷换上田园牧歌式的穿搭扎堆前往这类网红景点打卡、拍照。北京有家咖啡厅就狠狠抓住了这波流行趋势：在地上铺满草料，用干草垛做沙发，再点缀一些南瓜、柿子，一款秋日限定的"美式农场风"就这样完成了。然而，有网友特意跑去体验，但脱离了滤镜的实景让这个网友失望不已："感觉像坐在鸡窝里，到处都是草屑在飞，拍照也不好看。两杯饮料加一块蛋糕要100多元，还不好吃。"今天，越来越多的年轻人渴望从繁忙的工作中抽出身来，前往郊区去过田园牧歌式的生活，但令他们失望的是滤镜景点不仅没能令他们得到放松与治愈，反而让他们既失望又心塞。

今天，店家适当地运用滤镜或其他技术手段美化照片本没有错，但是修饰过的照片一旦与流量、利益牵扯到一起，就会使消费者感觉好像被误导与欺骗。

（二）空间同质化严重

网红打卡地的火爆为城市带来了巨大的关注度和经济效益，为此大量城市和地区正在跟进打造网红景观，然而这也导致城市空间与市井生活中呈现出千篇一律的网红风、伪古风、ins风，甚至街店中都在售卖着相同的商品。这样一来，不仅造成街区景观、特色美食和文创产品日趋同质化，而且流行符号的泛滥更容易导致观众审美疲劳，大大消解了地方文化本身的独特价值与意义。高度的同质化使得城市街区变成一个模样，蜡像馆、快餐式的展览、拍照墙等新兴商业景点适应了线上传播模式，复制和迁移成本相对低廉，在不同城市空间中批量复制，挤压了本地优秀传统文化的发展空间。

城市传统文化和网红热度之间的平衡关系亟待处理，不仅要打造出一批具有高审美价值的文旅产品，还要在本土优秀文化的基础上努力深挖城市的精神文化内核，在用户体验形式上实现差异化与个性化，使北京网红打卡地具有更持久的生命力。

（三）为当地带来困扰

网红打卡地的热浪吸引来了大量的人流，人们为了追逐潮流蜂拥而至，虽然有效提升了当地的知名度，促进区域经济的发展，但是景点超负荷的运转也严重威胁了游客的生命安全，破坏了打卡地的生态环境，也为公共空间的治理及服务管理带来了一系列困扰和隐患。

1. 网红打卡地安全事件频发

近年来，网红打卡地的安全事件频发，如北京欢乐谷自从开业之日起就深受广大游客朋友的追捧和喜爱，欢乐谷也随着网络和热点不断更新游玩项目，但是在追求标新立异的同时也带来了一系列隐患。据《北京日报》报道，

2021 年 4 月 10 日，北京欢乐谷海洋馆内一款高空游乐设施"飞鲨战队"发生了故障。根据游客提供的现场视频显示，事故发生后多名儿童被倒挂在高空。游乐场员工紧急维修设备，悬停大约 1 分钟后恢复正常，好在没有游客在此次事件中受伤，但是也足以为景区敲响警钟。① 如今，大量网红打卡地为了吸引游客也打造了同样的高空娱乐设施，但是追求刺激的前提是保障游客的生命安全。值得一提的是，网红景观的事故发生率远远高于其他景观，必须引起政府的足够重视。

除了设备造成的安全隐患，游客为了拍出好看的照片，往往会将自己置于危险的境地之中。如 2022 年年初，引发网友热议的北京东直门网红树，这棵网红树正处于红、白两色背景墙的交界处，极具视觉冲击力，可拍出艺术范儿十足的照片，因此吸引了很多网友慕名前来打卡。但是这棵树对面就是设有红绿灯的斑马线，也是车辆、人员进出东直门环岛的必经之地，交通压力极大。事实上，在此停留拍照打卡是非常危险的行为，但大量游客不管现实的交通状况，就站在斑马线上拍照，严重干扰了车辆的正常运行。为了安全起见，网红树背后的围栏被贴上了公益广告和白色贴纸，政府也安排专职交警进行疏导，以便有效疏解交通困境。② 如果游客们都能遵守公共空间的规则和秩序，或许我们身边的网红打卡地能避免昙花一现的命运，而不是风波过后一地鸡毛。

2. 人流激增挑战网红打卡地承载能力

北京网红打卡地游客人数激增，给环境的承载力和地方的基础设施带来了一系列压力。如北京门头沟区的天门山国家森林公园是近年新晋的网红打卡地，然而大量游客打卡过后，这里垃圾遍地，主要集中在公园观景台到核心景观"天门洞"之间，路过的游客都要捂着鼻子才能通行。一位户外公益志愿者反映说，他们组织了近 70 名志愿者到天门山清理垃圾，一天就清

---

① 北京日报. 北京欢乐谷一游乐设施发生故障，多名儿童被挂空中［EB/OL］.（2021 - 04 - 12）［2023 - 07 - 22］. https：//baijiahao. baidu. com/s？id = 1696824765689490089&wfr = spider&for = pc，2021 - 04 - 12.

② 北京日报. 背景贴公益广告，专人维持秩序，东直门"网红树"管起来了［EB/OL］.（2021 - 12 - 05）［2023 - 07 - 22］. https：//baijiahao. baidu. com/s？id = 1718285415776787017&wfr = spider&for = pc.

出了 250 多公斤的垃圾。因为没有带够编织袋，大约还有 500 公斤垃圾散落在山上。更为重要的是，这种乱扔垃圾的行为，对地区生态环境造成的破坏，是短时间内无法补救的，如若美景消亡，未来景区将无人再来。如此种种乱象，不利于自然资源的可持续开发与利用，网红景点最终亦会面临消亡的命运。

人流量的激增不仅会对环境造成破坏，也会对交通、餐饮、住宿等基础设施带来压力，网红打卡地的爆红会导致当地物价迅速上涨，严重影响了当地居民的日常生活；客流的大量涌入以及游览的无序化，导致打卡地及周边环境长时间处于喧闹状态，影响了周围居民的正常休息；游客长时间侵占公共空间，也会导致游客和本地居民的冲突。如北京著名地标建筑鼓楼，年轻人们不再钟情于拍摄鼓楼本身，而是和一个名为"鼓楼西大街"路牌合影，有时甚至打卡者会为此排起长队。为了拍出角度合适的打卡照，游客们长时间霸占着道路，完全不考虑自己给周围的交通与环境带来的一系列压力。网红打卡地不应该变成打扰地，对于正常合理的拍摄行为政府不应多加限制，但是如果严重扰民政府应该对此加强制约和管理。

3. 虚假的营销

网红打卡地的热度会带来可观的收益，吸引更多群体前来打卡，因此打造多元化的"网红"符号已然成为商家们迅速盈利的默认规则。不少网红打卡地的经营者会通过社交媒体平台购买排名和流量，有时为了营造火爆的现象还会雇用专人在门店排队，请网络水军在社交平台上刷好评和点赞，从而最大限度地吸引受众的眼球。如喜茶饮品店为制造繁荣假象，曾花钱雇用排队人员，给旁观者制造出一种喜茶值得购买的心理暗示，以此来刺激更多的客户进行排队消费。①

但是，打铁还须自身硬，网红打卡地不能只注重流量热度而不注重内容质量，仅仅靠营销商业手段获取的流量只能短暂维持网红景点或产品的热度，如果产品核心竞争力不过关，其也会在经历一夜爆红后陆续倒闭。

---

① 投资界. 你爱去的网红店，每天花 1 万雇人排队 [EB/OL]. (2023 – 03 – 16) [2023 – 07 – 22]. https：//news. pedaily. cn/202303/510197. shtml.

（四）宣传联动和服务支持不足

自 2020 年起，北京网红打卡地的官方评选活动已经举办了三届，评选出了很多各具特色与文化底蕴的网红打卡地。由于宣传渠道和视角比较单一，目前只有少数游客听说过北京网红打卡地的官方榜单。在新冠疫情的影响下，很多榜上有名的网红打卡地并没有获得游客的青睐，甚至有一些打卡地已经关门歇业。今天，绝大多数游客通过社交媒体获得网红打卡地的相关信息，但是这些网红打卡地的品质良莠不齐，严重影响了北京网红打卡地整体形象，甚至有不少受众会把"网红"和"不靠谱"联系在一起，使官方榜单的公信力大打折扣。

网红打卡地周边基础设施和服务设施的维护与更新工作也较为滞后，网红打卡地周边存在停车难、上厕所难等情况，这些都会影响到北京网红打卡地在旅客心中的形象。同时北京网红打卡地之间存在各自为营的情况，资源整合能力不足，多个景点之间的关联度不够，缺乏可以串联成线的主题线路。

北京网红打卡地目前没有形成良好的品牌效应，火爆的打卡地对周边其他地区的辐射能力偏弱。北京优秀的传统文化和现代艺术未能在网红打卡地的游玩活动中得以彰显，目前呈现出的内容过度娱乐化，表现形式单一，不利于优秀文化的传承和保护，也不利于北京网红打卡地形象的再造与重塑。

四、北京网红打卡地的治理建议

近年来，城市周边打卡游热度不断攀升，"挖掘身边的景点"成为大众休闲娱乐的硬需求，也成为新的"流量密码"。在社交媒体平台的传播下，越来越多的目的地被包装为"网红打卡地"走向台前，但在景点迅速蹿红的背后也存在一系列的隐患。

在网红景观的治理过程中需要政府、企业和社会大众等多方力量参与其中，协同形成"多元共治"的行业治理体系，实现从"网红打卡地管理"到"网红打卡地治理"的转变，推动北京网红打卡地的蓬勃发展和社会效益最大化。

（一）政府层面：监管、支持和保护

1. 加强网红打卡地的相关立法和执法工作

针对北京网红打卡地视觉造假和滤镜景点的问题，在立法层面要推动北京网红打卡地相关立法的完善与精细，面对北京网红打卡地在网络平台传播中遇到的新情况与新问题，要及时完善相应的法律法规，充分发挥法律法规在形成清朗网络空间中的作用。互联网平台不是法外之地，社交媒体平台、商家还有网红博主等不能为了流量与利益进行视觉造假和虚假宣传，管理者要与时俱进，特别是在面对新形势和新问题时要及时完善相关领域的规章制度，为科学治理提供法律依据和政策保障。

同时，针对违反法律法规的北京网红景点，政府要严格执法，加大管理力度，对产品和服务不达标的打卡地要及时进行约谈、处罚并限期整改。对北京网红打卡地在社交平台的虚假宣传和欺骗行为政府应该明确传播主体并依法追责，最大限度地保护北京网红打卡的旅游形象，让游客可以放心、安心地选择北京网红打卡地。

2. 形成联合监督机制

面对北京网红打卡地在新时期出现的新情况和新问题，政府相关职能部门要加强对北京网红打卡地的监督管理，形成完善的监督机制。网红打卡地的传播阵地大都在互联网平台上，为此政府管理部门可以与社交媒体平台联手进行监督和审查，利用大数据技术动态管理网红打卡地，对于热度流量大的网红打卡地要重点关注。此外政府还可以实行暗访机制，对北京网红打卡地榜单上的景点与餐厅等实地暗访，并纳入评分机制，重点考察诚信经营和服务质量。对于不达标的网红打卡地要取消其评选资格，并面向社会公众进行公示。

同时还要充分发挥消费者对北京网红打卡地的监督作用，扩大消费者的反映渠道，简化投诉机制与流程，对于消费者反映的问题，政府要充分重视。对于服务产品不达标的网红打卡地，政府可以采取平台曝光、限期整改等措施倒逼行业自律和进步。对于部分北京网红打卡地雇佣水军排队和刷好评等扰乱市场的行为，政府相关职能部门联合平台要充分发挥检查和监督的机制，对于扰乱市场秩序的行为严惩不贷。

在旅游旺季，政府还可以联合平台运用大数据技术分析出可能到来的人潮，通过社交平台和网络媒体对游客进行警示，建议游客错峰出行。同时也可以让网红打卡地做好应对人潮的准备，比如加强安全措施、实施限流等，从而预防风险的发生。另外，游客的不文明游览行为也给城市环境和公共秩序带来了巨大挑战，因此在网红打卡地的治理过程中，政府相关部门应该联合社交平台和地方媒体对游客的不文明参观行为进行曝光和制止，鼓励游客对不文明行为及时进行投诉和举报。

3. 保护文化底蕴，维护空间正义

空间正义理论是在空间生产和空间资源配置中如何更好地实现社会公平与正义，它包括对空间资源和空间产品的生产、占有、利用、交换、消费的正义。① 网红打卡地的产生本质上也属于新型社会空间的生产，即行政权力和资本力量改变了原有的社区和生活空间，重构了空间关系②，从而推动了城市网红景观的形成与传播。千篇一律的空间生产机制正在导致网红打卡地发生异化和失序，不断消解地方文化的意义与底蕴。因此政府要坚持空间正义理念去执法，如对于抄袭严重的网红打卡地，在规划审批阶段就要将之遏制在摇篮中，同时项目审批中充分考虑多方利益与诉求，不能盲目追求经济效益，要防止资本的无序扩张，尽量最大化保障网红打卡地居民和旅游者的空间权利。

随着热度的升高，部分北京网红打卡地越来越商业化和同质化，甚至不少走向了娱乐化和低俗化，再加上当地管理水平不到位，游客的参观体验大打折扣。北京网红打卡地若想摆脱昙花一现的命运，就要走内涵式发展道路，充分挖掘地方文化中独有的特色，丰富北京网红打卡地的表现形式，同时发挥好博物馆、美术馆、图书馆等文化场馆的教育属性，提升文化艺术类景点在网红打卡地榜单中的占比，促进北京旅游产业的健康发展。

---

① 任平. 空间的正义——当代中国可持续城市化的基本走向 [J]. 城市发展研究，2006 (5)：1-4.
② 袁利. 论旅游空间生产的正义缺失及其治理路径 [J]. 开发研究，2021 (5)：127-132.

（二）企业层面：服务、创新与自律

1. 鼓励打卡地创新

北京旅游产业正在进入新的发展时期，游客早已摆脱了过去走马观花式的游览，取而代之的是更加注重细节、关注体验的观光行为。这就要求旅游企业和开发商在开发网红打卡地时要回应游客的个性化需求，打造具有特色风情和文化底蕴的旅游目的地。景点根据自己的自身条件因地制宜地走差异化的发展道路，切勿盲目跟随热点。同时在建设网红打卡地的过程中也不能只注重颜值，忽略了产品的内在创意和价值内核，景点应该从优秀的地区文化和传统风俗中汲取灵感，形成优质内容。政府也要鼓励企业以新形式、新场景展示网红打卡地的魅力，同时对取得实质创新的打卡地给予保护和支持。

2. 提高打卡地服务水平

目前网红打卡地的服务水平良莠不齐，直接或者间接地影响了北京网红打卡地旅游形象，为此相关管理人员要努力提升管理水平和服务质量，增强员工的服务意识和服务技巧，确保游客在北京网红打卡地消费和游览时得到满意的体验。

在人流拥挤的旺季，企业也要做好相应的准备工作，提前加派人手、做好应对方案，对基础设施及时进行维护和更新，鼓励客人可以自助游览，降低运营压力；同时也可以通过预约制或限流等方法，最大程度保证游客的游玩体验和生命安全。

3. 加强行业自律机制

网红打卡地的兴盛离不开社交媒体的推波助澜，同时一系列网红景观、网红餐厅、网红食品的散播与流行也反哺了社交平台，为其带来新内容和新流量。平台在帮助网红打卡地进行推广时可获取相关费用，平台通过推荐机制和算法帮助用户获悉旅游信息，亦能提高平台的商业价值。但是社交媒体平台如果为了追求经济效益而默许部分网红打卡地的欺诈行为，就会对旅游产业的生态形成重创，也会对平台产生反噬。如果游客看到了平台的推荐而去网红打卡地打卡参观，一旦发现实情与宣传话语不符，就会对平台产生怀疑和抵触，平

台的商业价值和公信力会受到严重的损害。

为此，社交平台应该加强行业的自律和监督，对于虚假宣传要进行专项优化治理，建立和完善商家信用机制，杜绝虚假信息的传播，同时鼓励行业之间互相监督，一旦发现企业存在不正当的经营行为，就要对其排名和评分做出惩罚。旅游景点在运营中也要做到实事求是，不要为了虚假的流量和热度而做出欺骗大众的恶劣行径。要坚决抵制雇佣水军排队、利用科技手段刷评价等扰乱市场健康秩序的行为。企业也要自觉地维护市场竞争秩序，及时向有关部门和平台举报和反映弄虚作假等各类现象，共同维护旅游市场的良好发展生态。

此外，近年来社交平台上不断出现了一些野生网红打卡地。这些地方无人经营与管理，如危险的河道和废弃的大楼等，这些景点存在着极大的安全隐患。社交平台应该善用算法规则杜绝对此类网红打卡地的曝光，同时对于这些存在风险的景点进行重点审查并对用户做好提示工作。

（三）公民层面：理性思考，文明打卡

1. 拒绝盲目，理性消费

虚拟的景观影像通过人为的展示，将过往看不见的隐性霸权附加在其中，实现了对人的深层无意识状态的控制和操纵。[①] 而游客们沉迷于网红打卡地的美景之中，为了拍出好看的照片逐渐失去自我主体的控制，还会助长超前消费、盲目从众等社会风气。在媒介景观的控制下，部分游客的打卡行为缺乏理性的思考，只是机械地模仿与表达。未来公民要树立理性的消费理念，不要盲目追随潮流与热度，加强辨别是非的能力，保持理性批判的独立价值观，避免陷入虚假图像的景观控制之中，只有这样，那些没有内涵和底蕴的网红打卡地才会被市场一一淘汰。

2. 有序参观，文明打卡

网红打卡地作为一种特殊的公共资源，公民在参观和浏览时，要遵守基本

---

① 周宜辰，程倩. 视觉文化视域下青年短视频消费的文化反思 [J]. 学习与实践，2021（3）：118 – 124.

的法律法规和社会道德，不能为了拍出好看的照片而长期霸占这些公共空间。很多网红打卡地位于居民生活区内，游客频繁造访这些景区会严重打扰当地居民的正常生活，也将自己的生命安全置于危险的境地。

公民除了要加强个人修养、自觉维护空间秩序外，还要善于运用监督举报制度，对于游览中侵犯他人权益、污染环境、不遵守规则的游客要及时举报。景点也可以在打卡地的主要路口或者人流密集的地区设立大屏幕，对不遵守规则的游客曝光。政府有关部门也要加强对文明打卡行为的宣传，对于不文明的参观行为采取一定的处罚措施。只有将外部监督和个人自律结合起来，才能最大程度保障游客在网红打卡地的有序游览，进而提升北京网红打卡地的旅游形象。

同时，公民在打卡游览的过程中要加强安全意识，不要为了追求热度而将自身置于危险的境地之中；对于那些没有安全保障的"野生打卡地"，游客要敬而远之，最大限度地保障生命与财产安全。

第二节　密室逃脱游戏的治理策略

一、密室逃脱的概述及发展现状

（一）密室逃脱概要

密室逃脱，又称"真人密室逃脱""TAKAGISM"，指玩家以第一视角或者第三视角扮演某一角色，在封闭的空间环境中发现并利用周围的线索和道具，在规定的时间内解开密室中的谜题，最终完成逃离密室的任务。随着线下娱乐消费行业规模的不断扩大，密室逃脱已由传统的设备简单、环境单一、玩家依靠大脑和纸笔完成解谜任务的形式，发展成为具备玄幻、武侠、校园等多种主题、拥有真人 NPC 的沉浸式密室。根据艾媒调研数据，中国消费者最喜欢的密室类型为沉浸式和半沉浸式密室，占比达 59.4% 和 57.8%。^① 在大众消费需求的推动下，市面上各式"沉浸式密室"主题逐年增多，密室商家也在剧情、机关、谜题、场景等多方面不断优化，切实增强了玩家的游戏体验，一批又一批的年轻消费者愿意在周末花费两个小时，在人工营造的世界中完成一场场惊奇的历险。

（二）密室逃脱的发展历程

根据目前流传最广的说法，密室逃脱这一游戏形式最早出现在美国。2006年，美国硅谷的一群游戏工程师为了满足员工活动的需要，根据侦探小说设计出了一系列密室场景。尽管密室逃脱至今仍作为一种新事物被大家所了解，但其实早在很多开放农场、游乐场中就已经存在人工搭建的迷宫等，这类游戏形式在一定程度上具备了当今密室逃脱的雏形。

2008 年，国内首次出现了真人密室逃脱店铺。此后，密室逃脱行业得到了持续的发展。2012—2014 年是国内密室逃脱的初步发展阶段，首先表现在线上游戏领域，这一阶段国外出现了密室解谜类型的电子游戏《未上锁的房间》（The Room）。我国游戏厂商网易在 2013 年面向国内玩家发行了这款游戏，命名为《迷室》。在这一阶段，线下真人密室逃脱还属于较为小众的娱乐项目，主要是以解谜和推理为主的传统密室，这在我国被称为第一代密室，即"心理类密室"；2015—2017 年国内线下真人密室逃脱行业逐渐走向产业化发展阶段，大量密室逃脱店铺出现，也更重视"沉浸式"效果，并引入真人NPC、打造逼真的密室环境和道具、提供换装服务。这种重视互动性和沉浸感的密室被称为第二代密室，即"机械类密室"。2018 年至今，随着芒果 TV《密室大逃脱》、金鹰卡通卫视《疯狂的麦咭》、爱奇艺《萌探探探案》等大型综艺的热播，众多明星加入体验，使得密室逃脱从一个小众娱乐活动快速发展成为线下娱乐产业，完成亚文化被主流文化收编的转型过程。

---

① 艾媒网. 艾媒咨询 | 2022—2023 年中国密室逃脱行业发展及消费洞察分析报告 [EB/OL]. (2022－05－31) [2023－06－27]. https://www.iimedia.cn/c400/85911.html.

（三）密室逃脱的特征

1. 通过"身份—环境—情节"塑造强沉浸感

在身份方面，密室逃脱的特色在于通过虚拟角色的扮演为玩家带来基于主体的身份体验。在正式进入密室游戏之前，所有玩家会抽取身份牌，游戏主持人会向同场次的所有玩家讲述故事背景，或专门针对某类身份的玩家进行单独谈话，部分密室店铺会向玩家提供换装服务。这一系列的前置操作让玩家暂时脱离现实生活，步入奇幻的全新世界，拥有了虚拟时空中的新身份，以便迅速开启一段与现实截然不同的新奇体验。

在环境方面，密室旨在通过逼真机械场景的打造为玩家带来全新的感官盛宴。机械类密室设置了大量精密华丽的机关、器械以及声控激光等装置，以便刺激玩家的视觉、听觉、触觉，进而使玩家获得身临其境的真实感受。密室的环境布置和道具布置均会与该密室的主题相关，商家通过现实物理环境的营造使玩家能够在短时间内进入游戏情境之中，从而获得真实的情感体验。

在情节方面，密室还通过精巧的脚本设计增加玩家的个人可玩性。一部优秀的脚本通常包含所有的密室机关以及完整的玩家动线，优秀的密室设计者会综合考虑各种情况，尽力做到让玩家团队中的每个人都有一到两次重要的"戏份"。这些任务有时多线并行，需要玩家分头完成，让每一个玩家都能获得体验感，而这种体验感会使得玩家在游戏过程中逐步对自己的虚拟角色产生更深的代入感和认同感，最终达到沉浸式的效果。

2. 多人游戏模式的设定促进团队协作

密室逃脱游戏一般需要 2 至 12 人同时参与，在游戏过程中玩家们会组成一个团队，合力寻找线索，解开密码，通过机关，最终才能获得成功。因此，在这一过程中，团队之间的交流互动、协作思维是影响游戏结果以及游戏体验感的重要因素。例如，善于观察的团队成员能够从密室摆放的各种道具中发现端倪，获得解开谜题的重要线索；善于推理的团队成员能够将灯光、声音、捉摸不透的符号图形、暗门等线索与已经获得的线索联系，推理出隐藏的线索或者下一步的方向等。在游戏中团队成员共享信息、相互协作并互相信赖，彼此配合，最终成功闯关。

3."高情绪投入"的游戏带来"心流"体验

"心流"（Flow 或 Mental Flow）一词是美国心理学家米哈里·契克森米哈赖（Mihaly Csikszentmihalyi）在 1975 年提出的，用于形容"人们在专注进行某行为时所表现的心理状态，一种将个人精神完全投入在某种活动上的感觉"①。这一概念用于形容玩家在密室逃脱游戏中的心理状态十分贴切。

首先，逼真的场景能够引导玩家主动将自己代入虚拟的游戏身份，从进入密室的那一刻起，玩家就作为一个全新的角色存在于一个全新的世界中。其次，密室逃脱是一种"高情绪投入"的游戏，在游戏过程中，无论是玩家的脑力、智力、体力、胆力还是想象力都面临着前所未有的考验，周遭出现的奇怪道具、暗门、捉摸不透的符号图形就像一个个零散的点，不断挑起玩家的好奇心和探索欲，抽丝剥茧地将玩家眼前的迷雾层层拨开，引导玩家以自己的智慧将事件全貌逐步推理复现，将点串成线，甚至可能又由于新线索的发现而出现反转，进而推理出另一个谜底。与此同时，已知会出现但又不知何时出现的NPC 能让玩家在游戏中保持紧绷的神经，随时会触到的未知机关又让玩家为此保持高度兴奋感。最后，由于年轻人在现实生活中面对着巨大的内卷和压力，这让他们更愿意去主动投身于另一个充满未知的新奇世界，在虚拟的世界中克服重重困难，完成艰巨的解谜任务，因此在游戏结束后，玩家也会获得破解悬疑的快感和满足感。

（四）我国密室逃脱行业的发展现状

我国密室逃脱行业作为新兴的线下娱乐方式仍处于初步发展阶段，市场规模较小，且经历了新冠疫情的影响，整体市场发展存在波动大、不稳定的特点，我国政府颁布多项政策扶持线下剧本娱乐行业，促进经济恢复。然而，行业规范的缺失也造成业内存在恶性竞争、抄袭剽窃等问题。

---

① 米哈里·契克森米哈赖.心流：最优体验心理学 [M].北京：中信出版集团，2017.

1. 我国密室逃脱行业的发展条件

经济方面，我国居民收入增速回升，教育文化娱乐支出增长较快。根据2002—2021年中国居民人均消费以及人均教育文化娱乐总体支出数据，2019年以前，居民人均教育文化娱乐支出随着居民人均消费支出不断增长，呈现逐步上升的趋势。2020年由于受新冠疫情影响，我国居民两类支出均有所减少。2021年，居民人均消费支出增长为24100元，人均教育文化娱乐支出增长为2599元，两类支出均有所回升。① 2023年第一季度全国居民收入增速也在逐步回升，居民人均可支配收入为10870元，同比上年增长5.1%。其中教育文化娱乐支出增长较快，比上年同期增长9.2%；线下文化娱乐消费有序恢复，文化娱乐支出增长21%。② 因此，随着居民消费水平的回升，文化娱乐层面的消费也会随之增加，密室逃脱行业的发展具备较好的基础。

政策方面，剧本娱乐、沉浸式演艺等新业态受到政府的有力扶持，以助力文旅消费恢复。受到疫情的影响，我国接触性消费恢复较慢，国务院办公厅在2022年4月发布了《关于进一步释放消费潜力促进消费持续恢复的意见》③，为解决中小微企业、个体工商户和服务业领域现存困难提出了鼓励措施。文化和旅游部办公厅在2023年3月发布了《关于组织开展2023年文化和旅游消费促进活动的通知》④，广泛动员文化和旅游企事业单位，积极联动金融机构、电商平台、新媒体平台等，贯穿全年举办内容丰富、形式多样、线下线上相结合的系列促消费活动，进一步激发消费活力，创新消费场景，优化消费环境，推动文旅消费加快恢复。此外，各省市也出台了相关政策鼓励剧本娱乐新业态

① 艾媒网. 艾媒咨询丨2022—2023年中国密室逃脱行业发展及消费洞察分析报告 [EB/OL]. (2022 - 05 - 31) [2023 - 06 - 27]. https：//www.iimedia.cn/c400/85911.html.
② 国家统计局. 张毅：一季度居民收入平稳增长 消费支出加快恢复 [EB/OL]. (2023 - 04 - 19) [2023 - 06 - 27]. http：//www.stats.gov.cn/sj/sjjd/202304/t20230419_1938810.html.
③ 中华人民共和国中央人民政府. 国务院办公厅关于进一步释放消费潜力促进消费持续恢复的意见 [EB/OL]. (2022 - 04 - 25) [2023 - 06 - 27]. https：//www.gov.cn/zhengce/zhengceku/2022 - 04 - 25/content_5687079.htm.
④ 中华人民共和国中央人民政府. 文化和旅游部办公厅关于组织开展2023年文化和旅游消费促进活动的通知 [EB/OL]. (2023 - 03 - 20) [2023 - 06 - 27]. https：//www.gov.cn/zhengce/zhengceku/2023 - 04/13/content_5751260.htm.

的发展。例如河南省人民政府在 2023 年 5 月发布了《关于印发进一步促进文化和旅游消费若干政策措施的通知》①，要求省文化旅游融合发展基金要重点向剧本娱乐、沉浸式演艺等新业态文旅项目倾斜。因此，密室逃脱作为线下文化娱乐消费行业的一部分，其发展受到政策的鼓励和支持。

社会消费方面，追求体验感的 Z 世代群体开始成为文娱消费的主力军。Z 世代的消费者追求个性，乐于尝试新鲜事物，愿意为"体验感"付费。因此，密室逃脱这种能够让年轻消费群体获得与现实截然不同刺激体验的娱乐方式正在以较快的速度蓬勃发展。数据显示，2020 年，在中国 Z 世代消费者最喜欢的新兴娱乐方式中密室逃脱的订单量排名第四，年同比增长率为 98.1%。从密室逃脱玩家的消费动因角度来看，"缓解压力""尝试新鲜事物"占比高达 57.5% 和 44.5%。② 对于部分面对激烈学业压力、工作竞争压力的年轻群体来说，密室逃脱具备较大吸引力。

全息投影、虚拟现实等技术的发展为打造高还原度和强沉浸感的密室提供了技术条件。通过全息投影技术，密室逃脱店铺能够在空气中和水面上进行投影成像，全方位展示被投影物体，置景效果在技术的渲染下得到了极大提升，消费者也能获得比观看主机显示屏更好的视觉体验。当玩家进入密室后，他们能够与周围立体的投影角色互动，可以充分感受逼真、沉浸式的游戏效果。此外，AR/VR 技术、多通道投影技术、声光电特效技术均为玩家沉浸式体验提供了技术基础。

2. 我国密室逃脱行业的市场发展情况

从宏观层面来说，我国密室逃脱行业市场规模已达百亿，未来发展趋势良好。我国密室逃脱发展历史较短，且在发展过程中经历了近三年疫情冲击，导致该行业的市场规模存在较大变化。总体来说，从 2018 年到 2019 年，中国密室逃脱行业市场规模由 50 亿元增长到了近 100 亿元；2020 年由于疫情防控原

---

① 河南省文化和旅游厅. 河南省人民政府关于印发进一步促进消费若干政策措施的通知 [EB/OL]. (2023 – 04 – 15) [2023 – 06 – 27]. https：//hct. henan. gov. cn/2023/04 – 15/2725803. html.
② 艾媒网. 艾媒咨询 | 2022—2023 年中国密室逃脱行业发展及消费洞察分析报告 [EB/OL]. (2022 – 05 – 31) [2023 – 06 – 27]. https：//www. iimedia. cn/c400/85911. html.

因，市场规模有所下跌，降低为 78.3 亿元；2021 年后逐步回升到 100 亿元左右，并预计未来市场规模均呈现上升趋势，2026 年预计达到 175.9 亿元[1]；仅在 2019 年，密室逃脱商家数量就已经达到了 12820 家，密室主题的数量达到了 13630 个[2]。目前，由于密室逃脱在市场上规模化、产业化发展的时间较短，发展基础不足，并未爆发出其应有的发展潜力与发展速度。与此同时，与传统的线下娱乐行业相比，密室逃脱仍然是一股强劲的新生力量，还有很大进步空间，其市场竞争力与未来发展潜力远远超过棋牌室、KTV、游戏厅等传统线下娱乐行业。

从微观层面来说，年轻消费者更看重密室商家的口碑，更偏好沉浸式密室。密室逃脱的主要消费者为 18～30 岁的年轻群体，占比达到 74%[3]；2022 年中国密室逃脱消费者最关注的因素为密室的口碑、排名、密室的场景设计及价格，分别占比 53.2%、45.7% 和 43%[4]。在众多密室主题中，消费者最青睐与真人 NPC 互动的沉浸式密室与半沉浸式密室，占比高达 59.4% 和 57.8%[5]。在消费频次与单价方面，"平均每月 1 次"的消费者占比最多，达到 50.3%，另外有 31.3% 的消费者每月多次消费；近一半的消费者愿意为单次参与密室逃脱游戏进行付费，支付的价格区间为 101～150 元，单次消费中 37.2% 的消费者愿意支付 51～100 元。在游戏设定方面，消费者更偏好的游戏时长为 2 小时，更偏好的密室面积为 3～5 个房间的中型密室。[1]

3. 我国密室逃脱行业市场发展现存的问题

密室逃脱在年轻消费群体中虽然知名度高，但渗透率却较低。密室逃脱的

---

[1] 艾媒网．艾媒咨询｜2022—2023 年中国密室逃脱行业发展及消费洞察分析报告 [EB/OL]．(2022 - 05 - 31)[2023 - 06 - 27]．https：//www.iimedia.cn/c400/85911.html.

[2] 前瞻经济学人．2020 年中国密室行业发展现状 [EB/OL]．(2020 - 04 - 6)[2023 - 06 - 27]．https：//www.qianzhan.com/analyst/detail/220/200403 - 04357b91.html.

[3] 观研天下．中国密室逃脱行业现状深度分析与未来前景研究报告 (2022—2029 年) [EB/OL]．(2022 - 04 - 2)[2023 - 06 - 27]．https：//www.sohu.com/a/534696977_730526.

[4] 华经产业研究院—华经情报网．2022 年中国密室逃脱行业发展历程、主要产业政策、上下游产业链及发展趋势分析》[EB/OL]．(2022 - 11 - 19)[2023 - 06 - 27]．https：//zhuanlan.zhihu.com/p/584818917.

[5] 艾媒网．艾媒咨询｜2022—2023 年中国密室逃脱行业发展及消费洞察分析报告 [EB/OL]．(2022 - 05 - 31)[2023 - 06 - 27]．https：//www.iimedia.cn/c400/85911.html.

主要消费者是 Z 世代的年轻人，但曾消费过密室逃脱的年轻人数量在整体年轻群体中的占比并不高。数据显示，2021 年密室逃脱在 15 ~ 35 岁的年轻消费者群体中的渗透率仅仅只有 8.9％。^①与其他的线下娱乐行业进行横向对比便可得知这一问题的严峻性，例如电影行业的年轻消费者渗透率远远高于密室逃脱。

受新冠疫情影响，线下剧本娱乐行业发展停滞，导致密室逃脱主题更新换代慢。疫情中大量的密室逃脱店铺亏损严重，甚至部分关门歇业，为此密室主题的更新换代趋于迟滞。一方面因为更换主题需要耗费较高的装修置景以及员工培训成本；另一方面密室主题创作的难度大，大量的密室个体商户采用购买授权的方式获得主题，他们往往需要支付一笔较高的授权费用。因此，目前全国仍然有不少商家使用的是 2019 年及之前的主题，近三年创作的新主题并未在全国得到大范围的授权使用。随着经济逐步回暖，行业逐渐复苏，更多新生密室主题将得以研发并授权扩散到全国使用，以一段合理的生命周期在市场上不断更新换代，为消费者提供更丰富多样的产品。

市场现状倒逼密室商家不断更新主题，缩短盈利周期，这一产品特点为其生存带来了巨大压力。由于更换密室主题所需的成本极高，且受限于店铺的面积，一家密室逃脱店铺最多只能同时容纳 3 ~ 4 个主题，这就导致密室逃脱行业与电影院等其他线下娱乐行业相比需要更长的市场盈利周期，因此一个密室主题通常使用 1 ~ 3 年才会更换。但结合密室逃脱游戏的特点，参与过游戏的玩家已经了解密室中的剧情与谜题，一年内再次参与同一主题游戏的可能性极小，这又造成密室逃脱行业复购率偏低的问题。此外，自媒体平台的发展也给密室逃脱行业带来了巨大的生存压力。一方面，密室逃脱玩家会在自媒体平台上发布游戏体验、剧情讨论等相关内容，这类内容可能会泄露密室中的机关和谜题，在一定程度上影响其他玩家的游戏体验；另一方面，由于密室逃脱行业目前仍处于市场初步发展阶段，行业竞争激烈，优质主题在自媒体上泄露容易引发同行的模仿与抄袭，进而导致更激烈的市场竞争与产品同质化。总体来说，自媒体的狂轰滥炸、激烈的同行竞争、透明的行业信息等现状均倒逼密室商家不得不缩短产品的商业周期：一是最快问世的优质产品才能够首先盈利；

二是更换密室主题所需的成本高昂，两者的矛盾为密室商家的生存和发展带来了不小的压力。

如何平衡体验、效益以及安全，实现合规经营，成为密室逃脱商家面临的难题。2022 年 6 月，我国文化和旅游部、公安部、住房和城乡建设部、应急管理部、市场监管总局联合发布了《关于加强剧本娱乐经营场所管理的通知》。① 这是我国首次将剧本杀、密室逃脱等剧本娱乐经营场所纳入公共管理的范畴之中。该通知将印发之日到 2023 年 6 月 30 日设置为政策过渡期，在过渡期内，剧本娱乐经营场所需要根据有关的要求，开展自查自纠，进行自我整改，实现合规经营。未来，如何平衡体验、效益以及安全成为密室逃脱商家面临的重要问题。例如，关于消防合规的整改就是一个难题，为了满足消防检查的要求，密室商家会牺牲部分现有的游戏空间去用作消防用途，导致开设的密室主题数量减少，坪效降低，盈利周期增长；内容审核又是另一个现实中的紧迫问题，密室商家为了满足消费者的偏好而建立了大量主题密室，对其中环境、道具、表演内容是否违规的判定标准较为模糊，游戏过程中也存在大量的突发和偶然情况，游戏玩家的心理承受能力也是重要的影响变量。综上所述，消防安全、内容审核等问题为密室逃脱商家合规经营整改带来了较大压力。

密室逃脱行业处于初步发展阶段，行业规则并未完善，导致业内侵权乱象频发。密室的布景、剧本、解谜动线是衡量一个密室质量的重要标准。正如前文所述，自媒体平台将部分优质密室的核心内容泄露，加之从正规途径购买授权内容成本较高，因此在激烈的市场竞争中容易引发同行间的模仿与剽窃。密室逃脱行业目前处于市场初步发展阶段，针对该行业的知识产权保护制度、方案等仍不完善，部分商家为了降低成本，会动"歪脑筋"来钻法律空子，造成行业侵权乱象频发。

4. 我国密室逃脱行业的竞争格局

我国密室逃脱行业经过多年发展，逐步形成了一批具有代表性和影响力的密室逃脱品牌。据统计，我国一、二线城市密室逃脱市场已经进入了泛红海时

---

① 中华人民共和国中央人民政府. 关于加强剧本娱乐经营场所管理的通知［EB/OL］.（2022 - 06 - 25）［2023 - 06 - 27］. https：//www. gov. cn/zhengce/zhengceku/2022 - 06/27/content_5698021. htm.

期，竞争态势不断加剧，新的密室品牌源源不断涌入市场，部分经营不善的中小型密室难以立足面临倒闭；与此同时，我国三、四线城市本地个体经营的密室逃脱店铺如雨后春笋般出现，主动抓住下沉市场的红利。总体来说，我国密室逃脱行业品牌呈现出"头部遥遥领先，腰部各据一方，个体星罗棋布"的竞争格局。

二、我国密室逃脱的治理现状

（一）我国密室逃脱现存的问题隐患

1. 密室内的违规行为易引发消防事故，阻碍人员疏散

消防安全问题是密室逃脱场所面临的重大问题之一，例如玩家或工作人员在密室中违规吸烟，将没有完全熄灭的烟头随意乱扔；玩家为了解谜的需要进行烧纸、焚香等点燃明火的行为；工作人员使用冷烟花制造氛围；装修人员在施工中进行电焊等明火作业均容易引发火灾。此外，布景装饰物的材质如果是易燃易爆品，如海绵、塑料、氢气球、易燃彩钢板等，在与明火接触时也极易引发火灾；电气线路的不规范铺设和使用不符合国标的电气设备也是导致电气火灾的隐患。

消防措施不合格的密室逃脱场所不幸发生火灾，如何对正在进行游戏的玩家进行安全疏散将是摆在商家面前的重要考题。首先，密室的实际环境不利于玩家逃生，部分主题密室设置于光线昏暗、通道狭窄的密闭空间，还存在大量的暗门暗道，加之玩家对于密室场所并不熟悉，很难找到出口，烟雾中的有毒气体也难以排出，容易造成窒息。其次，密室逃脱的部分剧本设置不利于消防人员开展施救行动，部分主题密室要求玩家被限制在房间或道具内，只有完成任务或同伴前来解救才能解除限制。如果发生紧急情况，房间门或道具锁可能无法迅速打开。如果密室内没有总控室进行一键开锁，或者统一密码解锁的方案，在火灾发生时会妨碍施救行动。此外，部分密室由于剧情需要而封闭安全出口，或者将各类道具、装饰物放在通道上，也会阻碍消防人员施救。最后，密室配套设施不合规会影响人员疏散行动，如果密室内未设置应急照明装置或

者装置数量不足，未设置疏散指示灯或指示灯被遮挡，未设置排烟口或排烟装置被装饰物遮挡，以及火灾探测器、洒水喷头等消防设施不合规，均会增加逃生难度；如果应急广播和即时通信工具无法正常使用时，也会影响人员的安全疏散。

2. 密室环境、道具和NPC追逐等易造成人员意外受伤

在密室逃脱游戏中，极易发生玩家意外受伤的情况。最常见的密室意外受伤原因有三。其一，部分密室中环境灯光昏暗，导致玩家的视线模糊，密室内的通道狭窄且常有障碍物，为符合剧情需要，部分密室会将地面设置的凹凸不平，甚至有些地面存在极大的高低落差，容易致使玩家不慎跌倒受伤，甚至引发踩踏事故。2021年2月在合肥的密室逃脱中就曾发生过由于通道狭窄发生的踩踏事件，8名玩家均不同程度受伤，其中一名女生鼻骨骨折。其二，部分密室在布景中使用钉子、铁丝等尖锐物品作为装饰，极个别密室地面上摆放锋利的石头，容易导致玩家受伤；部分项目的道具包含绳子、铁链等，本身就具备一定的危险性。如果密室商家为了降低成本而使用低质量的道具，这些装置在游戏过程中也极易损坏，并触发危险事故。其三，部分密室重视互动性与沉浸感，常常会配备由工作人员扮演的NPC与玩家进行互动，在这一过程中极易发生危险。例如2021年4月，广州的刘先生在玩密室逃脱游戏时躲藏在房间里，由于NPC突然闯入，刘先生受到惊吓后撞上铁丝网，鼻梁以及人中部位出血，甚至出现晕厥。同年9月，在重庆市渝中区的一家密室中，玩家在与NPC追逐的过程中额头与门框相撞，造成近两厘米的伤口，被送往医院缝合。

3. 未经审核的血腥暴力内容影响玩家心理健康

密室逃脱这类剧本娱乐经营场所是近几年文化市场的新兴业态，在治理政策方面存在治理主体不明确、治理内容不完善的问题，大量未经审核的剧本、脚本流入市场。这些内容并未经过相关部门以及专家的审核，却借由剧本经营场所得以传播和发行。

未成年人的大脑和心智并未发育成熟，对游戏内容也缺乏一定的辨别能力，与此同时，强沉浸感的游戏体验更容易加深玩家的感知与接受。如果未

成年人沉迷其中，将虚拟密室与真实世界混淆，一方面可能存在将暴力、凶杀等违法观念与行为代入现实生活中的情况，严重者甚至会走上违法犯罪的道路；另一方面，不良的娱乐化内容会在潜移默化中影响未成年人的心理健康。

而对于已经成年的消费者来说，不同玩家对密室的接受程度不同，接受程度较低的消费者也可能会由于受到刺激和惊吓而产生心理阴影，部分受教育程度低的消费者也可能被剧本中的不良信息所误导，从而走上违法犯罪之路。

4. 密室内容保护机制不健全，行业内剽窃抄袭问题频发

密室游戏的创作具有高度混合性，游戏脚本情节和布景机关设计是密室逃脱的两大核心，其中包含脚本内容设计、游戏玩法设计、玩家动线设计、密室美术设计、密室空间设计、密室音效设计、密室灯光设计、场景风格设计、道具设计等。在密室的物理场所搭建完毕后，店铺还需要对 NPC、主持人等工作人员进行培训，对整个密室游戏进行玩法调试，再根据调试结果对各个细节进行优化完善，最终才能形成一套完整的密室游戏作品。其他密室逃脱商家如果想要引入这一密室作品在自己的店铺内经营，则需要获得作品创作方的授权，但由于密室逃脱行业属于近几年快速发展的新业态，相关领域知识产权保护机制并不完善，加之激烈的市场竞争和降本增效的需求，行业内剽窃抄袭的乱象频繁发生。

目前原创密室主张权利常见的方式是将原创故事内容认定为"文字作品"进而受到司法保护，但沉浸式密室的原创性还体现在道具机关的设计、美术风格、演绎编导等多方面，均需要受到相关法律的保护。一些密室逃脱店铺在进行"换皮式"抄袭时难以追责，黑暗的密室环境以及通信设备的隔绝也为侵权行为提供了隐蔽性。

（二）我国对剧本娱乐经营场所的管理规定

2022 年 6 月，我国首次将剧本杀、密室逃脱等剧本娱乐经营场所新业态纳入管理；2023 年 4 月，文化和旅游部起草了《剧本娱乐管理暂行规定（征

求意见稿)》①，其中明确将剧本娱乐定义为"以营利为目的，由经营单位通过现场组织消费者扮演剧本角色或者解谜特定场景等方式展开的文化娱乐活动"。我国密室逃脱作为线下剧本娱乐行业的重要组成部分，受到国家有关部门的监督。

1. 我国剧本娱乐经营场所的管理部门

近年来，以剧本杀、密室逃脱为代表的剧本娱乐经营场所快速发展，我国2022年发布的《关于加强剧本娱乐经营场所管理的通知》②明确了剧本娱乐这一新兴行业各管理部门的责任，并提出建立协同机制，形成齐抓共管的工作格局，各部门具体职责内容见表29。

表29　我国剧本娱乐经营场所管理的责任部门

管理主体	管理职责
文化和旅游行政部门	剧本娱乐经营场所内的剧本娱乐活动内容管理和有关未成年人保护工作，指导督促剧本娱乐经营场所履行安全生产和消防安全责任
公安机关	剧本娱乐经营场所治安管理工作，依法查处相关违法犯罪行为
住房和城乡建设部门	剧本娱乐经营场所消防设计审查验收备案工作
消防救援机构和相关部门	依法依规负责开展剧本娱乐经营场所消防监督检查工作
市场监管部门	剧本娱乐行业市场主体的登记注册工作

2. 全国性剧本娱乐经营场所管理规定

我国剧本娱乐经营场所的发展为消费者带来全新消费体验的同时，也产生了部分不良内容，知识产权纠纷、消防安全事故也层出不穷。为此，我国政府相关部门均制定了管理规定。

在国家层面，自2022年起，对于剧本娱乐经营场所的管理规定逐步完善。

---

① 中华人民共和国文化和旅游部. 文化和旅游部关于公开征求《剧本娱乐管理暂行规定（征求意见稿)》意见的公告［EB/OL］.（2023 - 04 - 13)［2023 - 06 - 27］. https：//zwgk. mct. gov. cn/zfxxgkml/scgl/202304/t20230413_943061. html.

② 中华人民共和国中央人民政府. 关于加强剧本娱乐经营场所管理的通知［EB/OL］.（2022 - 06 - 25)［2023 - 06 - 27］. https：//www. gov. cn/zhengce/zhengceku/2022 - 06/27/content_5698021. htm.

2022 年 4 月 1 日，文化和旅游部、公安部、住房和城乡建设部、应急管理部、市场监督管理总局发布《关于规范剧本娱乐经营活动的通知（征求意见稿）》。① 其中规定剧本娱乐经营单位应当坚持正确导向，建立内容自审制度，对剧本脚本以及表演场景、道具、服饰等进行内容自审，确保内容合法。剧本娱乐经营活动不得含有《中华人民共和国未成年人保护法》《娱乐场所管理条例》《营业性演出管理条例》等法律法规禁止的内容，鼓励行业创作内容健康、积极向上的剧本脚本。

2022 年 6 月 27 日，文化和旅游部、公安部、住房和城乡建设部、应急管理部、市场监督管理总局联合发布《关于加强剧本娱乐经营场所管理的通知》。② 规定剧本娱乐经营场所应依法办理登记，履行备案手续，严格内容管理，加强未成年人保护，强化诚信守法经营，加强行业自律，建立协同机制，形成监管合力，并设置一年的政策过渡期，引导场所开展自查自纠实现合规经营。该政策的颁布首次将"剧本杀""密室逃脱"等近年来快速发展的剧本娱乐经营场所纳入政府体系管理。

2022 年 11 月 14 日，文化和旅游部、公安部、住房和城乡建设部、应急管理部、市场监督管理总局联合发布了《剧本娱乐经营场所消防安全指南（征求意见稿）》。③ 该规定在消防安全基本条件、消防安全管理、用火用电安全管理、易燃易爆可燃物安全管理、安全疏散管理五大方面对剧本娱乐经营场所进行了指导性管理。

2023 年 4 月 6 日，国家消防救援局、文化和旅游部联合制定了《剧本娱

① 中华人民共和国文化和旅游部. 文化和旅游部关于对《文化和旅游部 公安部 住房和城乡建设部 应急管理部 市场监管总局关于规范剧本娱乐经营活动的通知（征求意见稿）》公开征求意见的公告 [EB/OL].（2022－04－1）[2023－06－27]. https：//zwgk. mct. gov. cn/zfxxgkml/scgl/202204/t20220401_932252. html.
② 中华人民共和国中央人民政府. 关于加强剧本娱乐经营场所管理的通知 [EB/OL].（2022－06－25）[2023－06－27]. https：//www. gov. cn/zhengce/zhengceku/2022－06/27/content_5698021. htm.
③ 中华人民共和国应急管理部. 关于公开征求《剧本娱乐经营场所消防安全指南（征求意见稿）》意见的函 [EB/OL].（2022－11－14）[2023－06－27]. http：//mem. gov. cn/gk/zfxxgkpt/fdzdgknr/202211/t20221114_426735. shtml.

乐经营场所消防安全指南（试行）》①，要求各地消防部门依法依规加强剧本娱乐经营场所的消防监督检查工作，与文化和旅游行政部门建立剧本娱乐经营场所消防安全协同监管机制；剧本娱乐经营场所需根据该指南进行自我检查和整改，文化和旅游部门依法依规对其履行消防安全责任进行监督指导。

2023 年 4 月 13 日，为进一步加强剧本娱乐管理，促进行业健康有序发展，文化和旅游部起草了《剧本娱乐管理暂行规定（征求意见稿）》。② 主要内容包含明确剧本娱乐的定义和分类、设置内容监管"十不准"、设置鼓励引导方向、设置未成年人保护条款、建立内容自审制度、建立专家评审制度、对剧本实施源头备案管理、加强平台管理、强化监管措施、设置行政处罚条款。

3. 地方性剧本娱乐经营场所管理规定

在各省、直辖市层面，我国多地均出台了剧本娱乐经营的相关政策，但其中大多为对该行业疫情防控、消防安全等层面的规定。随着行业不断发展，各种问题逐步显现，各省市也纷纷出台管理剧本娱乐经营场所的细化政策。以下为笔者截至发文之日整理的全部地方政策规定。

上海市早在 2022 年 1 月就发布了《上海市密室剧本杀内容管理暂行规定》③，明确提出密室剧本杀文化业态经营单位应当建立健全内容自审制度，配备内容审核人员，实施相应的技术监管措施，对经营中使用的剧本、设置的场景、提供的服装和道具等内容进行自查与管理，保障内容和活动的合法性。

辽宁省在 2022 年 2 月颁布了《辽宁省密室剧本杀管理规定（试行）》④，提出密室剧本杀经营单位应当对剧本进行自审，符合规定方可上架，并需要在

---

① 中华人民共和国文化和旅游部. 剧本娱乐经营场所消防安全指南（试行）[EB/OL].（2023 - 04 - 06）[2023 - 06 - 27]. https：//zwgk. mct. gov. cn/zfxxgkml/zcfg/gfxwj/202304/t20230419_943203. html.

② 中华人民共和国文化和旅游部. 文化和旅游部关于公开征求《剧本娱乐管理暂行规定（征求意见稿）》意见的公告 [EB/OL].（2023 - 04 - 13）[2023 - 06 - 27]. https：//zwgk. mct. gov. cn/zfxxgkml/scgl/202304/t20230413_943061. html.

③ 中国政府网. 关于印发《上海市密室剧本杀内容管理暂行规定》的通知 [EB/OL].（2022 - 01 - 13）[2023 - 06 - 27]. https：//whlyj. sh. gov. cn/jqxxgk/20220113/bc6633f27d8e4b3bac3394cc2a6d8c4d. html.

④ 辽宁省文化和旅游厅. 关于印发《辽宁省密室剧本杀管理规定（试行）》的通知 [EB/OL].（2022 - 02 - 28）[2023 - 06 - 27]. https：//whly. ln. gov. cn/whly/zfxxgk/fdzdgknr/lzyj/bbmgfxwj/7D9026B4518B41AB9C8AD61BE68CB9EE/index. shtml.

剧本上架之日起 30 日内填报《辽宁省密室剧本杀内容备案登记表》，向所在县（区）文化和旅游行政部门备案，县（区）文化和旅游行政部门定期向所在市文化和旅游行政部门集中报送备案信息。

重庆市在 2022 年 7 月发布了《关于印发重庆市城市重大火灾风险防治行动计划（2022—2024 年）的通知》①，强调对于剧本杀、密室逃脱、室内冰雪运动、电竞酒店、私人影院等新业态需落实主管责任，督促经营单位完善审批手续，常态化开展火灾隐患自查自改。

江苏省在 2022 年 9 月公布了对省政协十二届五次会议第 0111 号提案的答复（关于加强新型互动游戏管理的建议)②，提出要强化部门协作，严格规范执法，加强剧本内容审查，依法依规对剧本娱乐活动中涉及的出版物进行管理，探索建立剧本备案分类目录，对于不适宜未成年人使用的剧本在封面显著位置明示。

四川省成都市在 2022 年 10 月发布了《成都市促进剧本娱乐行业健康有序发展的办法（试行)③，在鼓励和支持创作健康向上、品质优良、种类丰富形式多样的优秀剧本的同时，明确了内容的"十不准"；鼓励成立剧本娱乐行业协会与联盟等，建立剧本"红黑榜"发布机制。

吉林省在 2022 年 11 月出台了《吉林省文化和旅游厅关于促进和规范文化市场新业态发展的意见》④，明确指出，探案、密室逃脱、剧本杀等文化新业态是指现场组织消费者扮演角色完成任务的剧本娱乐经营活动，统一将名称规范为"剧本娱乐活动"，应避免使用"杀""劫案""鬼屋"等暴力、迷信、

---

① 重庆市人民政府. 重庆市人民政府办公厅关于印发重庆市城市重大火灾风险防治行动计划（2022—2024 年）的通知 [EB/OL]. (2022 - 07 - 12) [2023 - 06 - 27]. http：//www. cq. gov. cn/zwgk/zfxxgkml/szfwj/qtgw/202207/t20220712_10911982. html.
② 江苏省人民政府. 对省政协十二届五次会议第 0111 号提案的答复（关于加强新型互动游戏管理的建议）[EB/OL]. (2022 - 09 - 13) [2023 - 06 - 27]. http：//www. jiangsu. gov. cn/art/2022/9/13/art_59167_10603908. html.
③ 中国政府网.《成都市促进剧本娱乐行业健康有序发展的办法（试行)》[EB/OL]. (2022 - 10 - 12) [2023 - 06 - 27]. http：//cdwglj. chengdu. gov. cn/cdwglj/c133195/2022 - 10/12/content_1de8216 0b6c248859d330998d91874c3. shtml.
④ 吉林省文化和旅游厅. 吉林省文化和旅游厅关于促进和规范文化市场新业态发展的意见 [EB/OL]. (2022 - 11 - 04) [2023 - 06 - 27]. http：//whhlyt. jl. gov. cn/zwgk/zcfg/gfxwj/202207/t20220715_8512896. html.

血腥的字词，并按要求抓好备案管理、自审制度、未成年人保护、协同监管等工作。

（三）我国剧本娱乐经营场所管理政策的特点

笔者以文化和旅游部等五部门联合发布的全国政策《关于加强剧本娱乐经营场所管理的通知》① 为主要分析对象，以文化和旅游部起草的《剧本娱乐管理暂行规定（征求意见稿）》② 为重要参考，结合各省市发布的监管政策，提出剧本娱乐经营场所管理政策的核心共性特点。

1. 采用告知性备案，将管理重点转变为事中事后监管

告知性备案是指市场经营主体只需要提供相关的资料给有关机关，负责备案的机构进行形式审查，而无须进行实质性审查的备案方式。我国文化和旅游部等五个部门针对剧本娱乐行业制定了相关管理规定，发布了《关于加强剧本娱乐经营场所管理的通知》。① 其中在备案管理方面，摒弃了传统的准入管理，以告知性备案的方式将场所以及场所使用的剧本脚本纳入监管。剧本娱乐经营者需要在规定时间内登录"全国文化市场技术监管与服务平台"，上传剧本娱乐经营场所信息、剧本脚本信息以及连锁企业信息和自审相关信息，方可完成备案。

其中，剧本娱乐经营场所信息包含统一社会信用代码、机构类型、营业执照、单位名称、住所、法定代表人/主要负责人、经营场所名称、地址、面积、楼层等。除了需要上传营业执照和主要负责人身份证图片外，还需上传体现剧本娱乐活动场景和道具的照片或者视频；剧本脚本信息包含剧本脚本的名称、作者、版权来源、主题、类型、类别、主要内容、适龄范围、委托办理人信息等，其中剧本脚本的主要内容只需提交故事梗概，无须提交完整内容；连锁企业母公司或总公司备案过的剧本脚本信息，子公司或分公司可以选择添加，简

---

① 中华人民共和国中央人民政府. 关于加强剧本娱乐经营场所管理的通知［EB/OL］.（2022 – 06 – 25）［2023 – 06 – 27］. https：//www. gov. cn/zhengce/zhengceku/2022 – 06/27/content_5698021. htm.
② 中华人民共和国文化和旅游部. 文化和旅游部关于公开征求《剧本娱乐管理暂行规定（征求意见稿）》意见的公告［EB/OL］.（2023 – 04 – 13）［2023 – 06 – 27］. https：//zwgk. mct. gov. cn/zfxxgkml/scgl/202304/t20230413_943061. html.

化备案手续；对于自审相关信息，备案单位在对剧本脚本以及相关的场景、服饰、道具、表演内容进行自审后提交自审承诺。如果已经备案的信息有所变更，例如经营场所信息发生变化、剧本脚本内容发生实质性删改、连锁企业发生变更、剧本脚本停止运营等均需要在服务平台中进行修改。

告知性备案的规定体现了我国对于剧本经营场所的管理重点从传统的事前审批转变为事中事后监管。除此之外，我国对剧本娱乐经营场所的备案程序也进行了简化和优化，营业单位通过"全国文化市场技术监管与服务平台"实现网络一站式电子化备案，大大降低了备案的时间成本，提高了备案效率。

2. 建立"内容自审 + 专家评审"机制，确保内容合规

《关于加强剧本娱乐经营场所管理的通知》① 要求，剧本娱乐经营场所建立内容自审制度，对剧本脚本以及表演、场景、道具、服饰进行自审，确保合法合规。在政策过渡期内，文化和旅游部等五个部门又针对内容审查的问题指导行业协会制定了《文化娱乐活动内容自审规范》②，并处置了部分违规剧本脚本。基于《关于加强剧本娱乐经营场所管理的通知》①，2023 年 4 月，文化和旅游部起草了《剧本娱乐管理暂行规定（征求意见稿）》。③ 秉承不设置行政审批但强化主体责任、宽进严管的思路，对剧本娱乐行业提出了内容的"八鼓励"和"十不准"；同时建设性地提出了"内容自审 + 专家评审"的内容审查机制。

为了解决剧本创作生产主体和剧本娱乐经营单位缺乏专业审核能力的问题，《剧本娱乐管理暂行规定（征求意见稿）》①引入专家评审制度，要求剧本创作生产主体配备与其业务相适应的内容自审专家，对脚本的适龄范围和内容评审，经营单位在备案时需提交相关评审意见，备案成功则标志着内容已通过

---

① 中华人民共和国中央人民政府. 关于加强剧本娱乐经营场所管理的通知 [EB/OL]. (2022 – 06 – 25) [2023 – 06 – 27]. https：//www. gov. cn/zhengce/zhengceku/2022 –06/27/content_5698021. htm.
② 中国演艺设备技术协会. 最新发布：文化娱乐活动内容自审规范（明确禁止内容）[EB/OL]. (2022 – 12 – 02) [2023 – 06 – 27]. https：//www. ceta. com. cn/3/202212/2443. html.
③ 中华人民共和国文化和旅游部. 文化和旅游部关于公开征求《剧本娱乐管理暂行规定（征求意见稿)》意见的公告 [EB/OL]. (2023 – 04 – 13) [2023 – 06 – 27]. https：//zwgk. mct. gov. cn/zfxxgkml/scgl/202304/t20230413_943061. html.

经营单位自审；而剧本娱乐经营单位在对自身内容自审并做出适龄提示的基础上，在涉及重大题材例如国家安全、外交、民族、宗教、军事等方面的内容时也需要聘请专家评审。在专家选择方面，《剧本娱乐管理暂行规定（征求意见稿）》指出，政府部门并不强制指定审核专家的人选，但是可以建立全国剧本娱乐内容审核推荐专家名单以供企业选择使用，并采用信用监管的方式避免专家不履行职责。[1]

3. 设置政策过渡期，为企业开展自查自纠留下充足时间

《关于加强剧本娱乐经营场所管理的通知》[1]充分体现出了国家相关部门以包容审慎的态度对行业展开管理，划出内容管理、未成年人保护、安全主体责任、诚信守法经营等底线红线，以加强正面引导，强化主体责任，建立健全行业纠错容错机制，体现出我国相关部门对于剧本娱乐经营行业"服务式管理"的思路，目的在于打造良好的营商环境，为行业良性发展保驾护航。

政策过渡期是针对剧本娱乐行业发展现状而制定的，体现出我国对剧本娱乐行业进行包容审慎的管理。自通知印发之日起至2023年6月30日为政策过渡期，在过渡期内，剧本娱乐经营场所需要根据《关于加强剧本娱乐经营场所管理的通知》[1]中的相关要求开展自查自纠，依法将经营范围调整为"剧本娱乐经营活动"；对使用的剧本脚本进行自审，自行下架不符合要求的内容，并按照我国安全生产与消防相关的法律法规以及关于密室逃脱类场所的消防安全文件进行整改。政策过渡期的设置给线下剧本娱乐从业人员留下了充分的学习和调整时间，引导企业利用过渡期政策窗口开展自查自纠实现合规化经营。

（四）我国剧本娱乐经营场所的治理困境

1. 剧本娱乐经营场所管理规定待完善

首先，我国目前正在实施的剧本娱乐经营场所管理规定只有2022年6月文化和旅游部等五部门发布的《关于加强剧本娱乐经营场所管理的通知》[1]，

---

[1] 中华人民共和国中央人民政府. 关于加强剧本娱乐经营场所管理的通知 [EB/OL]. (2022 – 06 – 25) [2023 – 06 – 27]. https：//www. gov. cn/zhengce/zhengceku/2022 – 06/27/content_5698021. htm.

以及各地政府相关部门根据该文件制定的细化政策；在消防安全方面，只有2023年4月国家消防救援局、文化和旅游部联合制定的《剧本娱乐经营场所消防安全指南（试行）》①，该政策目前处于初步试行阶段；2023年4月13日文化和旅游部起草的《剧本娱乐管理暂行规定（征求意见稿）》② 目前还未正式投入使用。因此，目前有关剧本娱乐经营场所的政策性规定数量少，投入使用的时间短，并且还需要在实际使用中不断完善。

其次，虽然《关于加强剧本娱乐经营场所管理的通知》③ 为剧本娱乐市场的规范发展提供了政策依据，但是该通知属于规范性文件，从狭义上来说，规范性文件是指法律范畴以外的其他具有约束力的非立法性文件，这类文件并不能设置行政处罚条款，缺乏震慑力。

最后，目前现有的政策规定对剧本娱乐行业向好发展具有一定积极作用，但是也存在一些未规范到位之处，例如剧本娱乐经营场所进行内容自审的标准仍然笼统模糊，相关部门主要还是通过一些概念化的规定对文字内容进行限制，缺乏更明确的执行标准。另外，对于行业侵权问题、密室整体的作品性认定、内容具体分级标准以及行业从业者的权益保护等方面并未作出具体说明。

2. 剧本娱乐经营场所管理规定的约束力待加强

目前我国对剧本娱乐行业的管理政策与规定多为规范性文件，未设置行政处罚条款；且国家鼓励剧本娱乐这类新业态的发展，对其采取底线监管的方式；并设置足够的过渡时间用于新业态从业人员不断学习和整改；剧本内容的备案采用事后告知性备案，对上报信息只做形式审查；加之相关政策投入使用的时间较短，出于以上种种情况，现行的规定对于剧本娱乐商家的约束力目前并不强。部分商家存在侥幸心理，认为只要没有人举报就不会受到监管，上线

---

① 中华人民共和国文化和旅游部. 剧本娱乐经营场所消防安全指南（试行）[EB/OL].（2023-04-06）[2023-06-27]. https：//zwgk. mct. gov. cn/zfxxgkml/zcfg/gfxwj/202304/t20230419_943203. html.

② 中华人民共和国文化和旅游部. 文化和旅游部关于公开征求《剧本娱乐管理暂行规定（征求意见稿）》意见的公告 [EB/OL].（2023-04-13）[2023-06-27]. https：//zwgk. mct. gov. cn/zfxxgkml/scgl/202304/t20230413_943061. html.

③ 中华人民共和国中央人民政府. 关于加强剧本娱乐经营场所管理的通知 [EB/OL].（2022-06-25）[2023-06-27]. https：//www. gov. cn/zhengce/zhengceku/2022-06/27/content_5698021. htm.

未在规定时间内备案的脚本。此外，为了提高效率、节约时间，还有部分商家虚假备案、应付备案，未对脚本内容进行严格自审，在可能存在问题的地方选择含糊掩盖。

3. 剧本娱乐经营场所内容审查机制待优化

《关于加强剧本娱乐经营场所管理的通知》[①]中提出剧本娱乐经营场所应当建立内容自审制度，对剧本脚本以及表演、场景、道具、服饰等进行自审自查，以确保合法合规。但这一通知只是对内容做了笼统的规定，剧本脚本创作主体根据该通知难以把握红线。此外，自查的严格程度也难以控制，不少剧本娱乐经营者的行业自律性不高，自查把关不够严格，甚至虚假应付自审。

仅仅依靠剧本娱乐经营者去自审内容的机制存在不少弊端，除经营者行业自律性可能不高之外，从业者本身对于内容把关的知识和能力也存在不足，无法研判内容是否合规，审核机制中缺乏专业把关的一环。同时由于行业处于初步发展时期，大量不知来源的、无法保障内容质量的、参差不齐的剧本脚本在市场上散播，未来剧本娱乐行业需要将更多掌握话语权的对口专业人才引入内容审核机制中，形成一套公认的专家审核标准，并积极探索更详细的分级体系。

4. 剧本娱乐经营场所自查整改成本高

剧本娱乐行业产品生命周期短，加之前期的投入成本高，如果自查出现问题，密室商家进行整改的成本高、难度大。例如，一家密室首先购买了主题授权，又租用了一间面积较大的商铺，装修布置道具和场景，这些均需耗费大量资金，因此该主题需经营 1 至 2 年才能收回成本；如果该密室自查时出现问题，对其进行修改则会涉及重新设计道具、重新装修布景等，所需的时间和金钱成本较高。

《关于加强剧本娱乐经营场所管理的通知》[①] 中规定剧本娱乐经营场所不得设在居民楼内及建筑物地下一层以下，这一要求一度引发从业者的普遍争

---

① 中华人民共和国中央人民政府. 关于加强剧本娱乐经营场所管理的通知［EB/OL］.（2022－06－25）［2023－06－27］. https：//www. gov. cn/zhengce/zhengceku/2022－06/27/content_5698021. htm.

议，在开展自查自纠时，违反该规定的场所需重新寻找商铺作为经营场所，装修布景均需要重新制作，这使剧本娱乐经营者面临巨大亏损。

5. 剧本娱乐行业人才培养孵化机制待建立

作为新兴文化业态，剧本娱乐行业存在人才队伍不完善的问题。在线下经营的店铺内，游戏主持人和 NPC 的作用非常重要。主持人需要在前期介绍游戏背景和故事主线，帮助玩家进入新的身份，在游戏中也起到统筹全局的作用，一名优秀的游戏主持人能够帮助玩家获得更好的游戏体验；NPC 的演绎是密室逃脱中非常精彩刺激的一环，但目前这些职位大多为兼职，人员流动较大，一个密室逃脱门店中只有大约 2 至 3 名专业的主持人和 NPC。在剧本娱乐产品生产环节，高素质的密室设计师数量极少，密室内的声光电效果大多也由其他行业的设计师兼任，缺乏专职设计师，密室的道具设计、布景、舞美等各方面均急缺专业人才。

剧本娱乐产品背后是一条巨大而又复杂的产业链，是一个多工种协作的行业，从业人员中专业人员数量较少的背后，是我国艺术人才培养机制不完善的问题，如何在我国现有的条件下孵化更多更专业的人才至关重要。在专业人才的带领下，推动剧本娱乐行业逐步走向规范化发展，这才是化解现存问题的必由之路。

6. 社会公众监督意识有待加强

剧本娱乐行业的管理工作涉及多个主体，需要政府、行业协会、商家、消费者等共同参与、共同管理。目前，我国的剧本娱乐行业市场规模已经超过100 亿，线下门店数量激增，但我国政府机构的监督人员数量与之相差甚远，管理难以全面覆盖。而消费者是规范市场发展的重要力量，玩家结合自身的消费体验，往往能够发现一些店铺运营中的关键问题。此外，剧本娱乐本就是面向消费者的服务行业，消费者进行监督不仅规范行业发展，也保护了自身安全、捍卫了自身权利，如剧本娱乐经营场所如果消防安全措施不到位，遇到紧急情况时难以逃生，最终损害的也是消费者的利益。

但是目前我国消费者对剧本娱乐经营场所的监督意识较为薄弱，如果用户自身利益没有受到损害，往往会对不合规行为视而不见。导致这种现状的原因可能是消费者本身的风险意识不够强，对经营内容的包容度高，对问题的危害性认识不足，同时也包括如下问题：如部分消费者并不了解应该如何反馈问题，向哪些部门反馈问题，对反馈后能否得到有效的处理，他们也保持怀疑态度。此外，还有部分喜爱剧本娱乐行业的消费者担心自己投诉后，剧本娱乐行业发展会受到国家的限制，所以对不合规内容的容忍度较高。

除了广大消费者参与剧本娱乐行业的监督意识有待加强之外，社会和相关行业协会对这一行业监督也存在缺位情况。未来，要发动和利用好社会已有的力量，将行业不合规行为清单明确地搬到台面上，让消费者、经营者与国家政府各机构之间的信息透明化，让剧本娱乐经营场所受到更多社会力量的监督，才能助力行业规范化向好的方向发展，切实保护消费者的利益。

三、我国密室逃脱的行业治理对策

针对密室逃脱行业存在的安全、质量、版权等方面的问题以及我国对其进行治理所面临的困境，笔者以密室逃脱的一整个生产经营链条为线索，分别对产品设计、产品审核、政府管理三个环节可能引发的问题提出相应的治理对策和建议，旨在为密室逃脱行业的健康发展提供参考和借鉴。

（一）从脚本创作与场景设计两方面规范密室产品生产

1. 脚本创作方面：国家应完善创作规定，创作方需主动规避红线问题

我国有关政府机构应明晰现有密室内容创作的政策规定，对其进行完善优化，明确划定密室逃脱主题创作不能含有的内容和题材，同时列出鼓励创作的内容，为密室创作者提供标准依据。在政策规定实行后，积极发现问题、优化问题，并随着行业的发展不断更新相关规定。

密室创作者在创作过程中需要主动了解相关的规章制度，在创作时刻意避免涉及不良内容，规避底线红线问题，创作国家鼓励和支持的题材和内容，丰富大众的精神文化生活。例如创作红色革命题材主题密室，用沉浸式的体验将玩家带回峥嵘年代，或创作体现我国科技发展的密室主题，用生动的方式普及科学知识。此外，创作者还需要增强自律意识，不应做出抄袭、剽窃现有其他

脚本内容的侵权行为。

2. 场景设计方面：密室创作者需重视安全问题，提高应急处置能力

密室创作者应重视消防安全问题，避免造成火灾隐患。除了考虑玩家的游戏动线和剧本情节外，密室创作者在设计密室地图时还需要考虑消防安全的问题，密室中的装饰物和隔板不能阻挡、占用安全通道，也不能遮挡消防标识；搭建密室以及设计道具时应避免使用易燃材料，例如海绵、易燃彩钢板、塑料仿真植物、氢气球等，最好使用防火材料；避免设计需要点燃明火或者燃放冷烟花的情节；为应急广播、应急照明以及灭火器等应急物品留下足够的安置空间；设计密室的总控室，紧急情况发生时能够统一打开照明设备、暂停音响设备、接入应急广播、一键打开密室中的全部密码锁；使用的电气设备均需要确认质量是否合格，避免发生电气火灾等。

密室场景建造者应考虑玩家人身安全问题，避免人员在游戏中受伤。线下密室场景设计需尽量避免使用尖锐的材料进行置景和制作道具，避免人员跌倒磕碰受伤；在部分容易发生安全问题的场景中需要放置软包减少危险；避免设计高温的场景和道具，例如四处飞溅的火焰等，以防玩家不慎靠近烫伤或者空气中的火星进入消费者眼部导致受伤。

密室逃脱商家需制定风险预案，提高应急处置能力。在密室建造完毕后，密室逃脱商家需要筹备风险预案，并对营业人员进行应急管理培训。例如进行消防演练，确保测试场所与所在的建筑消防控制室建立了应急联动机制与通信联系；培训场所内的营业人员正确使用灭火器、开启应急照明以及应急广播，能够在紧急时刻快速反应，组织逃生与扑救；为顾客配备定位器，如果发生危险被困情况能够及时进行搜救。

此外，密室场景设计需保证内容合法合规。除了剧本脚本文字内容需要规避政策红线问题之外，线下密室场景设计中使用的元素同样也需要考虑是否合法合规，例如密室环境中的道具、舞美、服饰中是否存在《中华人民共和国未成年人保护法》《娱乐场所管理条例》《营业性演出管理条例》中明令禁止的内容；NPC 的演绎需要进行规范设计，避免违规。此外，还需要注意避免行业侵权问题。

（二）密室逃脱商家、行业专家、政府三方层层把关密室产品审核

1. 密室逃脱创作者以及经营者均需建立内容自审机制

密室逃脱产品在设计完成后和投入使用前，创作者和经营者均需先对其进行严格自审，确保其中并未包含不良内容，但现实中可能出于压缩制作周期，以及经营者自身知识水平不足或自律性不高导致自审不到位的问题。密室逃脱创作主体应当配备与其业务相适应的内容自审人员，对产品进行自审后应出具固定格式的自审报告与承诺书，还需聘请专业人员对产品的内容和适龄范围进行严格审定；密室逃脱经营者需对其门店内的表演、道具、环境、服饰等内容进行自审并出具自审报告与承诺书，聘请相关专家对内容和适龄范围进行审定。聘请的专家需要具有新闻、出版等相关专业的能力或者具备与审核要求相适应的能力，在专家审核完成后出具固定凭证备案，如果出现了内容的实质性变化，需要重新进行自审和专家评审。

2. 政府相关机构需完善剧本备案与场所备案流程

密室逃脱所使用的剧本脚本需要在规定时间内向所在地县级文化和旅游行政部门办理备案手续，提交剧本脚本的名称、作者、故事主要内容、自审报告、承诺书以及专家评审意见；当地政府相关部门应对上报的备案信息进行检查，对符合政策规定的剧本脚本下发备案凭证与编号。密室经营场所也需在一定时间内向所在地县级文化和旅游行政部门上传备案信息，提供营业执照、住所、场所名称、场所地址等基本情况，经审核材料齐全且符合规定的则出具备案凭证。

如果剧本脚本或者经营场所发生变化的需要重新进行备案；如果已经备案的剧本脚本不再投入使用也需要在系统进行上报；如果已经备案的剧本脚本存在违规内容，政府相关机构需要及时取消备案。

3. 政府相关机构需成立专家组抽审备案

政府相关机构应搭建一套密室逃脱内容审核的专家库，对已经报送备案的密室逃脱经营内容定期抽审。如果经过专家审核后被认定为含有违规内容，则需要对该经营场所予以警告，并对备案时相应的评审专家进行警示，同一经营

场所如累计多次发生此类情况, 则取消该评审专家的审核资格, 不得再为密室商家出具审核意见和适龄范围。政府专家组内的审核专家也需要定期接受培训和考试, 通过后方可继续从事此项工作。

(三) 从政府检查、公众监督、信用管理等方面规范密室行业的治理

1. 政府部门需制定未成年人保护政策

密室商家在内容审核和备案环节已经聘请专家对密室逃脱主题的适龄范围进行过评审的, 在其后对该主题进行宣传时应在显著位置标注适龄范围, 线下接待玩家时需要对其进行适龄说明, 生活服务平台也要在密室店铺宣传页做好适龄提示。对于不适合未成年人参与的密室主题, 店铺需在游戏前严格查验证件, 不得允许未成年人参与。此外, 除国家法定节假日以及寒暑假之外, 密室逃脱经营场所不得面向未成年人提供服务。

2. 普及行业相关规定, 营造全民监督的氛围

为了发动广大的社会力量对新业态进行监督, 我国政府相关部门可以利用自媒体面向消费者普及行业管理标准以及投诉渠道, 减少信息差, 让更多的消费者了解密室逃脱场所的哪些行为属于不合规行为, 增强监督意识, 积极维护自身的权益。同时, 为了提高消费者监督的效力, 我国政府部门应该设立密室逃脱行业的投诉举报机制, 受到投诉且经核实后确认违规, 则会影响该经营场所的信用, 被多次投诉的店铺会被拉入行业黑名单, 责令整改, 整改完成后才可继续营业。另外, 行业协会也应当依据国家的政策法规制定行业规范, 维护消费者合法权益, 促进行业向好发展, 增强行业自律。

3. 政府相关部门应对密室经营者进行不定期检查

我国政府各部门应当明确职责分工, 根据《关于加强剧本娱乐经营场所管理的通知》① 中规定的各部门职责实行协同管理, 并实行信息共享、线索移送、联合执法等工作机制, 对剧本娱乐这一新业态形成齐抓共管的监督管理

---

① 中华人民共和国中央人民政府. 关于加强剧本娱乐经营场所管理的通知 [EB/OL]. (2022 - 06 - 25) [2023 - 06 - 27]. https://www.gov.cn/zhengce/zhengceku/2022 - 06/27/content_5698021.htm.

模式。

政府各相关部门应分别抽派人手组成检查小组，不定期对密室逃脱经营场所进行监督检查，经营单位不得拒绝和阻止政府的抽查工作。文化和旅游部门对密室主题内容以及未成年人保护工作进行检查，例如经营场所与在售主题是否已经进行备案，是否在显著位置标明适龄范围，是否在游戏前对玩家进行适龄说明，是否在非节假日和寒暑假接待未成年人等；消防救援机构与住房和城乡建设部门对经营场所的消防安全进行监督检查；市场监督管理局对经营主体是否注册登记，证照是否齐全进行检查。如有发现问题，视问题严重程度对密室逃脱经营场所进行警告或者责令整改。

4. 设立信用机制规范管理经营单位与从业人员

密室逃脱行业门槛较低，从业人员平均素质不高，鱼龙混杂，行业乱象频发，政府相关机构需建立密室逃脱经营单位和从业人员的信用机制，对经营单位虚假宣传、不诚信经营、价格欺诈等损害消费者权益的违规行为进行信用记录；对内容包含违规信息、存在不良导向、抄袭剽窃他人创作内容等损害行业健康发展的违规行为进行信用记录，建立行业黑名单，对失信主体进行认定，并对失信的单位和从业人员进行信用管理。对于曾有失信记录的店铺，政府应要求线下经营场所和各类生活服务 App 在明显位置呈现商家失信警告。

（四）明确相关法律责任，设置严格的违规处罚机制

由于目前的政策文件多为规范性文件，缺乏强有力的惩戒措施，导致部分密室逃脱商家存在侥幸心理，无视行业政策规定，消极应付各类备案手续，因此需要设置相关的法律法规政策对违规行为进行处罚。例如，对于存在主题内容违规、未设置适龄提示、违规接待未成年人、消防安全审查不合格、经营场所场地不合格、未按照正规流程进行自审和备案等的问题商家，政府部门应当根据违规的严重程度，给予警告、整改、停业或者不同金额的罚款。

另外，行业侵权问题亟待解决。由于密室逃脱行业正属于新业态野蛮生长时期，从业人员鱼龙混杂，能力水平参差不齐，同行之间的不正当竞争频繁发生。当合法获得授权困难而抄袭和盗版几乎没有成本的时候，行业侵权似乎成

为常态，情节轻者抄袭某个机关道具，严重者直接将整个密室主题全盘抄袭，密室逃脱经营主体本身的权利也需要受到法律法规的保护。由于目前原创密室主张权利常见的方式是将原创故事内容认定为"文字作品"而受到司法保护，对于同样充满了智慧和创造性的密室机关设计、美术风格、道具设计、演绎编导这类内容的侵权乱象难以规制，暂无明确有力的法律法规保护。未来要首先解决政策缺失的问题，让行业规范发展有法可依。